So löst du die Arbeitsaufträge in diesem Buch:

(Fortsetzung auf der hinteren Umschlagklappe)

Hinweis Die **fett** gedruckten Operatoren stammen aus der Operatorenübersi
Kerncurriculum für das Fach Geschichte am Gymnasium.

Anforderungsbereich I

Du arbeitest Informationen aus historischen Quellen oder Darstellungen heraus und gibst sie in mündlicher oder schriftlicher Form wieder.

Arbeitsauftrag = Operator	Das tust du	Tipps und Formulierungsvorschläge
(be-)nennen/ aufzählen	Du trägst in knapper Form und unkommentiert einzelne Begriffe und Informationen aus einem Material zusammen, z. B. als Liste oder in einer Tabelle.	*Folgende Gründe werden im Text genannt:* – … – … …
beschreiben/ skizzieren	Du gibst den Inhalt eines Materials (z. B. Bild, Text, Karte) mit eigenen Worten schlüssig wieder.	*Es zeigt … / In der Mitte sieht man …* *Mir fällt auf, …* *Hier wird deutlich, …*
gliedern	Du ordnest Informationen zu einem historischen Sachverhalt mithilfe von vorgegebenen oder selbst gewählten Kriterien.	
wiedergeben	Du formulierst einen Sachtext oder eine Textquelle in deinen eigenen Worten. Berücksichtige alle wichtigen Textaussagen.	
zusammenfassen	Du gibst die wesentlichen Informationen aus einem Text knapp und mit eigenen Worten wieder.	*In dem Text geht es um …* *Der Verfasser / die Verfasserin nennt …*

Anforderungsbereich II

Du bearbeitest historische Quellen oder Darstellungen selbstständig. Du gibst Informationen und Inhalte aus Quellen oder Darstellungen in mündlicher oder schriftlicher Form wieder.

Arbeitsauftrag = Operator	Das tust du	Tipps und Formulierungsvorschläge
analysieren/ untersuchen	Du untersuchst einen historischen Sachverhalt oder eine Quelle, indem du gezielt Fragen stellst und Materialien auswertest.	
charakterisieren	Du bestimmst einen historischen Sachverhalt oder eine Situation in seinen/ihren Grundzügen und nennst die typischen Merkmale.	*Ein typisches Kennzeichen für …* *Allgemeine Merkmale waren …*

Europa heute
500 km
Alb. = Albanien
And. = Andorra
BH. = Bosnien und Herzegowina
K. = Kosovo (zzt. nur von 62 Staaten anerkannt)
Li. = Liechtenstein
Lib. = Libanon
Luax. = Luxemburg
Mc. = Monaco
Mol. = Moldawien
Mt. = Montenegro
Nmz. = Nordmazedonien
Slw. = Slowenien
SM. = San Marino
Europäisches Nordmeer
Barents-see
Atlantischer Ozean
Nordsee
Ostsee
Mittel-meer
Schwarzes Meer
Kaspisches Meer
Aral-see
Bosporus
Island
Reykjawík
Färöer-Inseln
Irland
Dublin
Groß-britannien
London
Norwegen
Oslo
Schweden
Stockholm
Finnland
Helsinki
Estland
Tallin
Lettland
Riga
Litauen
Wilna
Russland
Dänemark
Kopenhagen
Nieder-lande
Amsterdam
Belgien
Brüssel
Lux.
Frankreich
Paris
Loire
Deutsch-land
Berlin
Elbe
Rhein
Donau
Polen
Warschau
Oder
Belarus
Minsk
Ukraine
Kiew
Dnjepr
Mol.
Chisinau
Tschechien
Prag
Slowakei
Bratislava
Österreich
Wien
Li.
Schweiz
Bern
Ungarn
Budapest
Slw.
Kroatien
BH.
Sarajevo
Ser-bien
Belgrad
Mt.
K.
Nmz.
Alb.
Tirana
Rumänien
Bukarest
Bulgarien
Sofia
Griechen-land
Athen
Kreta
Portugal
Lissabon
Spanien
Madrid
Tajo
And.
Balearen
Mc.
Korsika
Sardinien
Italien
Rom
Po
SM.
Sizilien
Malta
Marokko
Algerien
Tune-sien
Russland
Moskau
Wolga
Don
Ural
Ob
Kasachstan
Usbekistan
Turk-menistan
Georgien
Aser-baidschan
Armenien
Türkei
Ankara
Zypern
Nikosia
Syrien
Lib.
Irak
Tigris
Euphrat
Iran

Karte 2

Abkürzungen in Asien:

Ar. = Armenien
As. = Aserbaidschan
Ba. = Bahrain
Isr. = Israel
Jd. = Jordanien
Kt. = Katar
Ku. = Kuwait
Lib. = Libanon
Syr. = Syrien
VAE. = Vereinigte Arabische Emirate

Abkürzungen in Afrika:

ÄGu. = Äquatorial Guinea
Be. = Benin
Bu. = Burundi
Ru. = Ruanda
To. = Togo
ZAR. = Zentralafrikanische Republik

5

Forum Geschichte

Niedersachsen/Schleswig-Holstein
Gymnasium G 9

Von der Urgeschichte bis zum Ende des Römischen Reichs

Cornelsen

Forum Geschichte

Band 5 wurde erarbeitet von:
Timo Berghoff, Mathis Jama, Annika Reglin, Miriam Schüer, Jan Storre

Mit Beiträgen von: Dagmar Bäuml-Stosiek, Nicky Born, Dr. Moritz Burgmann, Hans-Joachim Cornelißen, Cordula Gimbel, Susanna Heim-Taubert, Thomas Kozianka, Tim Lodemann, Hans-Otto Regenhardt, Natascha Rupp, Dr. Andrea Schallenberg, Marko Schulz, Götz Schwarzrock, Dr. Georg Schwind, Dirk Urbach, Veronika Weidemann, Silvia Wimmer, Anja Winkler, Andreas Zodel

Redaktion: Michael Schmidt und Uschi Pein-Schmidt, Sickte
Bildassistenz: Anne-Katrin Dombrowsky
Illustration: Klaus Becker, Oberursel; Tobias Dahmen, Utrecht; Thomas Binder, Magdeburg; Matthias Pflügner, Berlin; Michael Teßmer, Hamburg; Hans Wunderlich, Berlin
Grafik: Erfurth Kluger Infografik GbR, Berlin; Elisabeth Galas, Bad Breisig
Karten: Carlos Borrell Eiköter, Berlin
Technische Umsetzung: zweiband.media, Berlin
Layoutkonzept und Umschlaggestaltung: Ungermeyer – grafische Angelegenheiten, Berlin
Umschlagbild: Große Sphinx mit Cheopspyramide in Gizeh (Ägypten). Foto, 2004. © akg-images/François Guênet

Das Lehrwerk enthält Fremdtexte, die aus didaktischen Gründen gekürzt wurden; sie sind in den Quellenangaben mit * gekennzeichnet. Fremdtexte, die gekürzt und bearbeitet wurden, sind mit ** gekennzeichnet.

Die Cornelsen Lernen App ist eine fakultative Ergänzung zu Forum Geschichte, die die inhaltliche Arbeit begleitet und unterstützt. Als solche unterliegt sie nicht der Genehmigungspflicht.

www.cornelsen.de

1. Auflage, 1. Druck 2024

Alle Drucke dieser Auflage sind inhaltlich unverändert
und können im Unterricht nebeneinander verwendet werden.

Druck: Mohn Media Mohndruck, Gütersloh

ISBN 978-3-06-066249-4 (Schülerbuch)
ISBN 978-3-06-066250-0 (E-Book)

PEFC
PEFC/04-31-1033
PEFC-zertifiziert
Dieses Produkt stammt aus nachhaltig bewirtschafteten Wäldern und kontrollierten Quellen
www.pefc.de

1 Begegnungen mit der Vergangenheit

2 Leben in der Frühzeit

3 Ägypten – eine frühe Hochkultur

4 Längsschnitt: Die Entwicklung der Medien

5 Die Welt der Griechen

6 Das Römische Reich

Anhang

Umschlag

So arbeitest du erfolgreich mit Forum Geschichte

Hier bekommst du einige Hinweise, damit du dich in diesem Buch gut zurechtfindest: wie die Kapitel aufgebaut sind, was die unterschiedlichen Farben bedeuten oder welche Texte, Materialien und Aufgaben es gibt.

Fragen stellen und sich orientieren

Jedes Kapitel beginnt mit der **Auftaktseite**. Sie zeigt, worum es in dem Kapitel geht. Mithilfe des Webcodes und des QR-Codes kannst du dir alle Darstellungstexte des Kapitels online anhören.

Auf der **Orientierungsseite** erfährst du mehr: Die Zeitleiste gibt dir den Zeitraum an, mit dem du dich beschäftigen wirst, die Karte zeigt dir den Raum. Der Text und die Bilder führen dich in das Kapitelthema ein.

Ein Thema untersuchen

Auf den **Themenseiten** erklärt dir ein kurzer Text unterhalb der Überschrift, um welches Thema es auf der Doppelseite geht (= Moderationstext). Der Schulbuchtext (= Darstellungstext), die Abbildungen, die blau unterlegten „Quellentexte“ oder Begriffserklärungen helfen dir, ein geschichtliches Thema zu untersuchen. Die Arbeitsaufträge sind vielfältig: Oft kannst du eine Aufgabe auswählen oder du findest Hinweise zu Partner- oder Gruppenarbeit. Der **Wortschatz** auf jeder Themenseite hilft dir beim Verständnis des Darstellungstextes und beim Bearbeiten der Aufgaben.

Wortschatz und Lesetechniken

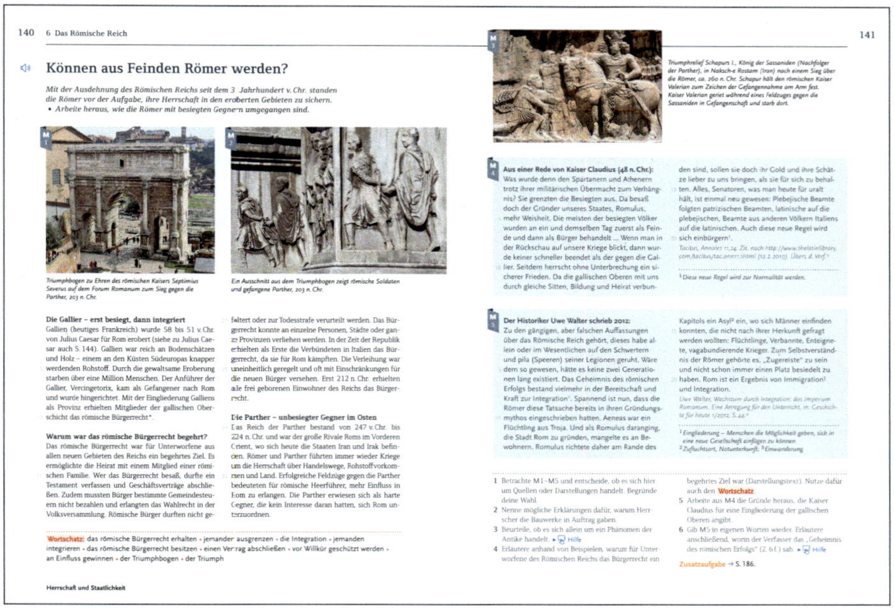
140 6 Das Römische Reich

Können aus Feinden Römer werden?

Wortschatz: das römische Bürgerrecht erhalten • jemanden ausgrenzen • die Integration • jemanden integrieren • das römische Bürgerrecht besitzen • einen Vertrag abschließen • vor Willkür geschützt werden • an Einfluss gewinnen • der Triumphbogen • der Triumph

141

Zu jeder Themeneinheit gibt es einen **Wortschatz**. Er hilft dir beim Verständnis der Darstellungstexte und bei der Bearbeitung der Aufgaben. In vielen Aufgaben findest du darüber hinaus Formulierungshilfen.

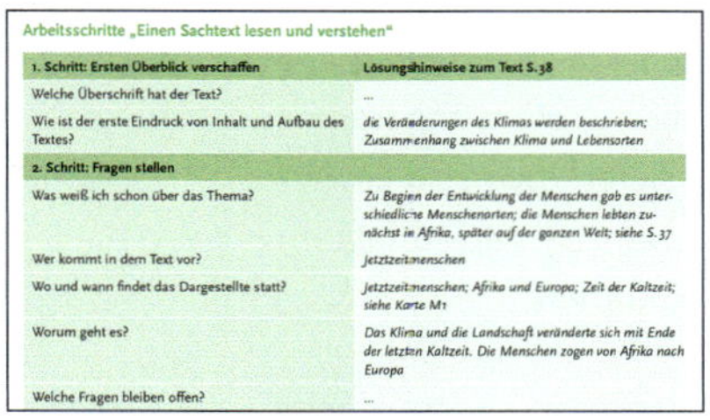
Arbeitsschritte „Einen Sachtext lesen und verstehen"

1. Schritt: Ersten Überblick verschaffen	Lösungshinweise zum Text S. 38
Welche Überschrift hat der Text?	...
Wie ist der erste Eindruck von Inhalt und Aufbau des Textes?	*die Veränderungen des Klimas werden beschrieben; Zusammenhang zwischen Klima und Lebensorten*
2. Schritt: Fragen stellen	
Was weiß ich schon über das Thema?	*Zu Beginn der Entwicklung der Menschen gab es unterschiedliche Menschenarten; die Menschen lebten zunächst in Afrika, später auf der ganzen Welt; siehe S. 37*
Wer kommt in dem Text vor?	*Jetztzeitmenschen*
Wo und wann findet das Dargestellte statt?	*Jetztzeitmenschen; Afrika und Europa; Zeit der Kaltzeit; siehe Karte M1*
Worum geht es?	*Das Klima und die Landschaft veränderte sich mit Ende der letzten Kaltzeit. Die Menschen zogen von Afrika nach Europa*
Welche Fragen bleiben offen?	...

Du findest im Buch Anleitungen, wie du Darstellungstexte und Begriffe selbstständig erarbeiten kannst, zum Beispiel **Sachtexte richtig zu lesen und zu verstehen**.

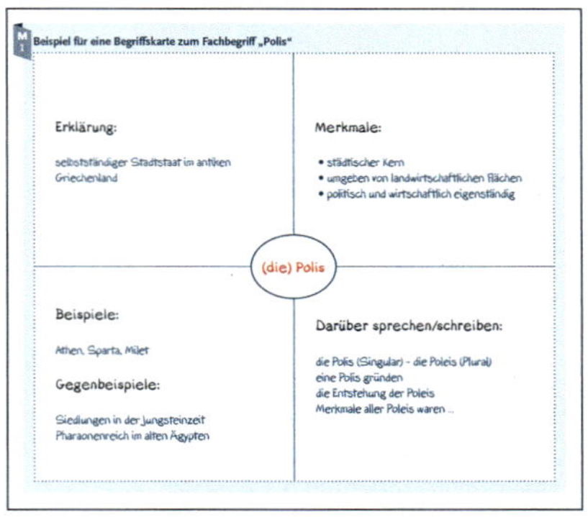

In jeder Themeneinheit lernst du neue Fachbegriffe kennen. Mithilfe einer **Begriffskarte** kannst du die neuen Fachbegriffe selbstständig erklären. Du lernst auch, wie du die Begriffe sprachlich anwendest.

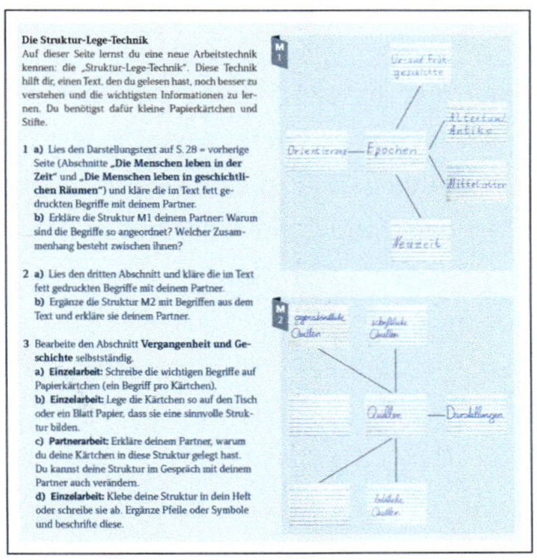
Die Struktur-Lege-Technik

Mithilfe der **Struktur-Lege-Technik** kannst du allein oder mit einem Partner einen Darstellungstext selbstständig erschließen und den Inhalt besser verstehen.

Differenzierung: Unterschiedliche Lernwege auswählen

Wähle-aus-Seiten

Historische Fragen lassen sich auf verschiedene Weise beantworten. Auf den orangefarbenen **Wähle-aus-Seiten** kannst du dich für ein Material entscheiden: Traust du dir zu, eine längere Textquelle zu bearbeiten? Oder arbeitest du lieber mit Bildquellen? Interessieren dich Zahlen und Statistiken? Wähle aus, was zu dir passt! Bei einer abschließenden **Aufgabe für alle** könnt ihr trotz unterschiedlicher Lösungswege zu einem gemeinsamen Ergebnis kommen.

> **4 Wähle eine Aufgabe aus:**
> **a)** Erkläre mithilfe des Textes und der Funde M4 und M5, welche Bedeutung die Schrift in frühen Hochkulturen hatte.
> **b)** Nenne anhand des Textes Gründe dafür, dass die Ägypter und die Sumerer eine Schrift benötigten.

Auf vielen Seiten siehst du **„Wähle-aus-Aufgaben"**. Wie der Name schon sagt, darfst du hier a, b, oder c auswählen. Die Aufgaben sind unterschiedlich, aber sie beziehen sich auf eine gemeinsame Frage.

> 2 Berechne die Länge des Seewegs von Thera nach Kyrene. **Tipp** → S. 190.

Bei manchen Aufgaben findest du **Tipps** zur Lösung im Anhang des Schülerbuchs. Nutze sie, wenn du möchtest.

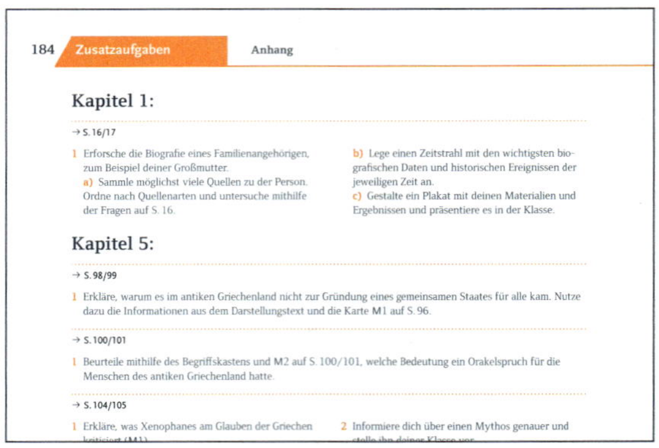

Wenn du schneller bist als die anderen und dich für weitere Aspekte eines Themas interessierst, findest du **Zusatzaufgaben** im Anhang. Du kannst sie entweder mit den Informationen der Doppelseite oder mit anderen Materialien lösen.

Mit Medien und Methoden arbeiten

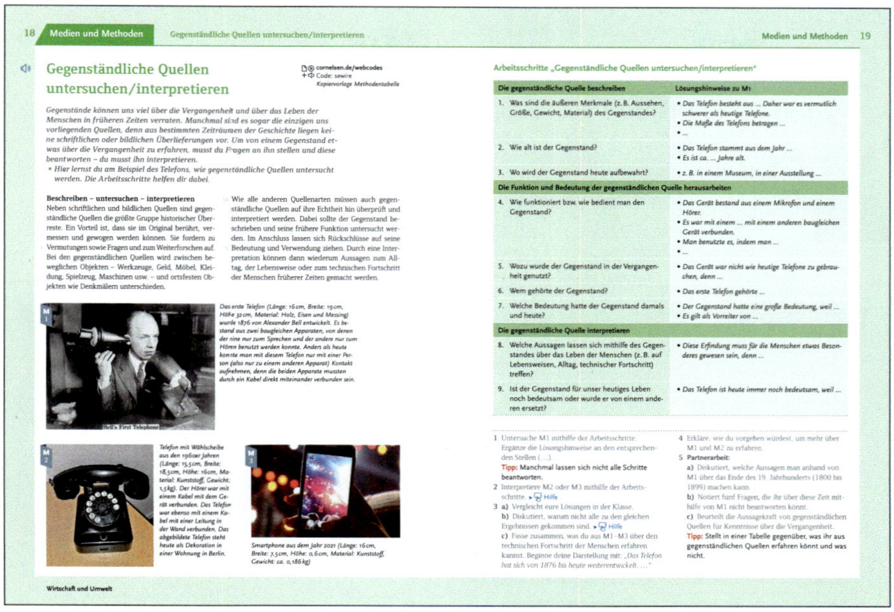
18 Medien und Methoden Gegenständliche Quellen untersuchen/interpretieren

Gegenständliche Quellen untersuchen/interpretieren

cornelsen.de/webcodes
Code: sewire
Kopiervorlage Methodentabelle

Gegenstände können uns viel über die Vergangenheit und über das Leben der Menschen in früheren Zeiten verraten. Manchmal sind es sogar die einzigen uns vorliegenden Quellen, denn aus bestimmten Zeiträumen der Geschichte liegen keine schriftlichen oder bildlichen Überlieferungen vor. Um von einem Gegenstand etwas über die Vergangenheit zu erfahren, musst du Fragen an ihn stellen und diese beantworten – du musst ihn interpretieren.
- *Hier lernst du am Beispiel des Telefons, wie gegenständliche Quellen untersucht werden. Die Arbeitsschritte helfen dir dabei.*

Beschreiben – untersuchen – interpretieren
Neben schriftlichen und bildlichen Quellen sind gegenständliche Quellen die größte Gruppe historischer Überreste. Ein Vorteil ist, dass sie im Original berührt, vermessen und gewogen werden können. Sie fordern zu Vermutungen sowie Fragen und zum Weiterforschen auf. Bei den gegenständlichen Quellen wird zwischen beweglichen Objekten – Werkzeuge, Geld, Möbel, Kleidung, Spielzeug, Maschinen usw. – und ortsfesten Objekten wie Denkmälern unterschieden.
Wie alle anderen Quellenarten müssen auch gegenständliche Quellen auf ihre Echtheit hin überprüft und interpretiert werden. Dabei sollte der Gegenstand beschrieben und seine frühere Funktion untersucht werden. Im Anschluss lassen sich Rückschlüsse auf seine Bedeutung und Verwendung ziehen. Durch eine Interpretation können dann wiederum Aussagen zum Alltag, der Lebensweise oder zum technischen Fortschritt der Menschen früherer Zeiten gemacht werden.

M1 Bell's First Telephone
Das erste Telefon (Länge: 16 cm, Breite: 19 cm, Höhe 32 cm, Material: Holz, Eisen und Messing) wurde 1876 von Alexander Bell entwickelt. Es bestand aus zwei baugleichen Apparaten, von denen der eine nur zum Sprechen und der andere nur zum Hören benutzt werden konnte. Anders als heute konnte man mit diesem Telefon nur mit einer Person (also nur zu einem anderen Apparat) Kontakt aufnehmen, denn die beiden Apparate mussten durch ein Kabel direkt miteinander verbunden sein.

M2 *Telefon mit Wählscheibe aus den 1960er Jahren (Länge: 15,5 cm, Breite: 18,5 cm, Höhe: 16 cm, Material: Kunststoff, Gewicht: 1,5 kg). Der Hörer war mit einem Kabel mit dem Gerät verbunden. Das Telefon war ebenso mit einem Kabel mit einer Leitung in der Wand verbunden. Das abgebildete Telefon steht heute als Dekoration in einer Wohnung in Berlin.*

M3 *Smartphone aus dem Jahr 2021 (Länge: 16 cm, Breite: 7,5 cm, Höhe: 0,6 cm, Material: Kunststoff, Gewicht: ca. 0,186 kg)*

Wirtschaft und Umwelt

Medien und Methoden 19

Arbeitsschritte „Gegenständliche Quellen untersuchen/interpretieren"

Die gegenständliche Quelle beschreiben	Lösungshinweise zu M1
1. Was sind die äußeren Merkmale (z. B. Aussehen, Größe, Gewicht, Material) des Gegenstandes?	• *Das Telefon besteht aus ... Daher war es vermutlich schwerer als heutige Telefone.* • *Die Maße des Telefons betragen ...* • ...
2. Wie alt ist der Gegenstand?	• *Das Telefon stammt aus dem Jahr ...* • *Es ist ca. ... Jahre alt.*
3. Wo wird der Gegenstand heute aufbewahrt?	• *z. B. in einem Museum, in einer Ausstellung ...*
Die Funktion und Bedeutung der gegenständlichen Quelle herausarbeiten	
4. Wie funktioniert bzw. wie bedient man den Gegenstand?	• *Das Gerät bestand aus einem Mikrofon und einem Hörer.* • *Es war mit einem ... mit einem anderen baugleichen Gerät verbunden.* • *Man benutzte es, indem man ...* • ...
5. Wozu wurde der Gegenstand in der Vergangenheit genutzt?	• *Das Gerät war nicht wie heutige Telefone zu gebrauchen, denn ...*
6. Wem gehörte der Gegenstand?	• *Das erste Telefon gehörte ...*
7. Welche Bedeutung hatte der Gegenstand damals und heute?	• *Der Gegenstand hatte eine große Bedeutung, weil ...* • *Es gilt als Vorreiter von ...*
Die gegenständliche Quelle interpretieren	
8. Welche Aussagen lassen sich mithilfe des Gegenstandes über das Leben der Menschen (z. B. auf Lebensweisen, Alltag, technischer Fortschritt) treffen?	• *Diese Erfindung muss für die Menschen etwas Besonderes gewesen sein, denn ...*
9. Ist der Gegenstand für unser heutiges Leben noch bedeutsam oder wurde er von einem anderen ersetzt?	• *Das Telefon ist heute immer noch bedeutsam, weil ...*

1 Untersuche M1 mithilfe der Arbeitsschritte. Ergänze die Lösungshinweise an den entsprechenden Stellen (...).
Tipp: Manchmal lassen sich nicht alle Schritte beantworten.
2 Interpretiere M2 oder M3 mithilfe der Arbeitsschritte. ▸ Hilfe
3 a) Vergleicht eure Lösungen in der Klasse.
b) Diskutiert, warum nicht alle zu den gleichen Ergebnissen gekommen sind. ▸ Hilfe
c) Fasse zusammen, was du aus M1–M3 über den technischen Fortschritt der Menschen erfahren kannst. Beginne deine Darstellung mit: *„Das Telefon hat sich von 1876 bis heute weiterentwickelt. ..."*
4 Erkläre, wie du vorgehen würdest, um mehr über M1 und M2 zu erfahren.
5 **Partnerarbeit:**
a) Diskutiert, welche Aussagen man anhand von M1 über das Ende des 19. Jahrhunderts (1800 bis 1899) machen kann.
b) Notiert fünf Fragen, die ihr über diese Zeit mithilfe von M1 nicht beantworten könnt.
c) Beurteilt die Aussagekraft von gegenständlichen Quellen für Kenntnisse über die Vergangenheit.
Tipp: Stellt in einer Tabelle gegenüber, was ihr aus gegenständlichen Quellen erfahren könnt und was nicht.

Auf den **Medien- und Methoden-Seiten** lernst du schriftliche Quellen, Bilder oder Karten fachgerecht auszuwerten. In der grünen Tabelle stehen links die Arbeitsschritte, nach denen du vorgehst. In der rechten Spalte gibt es sprachliche Formulierungshilfen oder Lösungshinweise zu dem Beispiel auf der Seite. Über einen Webcode auf der Seite kannst du dir auch eine Kopiervorlage mit den Arbeitsschritten herunterladen.

Cornelsen Lernen App: Digitales Begleitmaterial zu deinem Schulbuch

Mit der Cornelsen Lernen App kannst du digitales Begleitmaterial zu den Schulbuchseiten kostenlos herunterladen. In der App sind digitale Materialien, wie Audios, Videos, interaktive Übungen oder digitale Hilfen für dein Schulbuch verfügbar. Die App kann im Unterricht, unterwegs oder zu Hause genutzt werden. Sind die Inhalte erst einmal heruntergeladen, brauchen sie keine Internetverbindung mehr.

Folge dieser Anleitung, um die Cornelsen Lernen App auszuprobieren:
- Gehe in den Apple App Store oder in den Google Play Store.
- Suche dort nach der kostenlosen App „Cornelsen Lernen" und installiere sie.
- Öffne die App und wähle das Materialpaket zum Schulbuch „Forum Geschichte Niedersachsen / Schleswig-Holstein 5" aus.
- Du kannst das digitale Begleitmaterial zu deinem Schulbuch auf dein Gerät herunterladen.

Siehst du eines dieser Symbole in deinem Buch, kannst du in deiner App über die Eingabe der Seitenzahl:

(Audio) (Video)	Üben	Check	▸ Hilfe
alle Audios und Videos zu deinem Buch aufrufen,	interaktive Übungen zu den entsprechenden Themenseiten absolvieren,	dein Wissen am Ende des Kapitels überprüfen,	auf weitere Informationen, Ideen und Hilfen zugreifen.

Wiederholen und die eigenen Kompetenzen prüfen

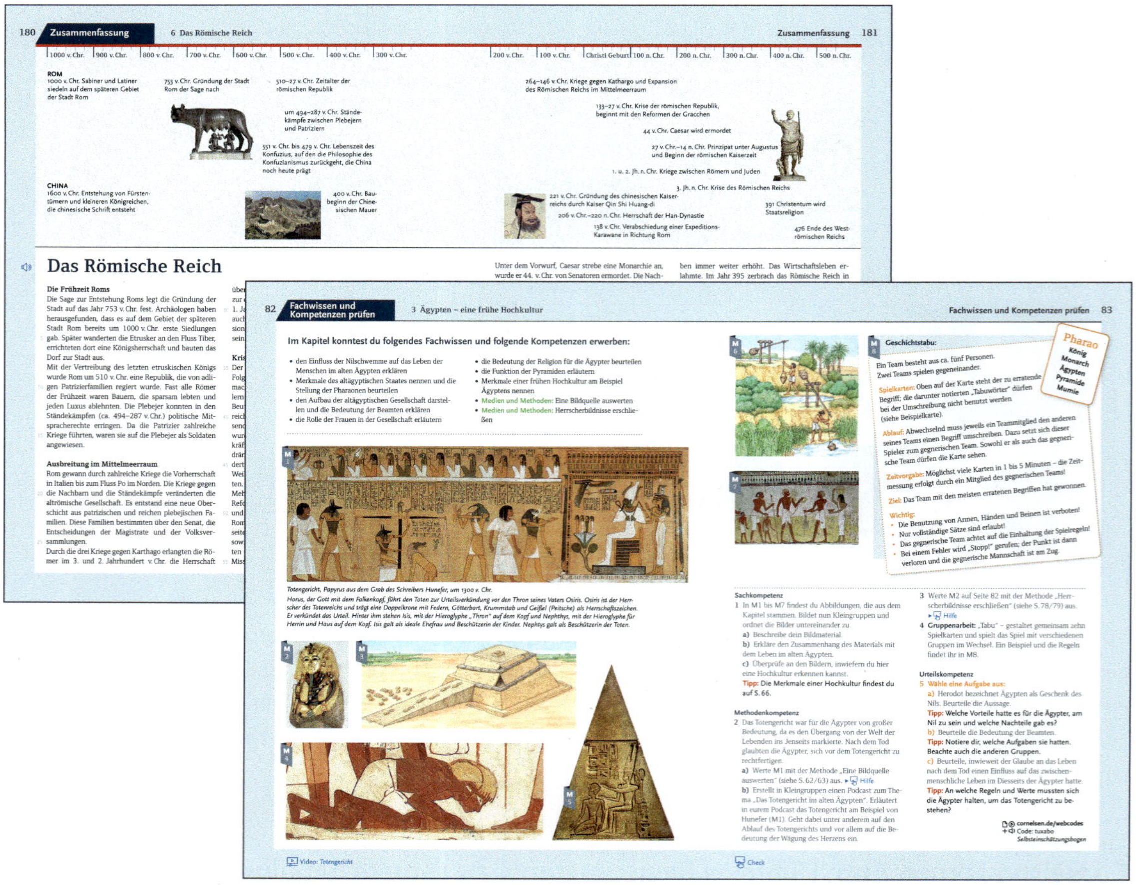

Auf der **Zusammenfassungsseite** am Schluss des Kapitels fasst ein Text den Inhalt noch einmal zusammen. Die Zeitleiste hilft dir, die wichtigsten Daten zu wiederholen. Wenn du wissen möchtest, was du im Kapitel gelernt hast, solltest du die Aufgaben auf der Seite **Fachwissen und Kompetenzen prüfen** lösen. Falls du mit einzelnen Aufgaben Schwierigkeiten hast, liest du im Kapitel noch einmal nach. Lösungshilfen findest du im Anhang. Ein weiteres Hilfsmittel zur Überprüfung der erlernten Kompetenzen eines Kapitels ist ein Selbsteinschätzungsbogen, den du dir über einen Webcode auf der Seite herunterladen und bearbeiten kannst.

Hilfen im Anhang und im Umschlag

Der **Anhang** unterstützt dich bei der Arbeit.
Hier findest du:

- Zusatzaufgaben
- Tipps zu den Aufgaben aus den jeweiligen Themeneinheiten
- Lösungshinweise zu den Seiten „Fachwissen und Kompetenzen prüfen“
- Arbeitshilfen zur Begriffs- und Texterschließung
- ein Lexikon mit Erklärungen schwieriger Begriffe
- ein Register zum schnellen Nachschlagen
- hilfreiche Tipps für Referate und Unterrichtsmethoden
- eine Übersicht digitaler Anwendungen zur Aufgabenbearbeitung

In den **Umschlagklappen** kannst du die „Operatoren“ nachschlagen, die in den Arbeitsaufträgen verwendet werden. Auch findest du dort interessante Karten (Welt, Europa, Exkursionsziele).

Zusätzlich: Webcodes – passend zu Forum Geschichte

- **alle Darstellungstexte zum Anhören**
- **Selbsteinschätzungsbögen**
- **Internetlinks mit weiteren Informationen**

Die Webcodes sind auf den Schulbuchseiten abgedruckt.

Ein **Webcode** sieht so aus: **cornelsen.de/webcodes**
+ *Code: vewumu*
Wohnen in Rom

So geht es:
1. Gehe auf die Seite www.cornelsen.de/webcodes
2. Gib dort den Webcode ein, der auf der Schulbuchseite abgedruckt ist, und du findest zum Beispiel Selbsteinschätzungsbögen, die Darstellungstexte der Kapitel als Audio, Kopiervorlagen oder nützliche Internetlinks mit weiteren Informationen zu einem Thema.

40000 v. Chr.
2500 v. Chr.
1100
1882

1

Begegnungen mit der Vergangenheit

In die Vergangenheit reisen. Die Zeit zurückdrehen. Seit jeher hat diese Vorstellung die Menschen fasziniert.
Stelle dir vor, es wäre tatsächlich möglich, mit einer Zeitmaschine in die Vergangenheit zu reisen. Schließe für einen Moment deine Augen und überlege dir, in welche Zeit und an welchen Ort du reisen würdest.

Schreibe deine Entscheidung auf und begründe sie mit einigen Sätzen: Warum bist du gerade in diese Zeit gereist? Was erwartest du dort? Was würdest du unternehmen? Wen triffst du dort? Du kannst auch ein Bild malen, das zeigt, wie es an deinem Zielort aussieht.

alle Darstellungstexte zum Anhören

vazehi

Zeitmaschine, Zeichnung von Tobias Dahmen, 2019

2 Mio. v. Chr. | 1000 v. Chr. | 500 v. Chr. | Geburt Christi

Urgeschichte*

1000 v. Chr.–500 n. Chr.
Antike*

Einführung in die Geschichte

M 1

Das Bundesland Niedersachsen heute

Geschichte, dein neues Schulfach, hat etwas mit der Vergangenheit zu tun. In diesem Fach geht es um das Leben der Menschen in früheren Jahrhunderten und Jahrtausenden und Fragen, deren Antworten uns genauere Auskünfte über die Menschen früher geben: Wie versorgen sie sich? Wie verteilen sie die Aufgaben untereinander? Welche Menschen haben die Macht, andere zu beherrschen? An was glauben die Menschen?

Du wirst feststellen, dass die Art und Weise, wie Menschen ihr Leben gestaltet und Probleme gelöst haben, uns heute oft noch vertraut ist und wir uns mit ihnen durch die Zeit verbunden fühlen. Manchmal aber finden wir frühere Verhaltensweisen fremd oder sogar grausam und unverständlich. Da lohnt es sich, nach den Gründen zu fragen und unser eigenes Urteil zu überprüfen.

In diesem Kapitel findest du wichtiges Handwerkszeug für das Fach Geschichte:

- Der Zeitstrahl am oberen Seitenrand hilft dir, dich in der Zeit und den vergangenen Epochen zu orientieren.
- Mit der Karte orientierst du dich im Raum.
- Die verschiedenen Quellen und die Methoden, mit denen wir unsere Kenntnisse über die Vergangenheit gewinnen, lernst du auf den folgenden Seiten kennen.

1 Wähle mindestens drei Bilder M2–M9 aus und ordne sie an die richtige Stelle im Zeitstrahl und in der Karte ein. Stelle ein Bild in der Klasse vor.

500 n. Chr.	1000 n. Chr.	1500 n. Chr.	2010 n. Chr.

500–1500
Mittelalter*

Neuzeit*

M 2

Gymnasialkirche in Meppen, erbaut 1743–1746. Foto, 2017

M 3

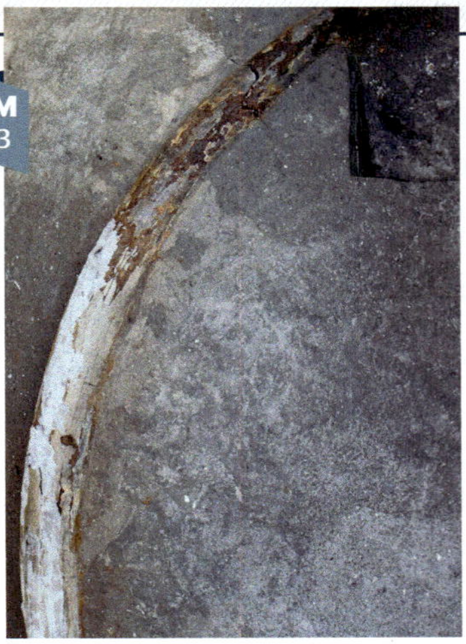

300 000 Jahre alte Knochen eines europäischen Waldelefanten, gefunden in Niedersachsen. Foto, 2015

M 4

Plakat der Ausstellung „Geschichte der Varusschlacht 9 n. Chr." in Kalkriese. Foto, 2011

M 5

Goldscheibe von Moordorf bei Aurich, um 1700 v. Chr., gefunden 1910.

M 6

Leineschloss in Hannover, Sitz des Niedersächsischen Landtags, erbaut 1637. Foto, 2020

M 7

Deutsche Auswanderer besteigen ein Schiff nach Amerika im Hafen von Cuxhaven 1874.

M 8

Klaas Heufer-Umlauf aus Oldenburg, Gewinner des Grimme-Preises für Unterhaltung im Jahr 2020. Foto, 2023

M 9

Statue von Kaiser Friedrich Barbarossa in Goslar, errichtet 1901. Foto, 2018

Woher wissen wir etwas über die Vergangenheit?

Die Spuren der Vergangenheit begegnen uns heute an vielen Orten. Diese Spuren bezeichnen wir als Quellen. Historiker sammeln und untersuchen solche Quellen. Sie stellen Fragen an die Vergangenheit und entwickeln aus den gewonnenen Erkenntnissen neue Fragen.
- ***Wie gehen die Historikerinnen und Historiker dabei vor?***

M 2

Frühgeschichtliche Höhlenmalerei einer Rinderherde aus dem Tassili-Gebirge in der Sahara, um 8000 v. Chr.

Quellen* erforschen

Historiker* sind die Spezialisten, wenn es um die Erforschung der Vergangenheit geht. Ihre Arbeit ist vergleichbar mit der von Detektiven oder Polizisten. Am Anfang gibt es einen Fall mit Fragen. Nun geht es darum, möglichst viele Quellen zu finden, die Antworten geben können. Für den größten Teil der Menschheitsgeschichte stehen uns nur gegenständliche Quellen zur Verfügung, zum Beispiel Werkzeuge und Schmuck. Mit der Erfindung der Schriftsprache sind dann neue, schriftliche Quellen entstanden. Auch Bilder, Film- oder Tonaufnahmen sind Quellen, die uns Auskunft über die Vergangenheit geben können (M1).

Fragen stellen

Wie man die verschiedenen Quellenarten untersucht, lernst du im Laufe der Zeit mithilfe deiner Geschichtsbücher. Für alle Quellen aber gilt, möglichst viel über sie herauszufinden und Fragen zu beantworten:
- Was für eine Quelle liegt vor? (Bezeichnung + Quellenart)
- Aus welcher Zeit stammt die Quelle und wie ist sie entstanden? (Urheber + Datierung)
- Welche Bedeutung oder Funktion hatte die Quelle zur Zeit ihrer Entstehung? (Beschreibung)
- Worüber gibt die Quelle Auskunft? (Aussagewert)

M 1

Historische Quellen:

Quellenart	*Beispiele*
gegenständliche Quellen (= Überreste)	Gebäude, Denkmäler, Schmuck, Werkzeuge, Knochen
schriftliche Quellen	Urkunden, Akten, Briefe, Reiseberichte, Zeitungsartikel, Großmutters Kochbuch
bildliche Quellen	Fotos, Gemälde, Filme, Plakate, Zeichnungen
mündliche Quellen	erzählte Erinnerungen, Volkslieder, Sagen
akustische Quellen	Tonaufnahmen (Sprache und Geräusche), Musik

M 3

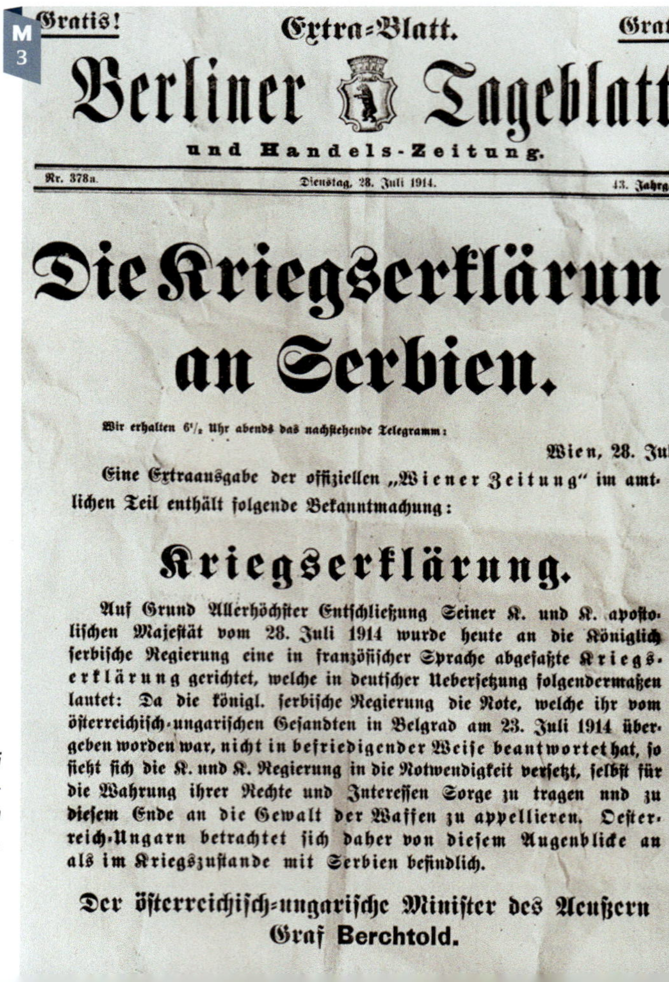

Gratis! Extra-Blatt. Grat

Berliner Tageblatt

und Handels-Zeitung.

Nr. 378a. Dienstag, 28. Juli 1914. 43. Jahrg

Die Kriegserklärun

an Serbien.

Wir erhalten 6½ Uhr abends das nachstehende Telegramm:

Wien, 28. Ju

Eine Extraausgabe der offiziellen „Wiener Zeitung“ im amtlichen Teil enthält folgende Bekanntmachung:

Kriegserklärung.

Auf Grund Allerhöchster Entschließung Seiner K. und K. apostolischen Majestät vom 28. Juli 1914 wurde heute an die Königlich serbische Regierung eine in französischer Sprache abgefaßte Kriegserklärung gerichtet, welche in deutscher Uebersetzung folgendermaßen lautet: Da die königl. serbische Regierung die Note, welche ihr vom österreichisch-ungarischen Gesandten in Belgrad am 23. Juli 1914 übergeben worden war, nicht in befriedigender Weise beantwortet hat, so sieht sich die K. und K. Regierung in die Notwendigkeit versetzt, selbst für die Wahrung ihrer Rechte und Interessen Sorge zu tragen und zu diesem Ende an die Gewalt der Waffen zu appellieren. Oesterreich-Ungarn betrachtet sich daher von diesem Augenblicke an als im Kriegszustande mit Serbien befindlich.

Der österreichisch-ungarische Minister des Aeußern
Graf Berchtold.

Titelblatt der Zeitung „Berliner Tageblatt“ vom 28. Juli 1914. In der Überschrift des Extrablattes steht: „Die Kriegserklärung an Serbien.“ Serbien ist ein Land im Südosten Europas, in dem 1914 der Erste Weltkrieg ausbrach.

Aus Vergangenheit* wird Geschichte

Wenn die Historikerinnen und Historiker möglichst viele Quellen untersucht und ausgewertet haben, versuchen sie eine sinnvolle Antwort auf ihre Ausgangsfrage zu finden und schreiben diese auf. Das kann in Form eines Fachartikels in einer Zeitschrift, im Internet oder in Form eines Buches geschehen.
Die aufgeschriebenen Geschichten heißen Darstellungen*. Sie zeigen uns die Sicht einer bestimmten Person auf die Vergangenheit. Diese Sicht beruht darauf, wie diese Person die Quellen versteht und bewertet. Aus diesem Grunde ist es möglich, dass andere Historiker mit denselben oder ähnlichen Quellen zu anderen Ergebnissen kommen. Eine Gewissheit darüber, dass sich etwas in der Vergangenheit genau so zugetragen hat, gibt es nicht.

M 4

Die Österreicherin Elsa Roilo (102 Jahre) erzählt aus ihrem Leben. Foto, 2018

M 5

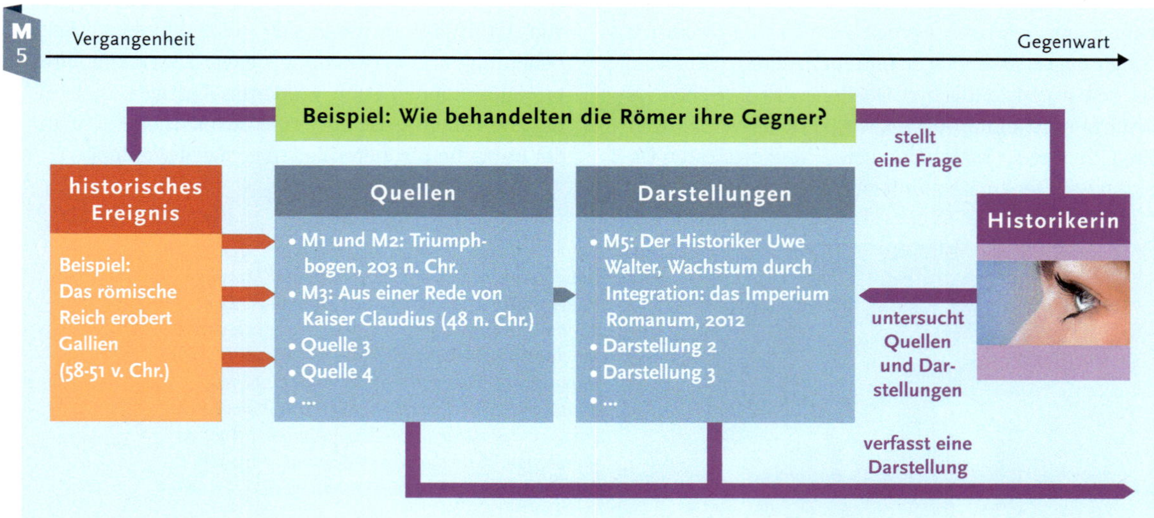

1 Lege eine Tabelle an und trage für jede Quelle (M2–M4) Antworten ein. **Tipp** → S. 184.

	Bezeichnung?	*Quellenart?*	*Datierung?*	*Beschreibung?*	*Aussagewert?*
M2					

2 Erkläre in drei bis fünf Sätzen die Aussage des Schaubildes M5 „Aus Vergangenheit wird Geschichte". Verwende dafür den **Wortschatz**.
▸ Hilfe

3 Bringe von zu Hause eine historische Quelle oder ein Foto von der Quelle mit.
a) Formuliere eine oder mehrere Fragen an die Quelle.
b) Erstelle einen Steckbrief zu der Quelle, indem du versuchst, die Fragen aus dem Darstellungstext (Z. 18 ff.) möglichst genau zu beantworten.
▸ Hilfe
c) Ihr könnt hinterher eine Ausstellung in der Klasse oder eurer Schule mit den Quellen und den Steckbriefen aufbauen.

Zusatzaufgabe → S. 184.

Wortschatz: Historiker und Historikerinnen erforschen/untersuchen • Quellen verraten etwas über • die eigene Deutung begründen • ein historisches Ereignis • eine Darstellung verfassen

cornelsen.de/webcodes
+ Code: jumupe
Was sind historische Quellen?

Üben

Gegenständliche Quellen untersuchen/interpretieren

cornelsen.de/webcodes
Code: sewire
Kopiervorlage Methodentabelle

Gegenstände können uns viel über die Vergangenheit und über das Leben der Menschen in früheren Zeiten verraten. Manchmal sind es sogar die einzigen uns vorliegenden Quellen, denn aus bestimmten Zeiträumen der Geschichte liegen keine schriftlichen oder bildlichen Überlieferungen vor. Um von einem Gegenstand etwas über die Vergangenheit zu erfahren, musst du Fragen an ihn stellen und diese beantworten – du musst ihn interpretieren.

- ***Hier lernst du am Beispiel des Telefons, wie gegenständliche Quellen untersucht werden. Die Arbeitsschritte helfen dir dabei.***

Beschreiben – untersuchen – interpretieren

Neben schriftlichen und bildlichen Quellen sind gegenständliche Quellen die größte Gruppe historischer Überreste. Ein Vorteil ist, dass sie im Original berührt, vermessen und gewogen werden können. Sie fordern zu Vermutungen sowie Fragen und zum Weiterforschen auf. Bei den gegenständlichen Quellen wird zwischen beweglichen Objekten – Werkzeuge, Geld, Möbel, Kleidung, Spielzeug, Maschinen usw. – und ortsfesten Objekten wie Denkmälern unterschieden.

Wie alle anderen Quellenarten müssen auch gegenständliche Quellen auf ihre Echtheit hin überprüft und interpretiert werden. Dabei sollte der Gegenstand beschrieben und seine frühere Funktion untersucht werden. Im Anschluss lassen sich Rückschlüsse auf seine Bedeutung und Verwendung ziehen. Durch eine Interpretation können dann wiederum Aussagen zum Alltag, der Lebensweise oder zum technischen Fortschritt der Menschen früherer Zeiten gemacht werden.

M 1

Das erste Telefon (Länge: 16 cm, Breite: 19 cm, Höhe 32 cm, Material: Holz, Eisen und Messing) wurde 1876 von Alexander Bell entwickelt. Es bestand aus zwei baugleichen Apparaten, von denen der eine nur zum Sprechen und der andere nur zum Hören benutzt werden konnte. Anders als heute konnte man mit diesem Telefon nur mit einer Person (also nur zu einem anderen Apparat) Kontakt aufnehmen, denn die beiden Apparate mussten durch ein Kabel direkt miteinander verbunden sein.

M 2

Telefon mit Wählscheibe aus den 1960er Jahren (Länge: 15,5 cm, Breite: 18,5 cm, Höhe: 16 cm, Material: Kunststoff, Gewicht: 1,5 kg). Der Hörer war mit einem Kabel mit dem Gerät verbunden. Das Telefon war ebenso mit einem Kabel mit einer Leitung in der Wand verbunden. Das abgebildete Telefon steht heute als Dekoration in einer Wohnung in Berlin.

M 3

Smartphone aus dem Jahr 2021 (Länge: 16 cm, Breite: 7,5 cm, Höhe: 0,6 cm, Material: Kunststoff, Gewicht: ca. 0,186 kg)

Arbeitsschritte „Gegenständliche Quellen untersuchen/interpretieren“

Die gegenständliche Quelle beschreiben	Lösungshinweise zu M1
1. Was sind die äußeren Merkmale (z. B. Aussehen, Größe, Gewicht, Material) des Gegenstandes?	• *Das Telefon besteht aus ... Daher war es vermutlich schwerer als heutige Telefone.* • *Die Maße des Telefons betragen ...* • ...
2. Wie alt ist der Gegenstand?	• *Das Telefon stammt aus dem Jahr ...* • *Es ist ca. ... Jahre alt.*
3. Wo wird der Gegenstand heute aufbewahrt?	• *z. B. in einem Museum, in einer Ausstellung ...*
Die Funktion und Bedeutung der gegenständlichen Quelle herausarbeiten	
4. Wie funktioniert bzw. wie bedient man den Gegenstand?	• *Das Gerät bestand aus einem Mikrofon und einem Hörer.* • *Es war mit einem ... mit einem anderen baugleichen Gerät verbunden.* • *Man benutzte es, indem man ...* • ...
5. Wozu wurde der Gegenstand in der Vergangenheit genutzt?	• *Das Gerät war nicht wie heutige Telefone zu gebrauchen, denn ...*
6. Wem gehörte der Gegenstand?	• *Das erste Telefon gehörte ...*
7. Welche Bedeutung hatte der Gegenstand damals und heute?	• *Der Gegenstand hatte eine große Bedeutung, weil ...* • *Es gilt als Vorreiter von ...*
Die gegenständliche Quelle interpretieren	
8. Welche Aussagen lassen sich mithilfe des Gegenstandes über das Leben der Menschen (z. B. auf Lebensweisen, Alltag, technischer Fortschritt) treffen?	• *Diese Erfindung muss für die Menschen etwas Besonderes gewesen sein, denn ...*
9. Ist der Gegenstand für unser heutiges Leben noch bedeutsam oder wurde er von einem anderen ersetzt?	• *Das Telefon ist heute immer noch bedeutsam, weil ...*

1 Untersuche M1 mithilfe der Arbeitsschritte. Ergänze die Lösungshinweise an den entsprechenden Stellen (...).
Tipp: Manchmal lassen sich nicht alle Schritte beantworten.

2 Interpretiere M2 oder M3 mithilfe der Arbeitsschritte. ▸ Hilfe

3 **a)** Vergleicht eure Lösungen in der Klasse.
b) Diskutiert, warum nicht alle zu den gleichen Ergebnissen gekommen sind. ▸ Hilfe
c) Fasse zusammen, was du aus M1–M3 über den technischen Fortschritt der Menschen erfahren kannst. Beginne deine Darstellung mit: *„Das Telefon hat sich von 1876 bis heute weiterentwickelt. ...“*

4 Erkläre, wie du vorgehen würdest, um mehr über M1 und M2 zu erfahren.

5 **Partnerarbeit:**
a) Diskutiert, welche Aussagen man anhand von M1 über das Ende des 19. Jahrhunderts (1800 bis 1899) machen kann.
b) Notiert fünf Fragen, die ihr über diese Zeit mithilfe von M1 nicht beantworten könnt.
c) Beurteilt die Aussagekraft von gegenständlichen Quellen für Kenntnisse über die Vergangenheit.
Tipp: Stellt in einer Tabelle gegenüber, was ihr aus gegenständlichen Quellen erfahren könnt und was nicht.

Zeitliche Einteilungen in der Geschichte

Die Zeit ist von grundlegender Bedeutung für die Orientierung im eigenen Leben und in der Geschichte. Da sie viele Jahrtausende umfasst, teilen Historiker heute die Vergangenheit in verschiedene Zeitabschnitte ein. Die Einteilung, nach der wir uns orientieren, ist jedoch nicht für alle Menschen gültig.

- ***Welche zeitlichen Einteilungen gibt es in der Geschichte?***
- ***Warum gibt es auf der Erde unterschiedliche Kalendersysteme?***

M 1

Stonehenge, Kultstätte in Südengland, Foto, undatiert. Mithilfe von Steinbögen und Positionssteinen konnten der Sommeranfang (Sommersonnenwende) und der Winteranfang (Wintersonnenwende) bestimmt werden. Die Anlage wurde in drei Bauabschnitten von etwa 3000 bis 1000 v. Chr. gebaut.*

M 2

Epochen:

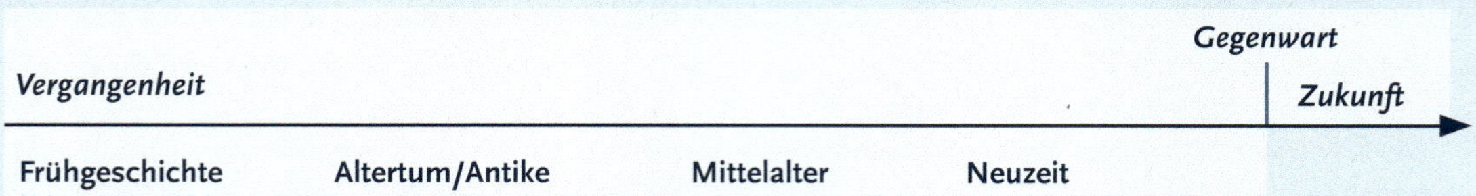

Die Zeit messen und darstellen

Schon immer haben Menschen Wege gefunden, sich in der Zeit zu orientieren. Die frühesten Versuche, die Zeit einzuteilen und sie zu messen, gingen von astronomischen Beobachtungen aus. Nach dem Lauf von Himmelskörpern – Sonne, Mond und Sterne – wurden Kalender* aufgestellt, nach denen sich z. B. sesshafte* Völker bei der Aussaat richten konnten. Vieles über die Bedeutung und die Gründe solcher Anlagen wie der von Stonehenge in England bleibt für uns noch im Dunkeln.

Verschiedene Möglichkeiten der Zeitrechnung

Heute benutzen wir die sogenannte christliche Zeitrechnung, die von den meisten Menschen genutzt wird. In anderen Kulturen und Religionen wurde jedoch sehr lange nicht das Jahr der Geburt von Jesus Christus als Ausgangspunkt ihrer Zeitrechnung genommen. Daher kommen die Zeitangaben mit den Abkürzungen „v. Chr." und „n. Chr.". Der Kalender der Juden nutzte als Ausgangspunkt die Erschaffung der Welt. Diese wurde für das Jahr 3761 v. Chr. nach unserer Zeitrechnung ermittelt. Das Jahr 2017 wäre nach jüdischem Kalender demnach 5777. Für die Römer war das Jahr der Entstehung der Stadt Rom der Ausgangspunkt ihres Kalenders. Da dieses Ereignis der Sage* nach im Jahr 753 v. Chr. stattgefunden haben soll, wäre das Jahr 2017 also 2769. Deutlich später beginnt die islamische Zeitrechnung. Hier ist der Ausgangspunkt die Auswanderung des Propheten Mohammed nach Medina im Jahr 622 n. Chr. Im Kalender von Muslimen entspricht das Jahr 2017 dem Jahr 1439. Es gab aber auch Kulturen, die keinen festen Ausgangspunkt für ihre Zeitrechnung nutzten. Sie zählten immer ab Beginn der Herrschaft eines neuen Königs.

Einteilung der Vergangenheit in Epochen

Um sich besser in der Geschichte orientieren zu können, ordnen Historiker die Vergangenheit, indem sie sie aufteilen, und zwar in große Zeitabschnitte, die sie Epochen* nennen:

- *Frühgeschichte:* Zeitabschnitt vom Beginn der Menschheitsgeschichte bis ca. 3000 v. Chr. Die Menschen entwickelten sich hier von Jägern und Sammlern zu sesshaften Bauern. Für diesen Zeitraum gibt es keine schriftlichen Quellen, jedoch wurden gegenständliche Quellen gefunden.
- *Altertum/Antike:* Zeitabschnitt, der mit den frühen Hochkulturen* um 3000 v. Chr. begann und ca. 500 n. Chr. endete. Das Altertum umfasste die Hochkultur im alten Ägypten mit der Erfindung der Schrift, ab 1000 v. Chr. folgten die Hochkulturen der Griechen und Römer.
- *Mittelalter:* Zeitabschnitt zwischen Antike und Neuzeit, der ca. 500 n. Chr. begann und um 1500 n. Chr. endete. Im europäischen Mittelalter bauten sich Adlige und Ritter Burgen, es entwickelten sich die Städte und Klöster.
- *Neuzeit:* Zeitabschnitt, der um 1500 begann und bis heute andauert. In die Neuzeit fielen wichtige Erfindungen und Entdeckungen, wie die Fahrt des Kolumbus nach Amerika oder die Erfindung der Elektrizität.

Sanduhr (auch „Stundenglas") aus Silber und Glas, Portugal, ca. 1517

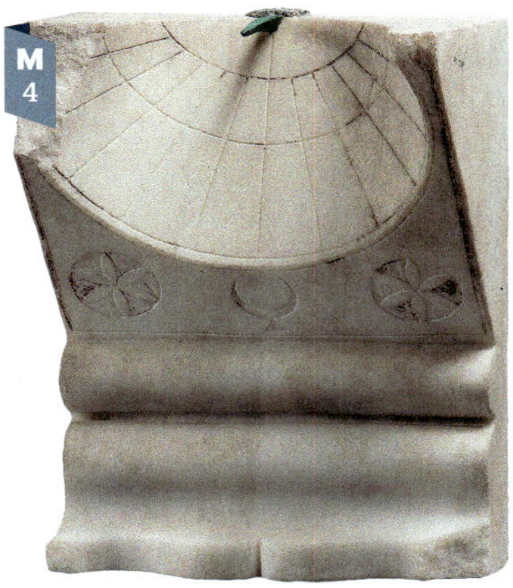

Sonnenuhr aus Marmor, um 100 n. Chr.

Mechanischer Wecker, Deutschland, ca. 1980

1 Erkläre mithilfe des Darstellungstextes die verschiedenen Möglichkeiten der Zeitrechnung.

2 Berechne, wann folgende Ereignisse in den jeweiligen Kalendersystemen stattfanden: Entdeckung Amerikas durch Christoph Kolumbus 1492 n. Chr., Fall der Berliner Mauer 1989 n. Chr., Schlacht bei Issos 333 v. Chr., dein Geburtsjahr.
Tipp: Lege dazu eine Tabelle an. Die Umrechnung in die islamische Zeitrechnung ist ein wenig komplizierter. Es gilt folgende Regel: islamisches Jahr = 33/32 x (christliches Jahr – 622).

3 **a)** Zeichne die Zeitleiste M2 in dein Heft ab und ergänze mithilfe des Darstellungstextes die Jahreszahlen für die vier Epochen.
b) Trage mithilfe des Darstellungstextes den Beginn der jüdischen und islamischen Zeitrechnung in deine Zeitleiste ein.

4 Bei den abgebildeten Zeitmessern (M1, M3–M5) handelt es sich auch um gegenständliche Quellen.
a) Ordne sie an die richtige Stelle deiner Zeitleiste ein.
b) Diskutiert in der Klasse, warum eine Zeitleiste wichtig für den Geschichtsunterricht ist.
Tipp: Beachte auch die Zeitleiste auf S. 14/15.

5 **Partnerarbeit:**
a) Beschreibt die abgebildeten Zeitmesser (M1, M3–M5).
b) Nennt Gemeinsamkeiten und Unterschiede.

Üben

Meine eigene Geschichte erforschen

Geschichte befasst sich häufig mit großen Ereignissen wie Kriegen und Entdeckungen. Dabei besteht die Vergangenheit zu einem viel größeren Teil aus dem alltäglichen Leben von Menschen und deren Familien. Auch du, deine Familie und Freunde sind ein Teil davon.

- ***Wie kannst du etwas über deine Geschichte herausfinden?***
- ***In welchem Zusammenhang steht deine Geschichte mit größeren Ereignissen und Entwicklungen?***

M 1 **Zeitleiste „Meine Familiengeschichte“**

1985 Geburt von Papa in Dortmund

1991 Papas Einschulung

2006 Heirat meiner Eltern, Umzug nach Bochum

2008 Geburt meiner Schwester

1980 | 1990 | 2000 | 2010 | 2020

1984 Geburt von Mama in Schwerin

1990 Mamas Einschulung

Deine Geschichte erforschen

Die Vergangenheit hat eine große Bedeutung für die Gegenwart: Unser Leben besteht aus Erlebnissen und Erfahrungen. Die Lebensgeschichte eines Menschen nennt man Biografie*. Obwohl deine Biografie erst ein kurzer Abschnitt der Vergangenheit ist, kannst du dich nicht an jedes einzelne Erlebnis erinnern. Hier können dir zum Beispiel deine Eltern, Geschwister und Großeltern helfen und dir als mündliche Quellen dienen.

Wenn du deine Familiengeschichte untersuchst, betrachtest du mehrere Generationen*. Dabei verbindet sich dein Leben mit Ereignissen, die vor deiner Geburt liegen.

Neben den mündlichen Quellen gibt es auch andere Quellen, die etwas über deine und die Vergangenheit deiner Familie verraten: Fotos, Dokumente wie Geburts- oder Heiratsurkunden, Briefe und Tagebücher oder andere Erinnerungsstücke. Sie alle können dir helfen, deine Vergangenheit zu erforschen.

Fragen an deine Vergangenheit stellen

Warum wohnst du in dieser Stadt, in jenem Haus? Weshalb besuchst du deine Schule und keine andere? Welche wichtigen Entscheidungen und Ereignisse gab es in eurer Familiengeschichte? Die Antworten auf diese oder ähnliche Fragen sind wichtig, um deine Gegenwart besser zu verstehen.

1910 | 1920 | 1930 | 1940 | 1950 | 1960

1914–1918 Erster Weltkrieg

1919–1933 Weimarer Republik (erste Demokratie in Deutschland)

1933–1945 Nationalsozialistische Diktatur und Zweiter Weltkrieg

1949 Gründung von zwei deutschen Staaten (Bundesrepublik und DDR)

Biografien sind immer auch mit den größeren Ereignissen der jeweiligen Gegenwart verbunden. So veränderte sich zum Beispiel mit der Vereinigung der beiden deutschen Staaten Bundesrepublik Deutschland und Deutsche Demokratische Republik im Jahre 1990 das Leben vieler Familien. Aber auch die Flucht von Menschen vor Krieg oder Unruhen in sichere Länder und Regionen bedeutet einen tiefen Einschnitt in ihre Biografie und Familiengeschichte.

M 2

Ein Ereignis erforschen

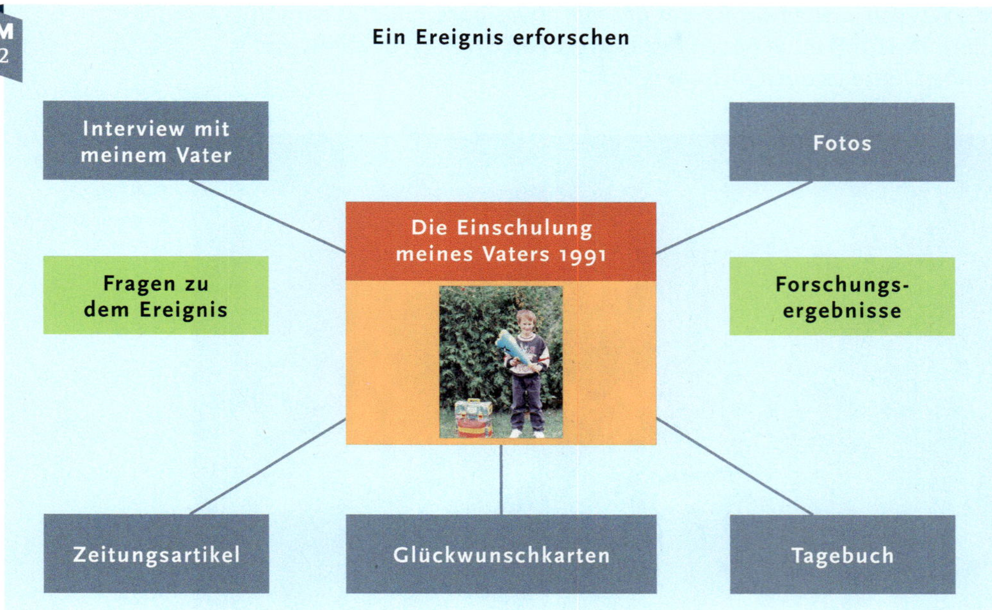

1 **a)** Erkläre, warum es für Menschen wichtig ist, die eigene Biografie und Familiengeschichte zu kennen.
b) Formuliere Vermutungen, warum die Erforschung des alltäglichen Lebens einfacher Menschen und Familien auch für Historiker interessant sein kann.

2 **a)** Lege auf einem DIN-A4-Blatt eine Zeitleiste zu deiner Familiengeschichte an (Beispiel M1). Trage die Lebensdaten, Namen und Geburtsorte von dir, deinen Geschwistern, Eltern oder anderen für eure Familie wichtigen Personen ein.
b) Ergänze die Zeitleiste um weitere besondere Ereignisse aus deiner Familiengeschichte (zum Beispiel Umzug, Heirat).
c) Trage zusätzlich historische Ereignisse ein, die zur jeweiligen Zeit passiert sind. **Tipp** → S. 190.

3 Wähle ein besonderes Ereignis aus deiner Biografie oder deiner Familiengeschichte aus, das du genauer erforschen möchtest.
a) Schreibe deine Fragen zu diesem Ereignis auf.
b) Sammle möglichst viele Quellen. Ordne sie nach Quellenarten und arbeite mithilfe von Fragen Informationen zu deinem besonderen Ereignis heraus. (→ S. 16, Z. 13 ff.).
c) Gestalte ein Plakat mit deinen Materialien und Ergebnissen (Beispiel M2).

1970 **1980** **1990** **2000** **2010** **2020**

1969 Mondlandung der US-Raumfähre Apollo 11

1989/90 Öffnung der Berliner Mauer und Vereinigung beider deutscher Staaten zur BRD

1990 Beginn des World Wide Web mit der ersten Website

1993 Gründung der EU

2011 Beginn des Bürgerkriegs in Syrien

Meine Schule hat Geschichte

„Hey, Klara, schau mal, das alte Bild mit der Schulklasse", sagt der zwölfjährige Selim zu seiner Klassenkameradin und macht ein Foto. „Der Lehrer hat ja einen Stock in der Hand, der war bestimmt streng!" Klara geht Selim mit seinem Fotografieren auf die Nerven. „Mein Großvater hat mir etwas ganz anderes erzählt", erwidert sie. „Er und sein Freund haben der Lehrerin oft Streiche gespielt, und viele Hausaufgaben hätte es auch nicht gegeben."

M 1

Unterricht in einer Dorfschule 1848. Gemälde von Albert Anker, 1896

Wie war Schule früher?

War Schule früher so, wie es auf dem Gemälde M1 dargestellt ist? Oder so, wie es Klaras Großvater berichtet? Um das zu klären, müsste man herausfinden, wann das Bild der Dorfschule gemalt wurde, das etwas über die Schule vor 150 Jahren aussagt, und wann Klaras Großvater zur Schule gegangen ist, vermutlich vor rund 50 Jahren.

Auch auf die Betrachter kommt es an: Selim findet, dass der Lehrer streng aussieht, Klara sieht das vielleicht anders …

Meine Schule als Ort der Geschichte – ein Projekt

Auch deine Schule ist ein Ort der Geschichte, die du erforschen kannst. Du kannst auf verschiedenen Wegen Informationen sammeln:

- Wie der Unterricht vor 30 Jahren aussah, lässt sich leicht durch Gespräche mit älteren Lehrern oder ehemaligen Schülern ermitteln. Sie kann man auch nach alten Fotos oder Filmaufnahmen fragen.
- Vielleicht lassen sich in der Schule Unterlagen finden, aus denen hervorgeht, wann die Schule gegründet wurde und wie sie sich im Laufe der Jahre entwickelt hat. Ein ergiebiges Dokument dafür sind z. B. Jubiläumsschriften, wenn die Schule schon ein rundes Geburtsdatum gefeiert hat.
- Schülerzahlen und -namen finden sich in der Regel bei der Schulverwaltung. Fragt die Schulleiterin oder den Schulleiter.
- An Schulen mit einer langen Tradition finden sich oft Gedenktafeln für gefallene Schüler im Ersten oder Zweiten Weltkrieg. Diese können ein Ausgangspunkt für die Erforschung der Frage sein, welche Familien ihre Kinder auf diese Schulen geschickt haben.
- Wenn du wissen willst, wie es in der Umgebung aussah, als die Schule gegründet wurde, oder wie die Baugeschichte verlaufen ist, wird es schon ein bisschen schwieriger. Hier bietet sich ein Gang ins Archiv und zur Stadtverwaltung, etwa auf das Bauamt, an. Dort kann man z. B. Einblick in alte Bebauungspläne nehmen.

M 2

Klassenfoto einer gymnasialen Schulklasse um 1900

M 3

Anregungen für ein Projekt zur Geschichte eurer Schule:

1. An welchem Ort, in was für einem Viertel liegt unsere Schule?
2. Wer hat sie wann gegründet? Welchen Namen trägt sie? Gibt dieser Name ein Programm oder bestimmte pädagogische Ziele vor?
3. Wie viele Schüler gehen heute auf diese Schule? Welche Familien sind hier vertreten? Welche waren es früher?
4. Wie sieht der Unterricht heute aus und welche Fächer werden angeboten? Hat sich das Angebot im Laufe der Zeit seit der Schulgründung verändert? Welche Methoden werden heute angewendet, welche wurden es früher?
5. Welche Gebäude gehören heute zur Schule? Wann sind sie entstanden? Wie sieht die Baugeschichte des Schulgeländes aus?
6. Hat sich die Schule in den letzten 100 Jahren verändert? Spielten die unterschiedlichen Machthaber und politischen Systeme Kaiserreich (1871–1918), Weimarer Republik (1918–1933), Nationalsozialismus (1933–1945), geteiltes Deutschland (1949–1990) für sie eine Rolle?

M 4

Das Domgymnasium Verden. Foto, 2022

1 Beschreibe M1. Suche dir eine Person heraus und schildere aus ihrer Sicht, wie sie die Situation erlebt, was sie sieht, hört, riecht, denkt. Nutze den **Wortschatz**.

2 Vergleicht in einer Gesprächsrunde die aus M1, M2 und M4 gewonnenen Informationen mit eurer Klasse und eurem Schulgebäude. ▸ Hilfe

3 Untersuche M2: Welche Informationen gibt dir das Foto über „Schule um 1900"? Was lässt sich auf der Abbildung nicht erkennen? Nutze den **Wortschatz**. ▸ Hilfe

Wortschatz: Buch zur Feier eines besonderen Datums • überlieferte Bräuche und Gewohnheiten • Schüler und Schülerinnen erforschen/untersuchen • Quellen verraten etwas über • ein historisches Ereignis • die Abbildungen zeigen • im Team arbeiten • auf etwas stoßen • sich Fragen zu etwas stellen

Mein Ort hat Geschichte – das Beispiel Hannover

cornelsen.de/webcodes
Code: cehosu
Kopiervorlage Methodentabelle

Von deinen Eltern oder Großeltern hast du bestimmt schon Äußerungen gehört wie: „Früher konnte man hier noch Reste der Stadtmauer sehen." „Auch der Bahnhof war noch in Betrieb." „Die alte Maschinenfabrik wurde schon vor 30 Jahren abgerissen." „Richtig einkaufen kann man ja nur noch auf der grünen Wiese." Dörfer und Städte haben sich immer wieder verändert und wandeln sich auch heute noch – als historische Orte haben sie ihre eigene Geschichte. Am Beispiel Hannover kannst du diesen Wandel erarbeiten und selbst die Geschichte deines Wohnortes untersuchen.

M1

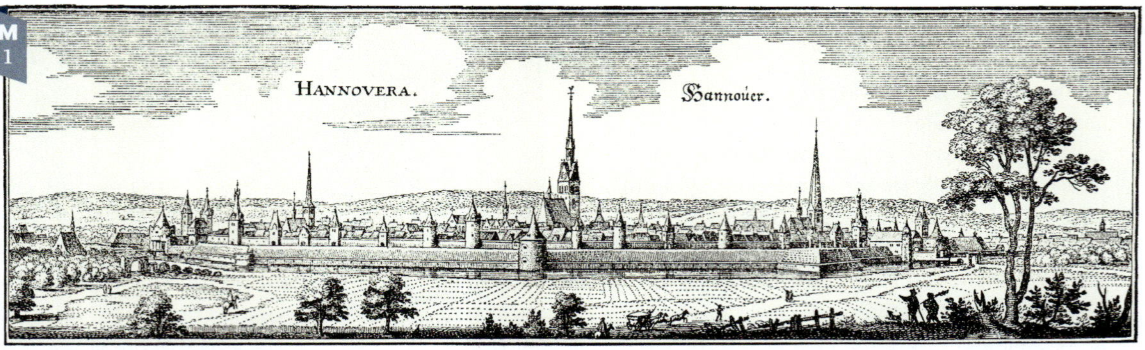

Die Stadt Hannover um 1650, Kupferstich von Mathäus Merian

M2

Das Alte Rathaus mit Marktkirche in Hannover, Foto, 2011

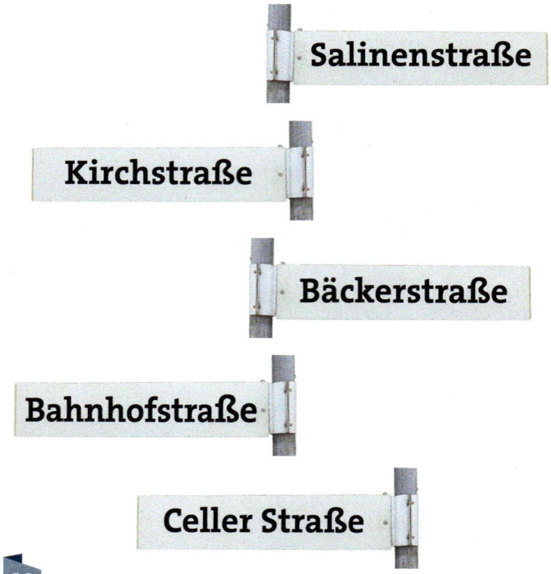

M3 *Straßennamen in Hannover*

Wortschatz: flache Landstufen entlang des Leine-Flusses • die Stadt entstand im Mittelalter • Kreuzung von Fernstraßen • Wohnsitz des Herzogs • Hannover wurde zum Königreich • neue Stadtviertel entstanden • Stadt immer größer • Landeshauptstadt • Messestadt • große internationale Ausstellung von Erfindungen und Technologie

M4

Werbeplakat der Firma Continental in Hannover, um 1900

M5

Das Maskottchen Twipsy der Weltausstellung Expo 2000 in Hannover

M6

Aus der Geschichte Hannovers

Auf der offiziellen Internetseite der Landeshauptstadt Hannover heißt es zur Geschichte der Stadt:

Die Stadt Hannover entstand irgendwann im Mittelalter als kleine dörfliche Siedlung auf einer hochgelegenen Terrasse der Leine (Honovere = das hohe Ufer). Daneben lag ein bedeutender Flussübergang, denn hier kreuzten sich zwei wichtige alte Fernstraßen ... 1241 stellt der welfische Herzog „Otto das Kind" ein Stadtprivileg aus ... Im 14. Jahrhundert wurde die Stadt mit einer soliden Mauer befestigt, nur drei Tore stellten die Verbindung zur Außenwelt her: das Leintor, das Aegidientor und das Steintor. Hundert Jahre später wurde das Rathaus neben der Marktkirche gebaut ... Herzog Georg von Calenberg machte Hannover 1636 zur Residenz ... Im 19. Jahrhundert wurde Hannover zum Königreich erhoben ... Nun begann die Stadt zu wachsen. Hannover erlebte einen Boom: überall neue Industriebetriebe, neue Stadtviertel entstanden, Dörfer wurden eingemeindet (zu einer Stadt hinzugefügt) ...

Der Zweite Weltkrieg warf die Entwicklung der Stadt heftig zurück: Fast zwei Drittel der Gebäude lagen 1945 in Trümmern oder waren ausgebrannt, viele Menschen waren obdachlos. Dazu kamen auch noch viele Flüchtlinge ...

Die Stadt erholte sich schneller, als man dachte. Auf den Trümmern wurde eine moderne Stadt errichtet, die bis heute eine Großstadt im Grünen geblieben ist, eine Landeshauptstadt mit bedeutsamen kulturellen Einrichtungen, guten Einkaufsmöglichkeiten und überregional bedeutenden Ereignissen. Bereits 1947 wurde Hannover zur Messestadt und setzt immer noch Maßstäbe: im Jahr 2000 durch die EXPO 2000 und seit 1986 mit der erfolgreichsten und bekanntesten Messe im Informations- und Telekommunikationsbereich, die größte Messe der Welt, der CeBIT.

1 Vergleiche M1 mit einer heutigen Stadtansicht von Hannover (Atlas, Stadtplan, Google Earth).

2 Überlege, warum es schwierig ist, die Gebäude in M2 einem bestimmten Datum zuzuordnen.

3 Erläutere die Herkunft der Straßennamen in M3.
▸ Hilfe

4 Erarbeite anhand von M4, M5 und M6, was du über die Entwicklung der Industrie in Hannover herausfinden kannst. Nutze den **Wortschatz**.

5 Fertige mithilfe von M6 eine Zeitleiste zur Geschichte Hannovers an.

6 **Gruppenarbeit:** Erforscht die Geschichte eures Wohnorts. Beschafft euch Bücher, Karten, Fotos usw. Fragt zu Hause, im Museum, im Stadtarchiv nach. Stellt Fragen wie z. B.: Wann wurde der Ort gegründet und warum? Gab es Unglücke und Katastrophen? Haben einzelne Menschen die Stadtgeschichte geprägt?

7 Nennt Hinweise, an denen ihr erkennt, dass ein Ort Geschichte hat.

2 Mio. vor Christus | 40 000 v. Chr. | 5500 v. Chr. | 3000 v. Chr.

Ur- und Frühgeschichte

ab ca. 2 Mio. Jahre vor heute Altsteinzeit

ab 10 000 v. Chr. Übergang zur Jungsteinzeit

Altertum

Begegnungen mit der Vergangenheit

Die Menschen leben in der Zeit

Menschen leben und finden durch Zeit und Raum **Orientierung**. In Bezug auf die Zeit teilen wir die Geschichte in **Epochen** ein, um uns besser zu orientieren und Ereignisse zeitlich einordnen zu können. Diese Epochen umfassen die **Steinzeit** (beispielsweise mit den sesshaftwerdenden Jägern und Sammlern), das **Altertum** (beispielsweise mit der Hochkultur der Ägypter), das **Mittelalter** (mit Burgen, Klöstern, Dörfern und Städten) und die **Neuzeit**, in der wir heute leben. Um die Zeit und die Ereignisse darzustellen, erstellen wir Zeitleisten. Auf einer Zeitleiste sind feste Zeitabstände markiert, unter denen wichtige Daten, Ereignisse oder Entwicklungen eingetragen werden. Die Zeitleisten verlaufen meist von links (Vergangenheit) nach rechts (Gegenwart) und helfen uns, uns in der Zeit zurecht zu finden.

Die Menschen leben in geschichtlichen Räumen

Genauso wie wir die Zeit organisieren, teilen wir auch unseren Raum auf verschiedene Weisen ein. Das kann durch persönliche Ereignisse wie unser Geburtsjahr oder das unserer Eltern und Großeltern geschehen. Aber auch Orte haben ihre eigene Geschichte – unser Wohn- oder Schulort, die Region, zu der er gehört, und sogar unser Bundesland. Diese Zugehörigkeiten können Gefühle von Verbundenheit und Verwurzelung erzeugen.

Vergangenheit und Geschichte

Doch sowohl unsere Vorstellungen von Zeit als auch von Raum würden ohne die Erkenntnisse aus der Vergangenheit chaotisch erscheinen. Deshalb nutzen wir verschiedene Arten von **Quellen: schriftliche Quellen** (Dokumente, Briefe oder Zeitungen), **gegenständliche Quellen** (Gebäude, Denkmäler oder Schmuck), **bildliche Quellen** (Fotos, Gemälde, Plakate), **mündliche Quellen** (Lieder, Erzählungen und Sagen) und **akustische Quellen** (Tonaufnahmen und Musik), um unser Wissen über die Vergangenheit zu sichern. Historiker und Historikerinnen untersuchen diese Quellen und halten ihre Erkenntnisse in Darstellungen fest. Diese helfen uns, die unendliche Vielfalt der Vergangenheit besser zu verstehen. Auch wenn viele Quellen nur einen Ausschnitt der Vergangenheit darstellen, sind sie für unser Verständnis von Geschichte unbedingt notwendig.

500 v. Chr.	Christi Geburt	500 nach Christus	1000 n. Chr.	1500 n. Chr.

Antike

Mittelalter

Neuzeit

1 Finde heraus, was in den Abbildungen in der Zeitleiste dargestellt ist und wann die Quellen entstanden sind.

Die Struktur-Lege-Technik
Auf dieser Seite lernst du eine neue Arbeitstechnik kennen: die „Struktur-Lege-Technik". Diese Technik hilft dir, einen Text, den du gelesen hast, noch besser zu verstehen und die wichtigsten Informationen zu lernen. Du benötigst dafür kleine Papierkärtchen und Stifte.

1 **a)** Lies den Darstellungstext auf S. 28 = vorherige Seite (Abschnitte **„Die Menschen leben in der Zeit"** und **„Die Menschen leben in geschichtlichen Räumen"**) und kläre die im Text fett gedruckten Begriffe mit deinem Partner.
b) Erkläre die Struktur M1 deinem Partner: Warum sind die Begriffe so angeordnet? Welcher Zusammenhang besteht zwischen ihnen?

2 **a)** Lies den dritten Abschnitt und kläre die im Text fett gedruckten Begriffe mit deinem Partner.
b) Ergänze die Struktur M2 mit Begriffen aus dem Text und erkläre sie deinem Partner.

3 Bearbeite den Abschnitt **Vergangenheit und Geschichte** selbstständig.
a) Einzelarbeit: Schreibe die wichtigen Begriffe auf Papierkärtchen (ein Begriff pro Kärtchen).
b) Einzelarbeit: Lege die Kärtchen so auf den Tisch oder ein Blatt Papier, dass sie eine sinnvolle Struktur bilden.
c) Partnerarbeit: Erkläre deinem Partner, warum du deine Kärtchen in diese Struktur gelegt hast. Du kannst deine Struktur im Gespräch mit deinem Partner auch verändern.
d) Einzelarbeit: Klebe deine Struktur in dein Heft oder schreibe sie ab. Ergänze Pfeile oder Symbole und beschrifte diese.

M 1

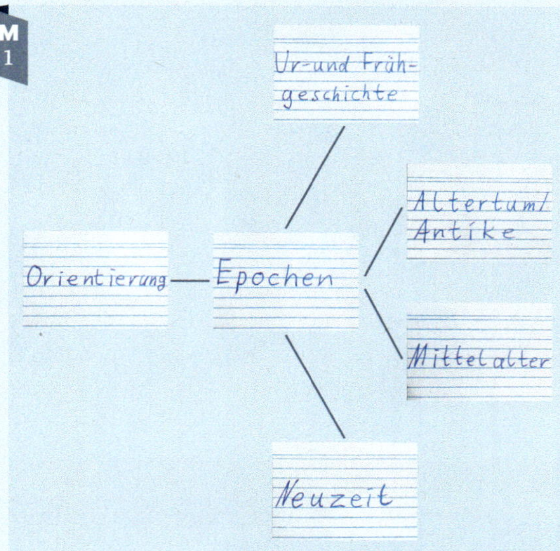

M 2

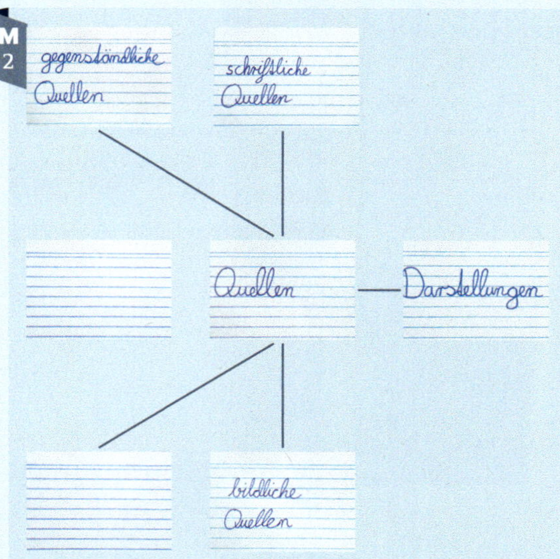

Im Kapitel konntest du folgendes Fachwissen und folgende Kompetenzen erwerben:

- dich in dein geschichtliches Umfeld einordnen
- verschiedene Quellenarten benennen und erläutern
- die Begriffe „Vergangenheit" und „Geschichte" unterscheiden
- beschreiben, wie Menschen die Zeit wahrnehmen, messen und darstellen
- **Medien und Methoden:** Gegenständliche Quellen untersuchen/interpretieren

M 1

M 2

M 3

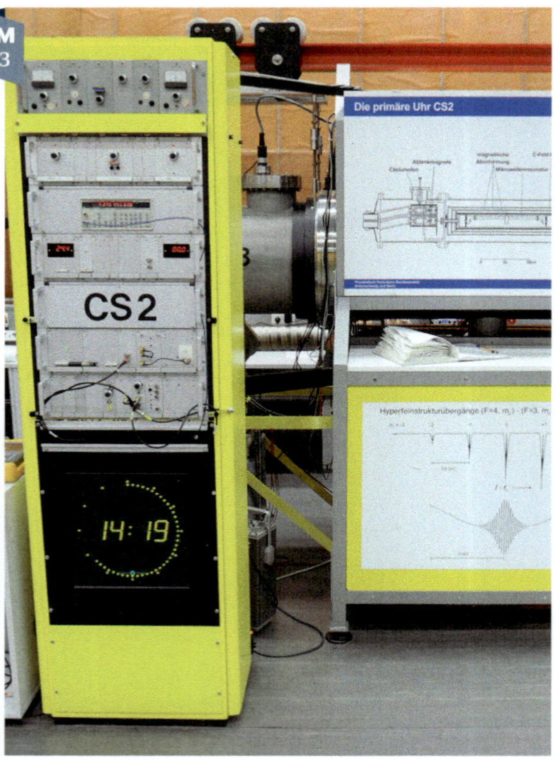

M 4

Ein Luftschiff über Berlin

Ein Journalist berichtete am 3. Oktober 1928 über die Fahrt des Luftschiffs „Graf Zeppelin":

Schon vor 8 Uhr sah man die ersten Neugierigen auf den großen Plätzen ... Auch die Dächer begannen sich zu bevölkern, und das herrliche Herbstwetter nach dem gestrigen Regentag trug dazu bei, die Berliner Bevölkerung in Massen auf die Straßen zu locken ... Kurz nach neun Uhr überfuhr „Graf Zeppelin" den südlichen und östlichen Teil Berlins und grüßte die großen Fabriken, die Stätten der Arbeit. Wo immer sich das Schiff zeigte, war alles auf den Beinen. Die Maschinen der Fabriken standen einige Augenblicke still, von den Dächern und durch Dachluken grüßten und winkten Tausende dem Schiff zu, es herrschte überall eine freudig bewegte Stimmung ... Besonders auffallend war der ruhige Lauf der Motoren, die man kaum hörte. Das Geräusch eines einzigen Fliegers war stärker als alle fünf Zeppelin-Motoren.

*Berliner Tageblatt, 3. 10. 1928.**

M 5

Richtig oder falsch?

a Der erste Schritt beim Auswerten von Quellen ist, die Erkenntnis zu formulieren.	b Tagebücher und Briefe sind schriftliche Quellen.
c Die Begriffe „Vergangenheit" und „Geschichte" bedeuten dasselbe.	d Die Zeitmessung wurde erst für die Menschen in unserer Zeit wichtig.
e Um die Familiengeschichte zu erforschen, genügen Bildquellen.	f Feste und Bräuche gehören zu den Traditionen.

M 6

Neunjähriges Mädchen bei der Arbeit in einer Baumwollspinnerei in den USA, Foto, 1910

M 7

Darstellungen der Zeit:

1. Die Zeit als Linie

2. Die Zeit als Strahl

3. Die Zeit als Kreis

Sachkompetenz

1 **a)** Ordne M1–M4 und M6 der jeweiligen Quellenart zu (S. 16, M1).
b) Ordne die Bildunterschriften „Atomuhr", „Römische Glaswaren aus dem 1. Jh. n. Chr., gefunden in Trier, Foto, 2001" und „Blick in eine mittelalterliche Küche, Miniaturmalerei um 1500" den Abbildungen M1–M3 zu.
c) Ordne M1–M4 und M6 mithilfe der Zeitleiste auf der Orientierungsseite 14/15 zeitlich ein.

2 Überprüfe die Aussagen in M5 auf ihre Richtigkeit. Korrigiere die falschen Aussagen und schreibe alle Aussagen richtig auf.

3 **Partnerarbeit:** Erklärt euch gegenseitig die folgenden Begriffe: Generation, Bildquelle, Sachquelle, Textquelle, Tradition, Zeitmessung, Geschichte, Vergangenheit.

Methodenkompetenz

4 **a)** Untersuche M6, stelle Fragen an das Foto und beantworte sie schriftlich.
b) Vergleicht eure Ergebnisse.
c) Klärt gemeinsam, welches „Bild" aus der Geschichte sich für euch aus dem Foto ergibt.

5 Erstelle eine Liste mit der Überschrift „Geschichte auf dem Schulweg". Trage hier alle Gebäude, Straßennamen und Inschriften usw. ein, an denen du auf deinem Schulweg vorbeikommst. Notiere, aus welcher Zeit sie stammen.

Urteilskompetenz

6 **a)** Erklärt zunächst die einzelnen Darstellungsformen von Zeit in M7.
b) Bewertet in einer Gesprächsrunde die Eignung der Darstellungen der Zeit in M7 für den Einsatz im Geschichtsunterricht.

cornelsen.de/webcodes
Code: nehegu
Selbsteinschätzungsbogen

Menschen in der Steinzeit.
Rekonstruktionszeichnung, 2011

2

Leben in der Frühzeit

„Seht mal dort!" Die Person am linken Bildrand hat soeben eine Gruppe von Jägern am Waldrand entdeckt. Die anderen Dorfbewohner unterbrechen ihre Arbeit, um zu sehen, was los ist. Doch auch die Jägergruppe ist aufgeschreckt durch das Feuer am Waldrand im Bildhintergrund. Einer von ihnen deutet aufgeregt dorthin. Das Feuer scheint jedoch die Bauern nicht zu beunruhigen, eher die unvermutet aufgetauchten Fremden aus dem Wald.
Diese Rekonstruktionszeichnung aus heutiger Zeit zeigt die Begegnung zweier Gruppen vor über 9000 Jahren, die unterschiedliche Lebensweisen hatten: Eine Gruppe lebte wie in der Jungsteinzeit, die andere Gruppe wie in der Altsteinzeit.

Ordne die beiden Gruppen einer Epoche (Altsteinzeit und Jungsteinzeit) zu. Worüber könnten sich die Gruppen unterhalten und austauschen? Spielt die Szene in einem Rollenspiel nach.

alle Darstellungstexte zum Anhören

wurofa

4 Mio. v. Chr.	2 Mio. v. Chr.	200 000 v. Chr.	100 000 v. Chr.	40 000 v. Chr.	5500 v. Chr.
Entwicklung des Vormenschen	**Urmensch in Afrika**	**Jetztzeitmensch in Afrika**	**Neandertaler in Mitteleuropa**	**Jetztzeitmensch in Mitteleuropa**	

Altsteinzeit in Mitteleuropa ··· **Jungsteinzeit in Mitteleuropa**

Leben in der Frühzeit

Seit über 2 Millionen Jahren gibt es Menschen auf der Erde. Obwohl dies ein unvorstellbarer Zeitraum ist, macht die Geschichte der Menschheit nur einen kleinen Bruchteil der Erdgeschichte aus: Unsere Erde ist nämlich über 5000 Millionen oder 5 Milliarden Jahre alt! Sicher scheint, dass die ersten Menschen in Afrika lebten und dass es einige andere Menschenarten gab, bevor unsere direkten Vorfahren entstanden. Viele hunderttausend Jahre lebten die Menschen als Jäger und Sammler. Als Nomaden zogen sie den Tieren nach.
Warum es vor etwa 9000 Jahren in Europa zum Umbruch in der Lebensweise der Menschen kam, sie sich an einem festen Ort niederließen und sesshaft wurden, gehört zu den großen ungelösten Rätseln der Menschheitsgeschichte.
In diesem Kapitel lernst du den Ursprung und die Entwicklung der Menschen kennen, so wie sie in der Forschung heute gesehen werden. Folgende Fragen leiten dich dabei:

- Woher kamen die ersten Menschen?
- Wie haben sie in früheren Zeiten gelebt?
- Welche Werkzeuge und Techniken hatten sie?
- Wie sind sie mit der Natur umgegangen?
- Wie veränderte sich das Zusammenleben der Menschen?

cornelsen.de/webcodes
Code: weguwu
Vorschläge zum Besuch eines außerschulischen Lernortes (Kapitel 2)

M 1

Leben auf der Erde, dargestellt als Spirale

M 2

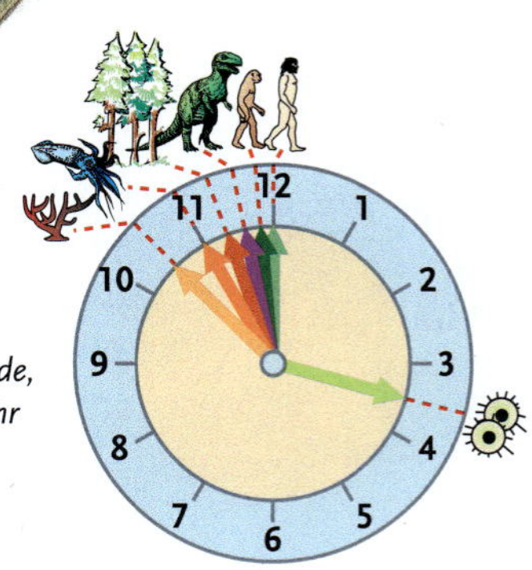

Leben auf der Erde, dargestellt als Uhr

2200 v. Chr. | 800 v. Chr. | Christi Geburt | 500 n. Chr. | 1000 n. Chr. | 1500 n. Chr. | 2000 n. Chr.

Entstehung der ägyptischen Hochkultur um 3000 v. Chr.

Antike → Mittelalter → Neuzeit

Bronzezeit in Mitteleuropa → **Eisenzeit in Mitteleuropa**

M3

Rekonstruktion eines Zeltes aus der Altsteinzeit. Foto, 2019

M4

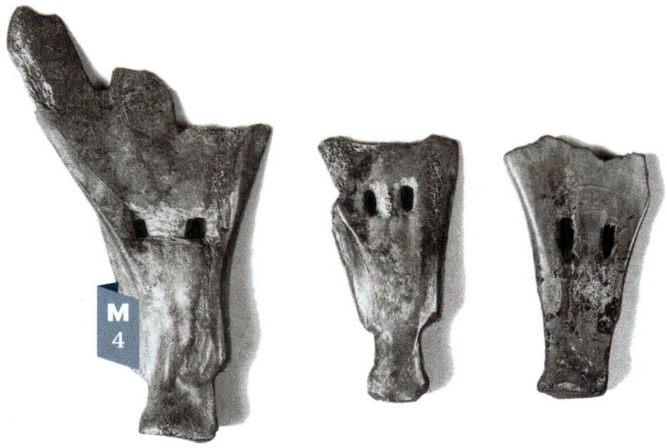

Pflugschare aus Knochen, ca. 500–600 v. Chr.

M5

Himmelsscheibe von Nebra (ca. 32 Zentimeter im Durchmesser und zwei Kilogramm schwer

M6

Speerspitzen aus Bronze, ca. 800 v. Chr.

1 Beschreibe die Erde zur Zeit des Erdaltertums, des Erdmittelalters und der Erdneuzeit (M1).

2 Bestimme mithilfe von M2 die „Uhrzeit“ für die Entstehung der ersten Organismen, der ersten Fische, der ersten Landwirbeltiere, der Dinosaurier und der ersten Menschen.

3 Sieh dir M3 bis M6 an: Stelle Vermutungen an, was die Gegenstände über die Lebensweise der Menschen aussagen (z. B. Ernährung, Siedlungsorte, technische Kenntnisse).

4 M3 bis M6 stammen aus unterschiedlichen Epochen. Stelle sie mithilfe des Zeitstrahls in eine zeitliche Reihenfolge.

Seit wann gibt es Menschen?

Das Wissen über die Entstehung und die weltweite Ausbreitung der Menschen verändert sich ständig. Immer wieder werden neue Funde an neuen Orten auf der Welt gemacht. Das können ein Zahn, ein Fingerknochen oder Teile eines Schädels sein.

- ***Auf dieser Doppelseite untersuchst du die Entwicklungsstufen der Menschen.***

cornelsen.de/webcodes
Code: gisugo
Seit wann gibt es Menschen?

M 1

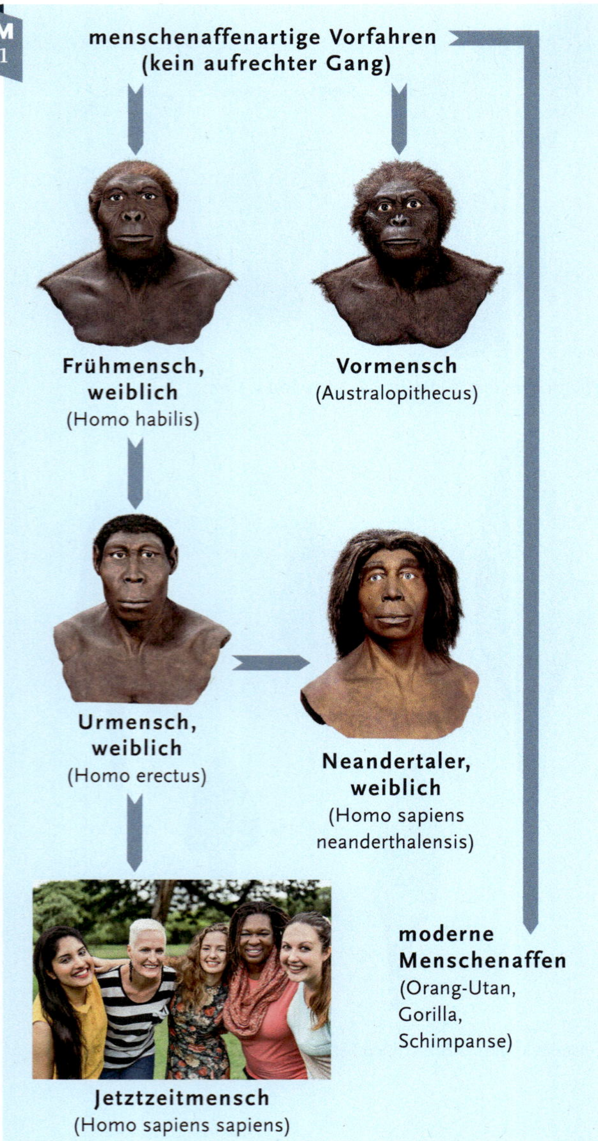

Die Entwicklung des Menschen

Woher kommt der Mensch?

Die ersten Menschenarten entwickelten sich vor über vier Millionen Jahren in Afrika. Dieser Kontinent wird deshalb als die „Wiege der Menschheit" bezeichnet. In Afrika entstanden unterschiedliche Menschenarten. Lange glaubten die Forscher, dass immer nur eine Menschenart die nächste ablöste. Das hat sich als falsch erwiesen. Noch bis vor 10 000 Jahren lebten unterschiedliche Menschenarten nebeneinander auf der Erde. Neue wissenschaftliche Untersuchungen belegen, dass sich die einzelnen Menschenarten auch miteinander fortpflanzten und sich die Menschenarten so genetisch* vermischten.

Menschenarten und Entwicklungsstufen

Der Vormensch lebte vor etwa 4,5 bis 1 Million Jahren in Afrika. Er ging aufrecht und hatte eine Größe von 100 bis 150 cm. Der Vormensch ernährte sich von Pflanzen und wahrscheinlich auch Fleisch, stellte einfache Werkzeuge her und kannte kein Feuer. Wegen seines kleinen Gehirns ist umstritten, ob er tatsächlich zu den Menschenarten zählt.

Der Frühmensch lebte vor etwa 2,1 bis 1,5 Millionen Jahren in Afrika und war ungefähr 100 bis 145 cm groß. Er ernährte sich von Pflanzen und Tieren und stellte einfache Werkzeuge her. Der Urmensch kannte vermutlich kein Feuer und konnte wahrscheinlich einfache sprachliche Laute erzeugen, wie Grunzlaute und Schreie.

Der Urmensch lebte vor etwa 2 Millionen bis vor 40 000 Jahren in Afrika und verbreitete sich über Asien und Europa. Er war 160 bis 180 cm groß, aß Pflanzen und Tiere, nutzte das Feuer, stellte einfache Steinwerkzeuge her und besaß vermutlich eine einfache Sprache.

Wortschatz: die „Wiege der Menschheit" • von menschenaffenartigen Vorfahren abstammen • sich zu einer neuen Menschenart weiterentwickeln • die Entwicklungsstufen des Menschen • sich von Afrika aus über die Erde ausbreiten • aufrecht gehen • das Meer überqueren • über den afrikanischen Kontinent wandern • lernen weitere Fähigkeiten • nutzen folgende Werkzeuge

Der Neandertaler ist nach dem Fundort im Neandertal bei Düsseldorf benannt. Er lebte vor circa 130 000 bis vor 40 000 Jahren in Afrika, dann auch in Europa und Asien und war etwa 160 cm groß. Der Neandertaler produzierte verschiedenste Steinwerkzeuge und Waffen. Er konnte denken und sprechen.

Der Jetztzeitmensch hat sich vor etwa 300 000 Jahren in mehreren Regionen in Afrika aus dem Frühmenschen entwickelt. Vor etwa 100 000 Jahren begann er sich über die Welt zu verbreiten. Der Jetztzeitmensch war nicht die erste Menschenart, die Afrika verließ. Allerdings war er der erste, der Meerengen überwand und die ganze Erde besiedelt hat. Der Jetztzeitmensch war circa bis 180 cm groß, ernährte sich von Fleisch und Pflanzen und stellte Werkzeuge und Waffen her. Auch hatte der Jetztzeitmensch ein weiterentwickeltes Gehirn und glaubte an übersinnliche Mächte. Heute gibt es nur noch den Jetztzeitmenschen.

M 2

Unterkieferknochen eines Jetztzeitmenschen, gefunden bei archäologischen Grabungen im Jahr 2017 in Dschebel Irhoud (Marokko). Untersuchungen ergaben, dass die Knochenreste rund 300 000 Jahre alt sind und damit 100 000 Jahre älter als die bis dahin ältesten gefundenen menschlichen Knochen des Jetztzeitmenschen.

M 3

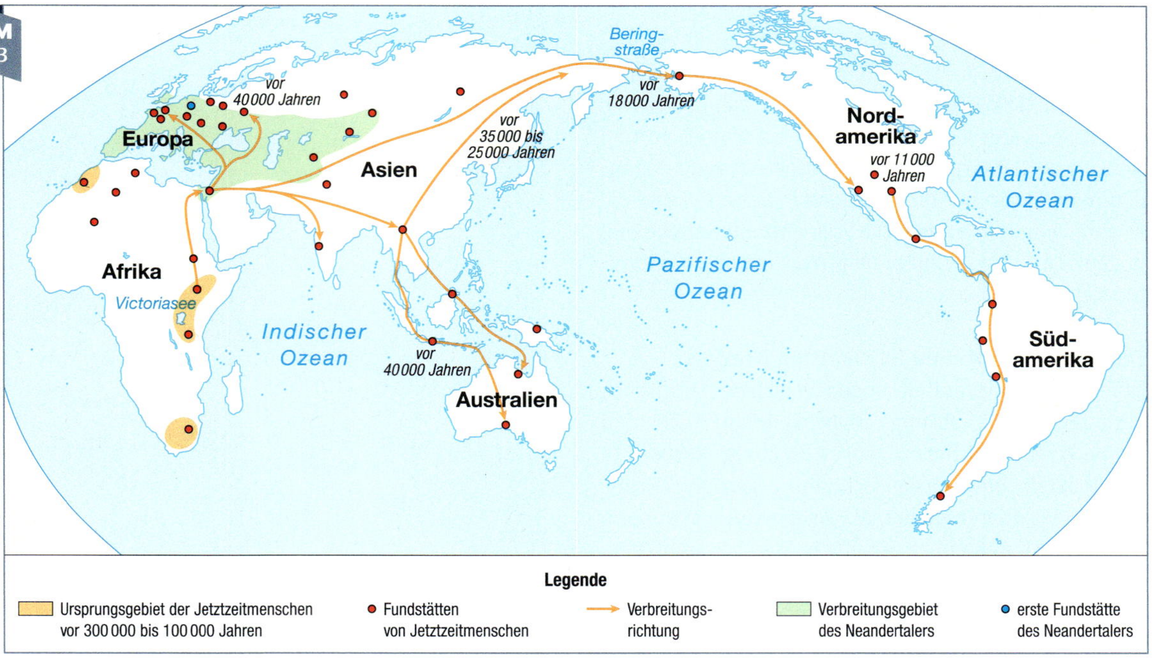

Räumliche und zeitliche Ausdehnung des Jetztzeitmenschen. Die Karte entstand aufgrund von Knochenfunden. Der Jetztzeitmensch wanderte vermutlich zuerst über den afrikanischen Kontinent, bevor er sich über die ganze Welt ausbreitete.

1 a) Erarbeitet mit dem Darstellungstext und M1 einen Steckbrief zu den verschiedenen Menschenarten (Verbreitung und Zeiträume, Körperbau und Aussehen, Fähigkeiten, Ernährung). ▸ Hilfe
b) Vergleiche die unterschiedlichen Menschenarten miteinander. Nutze dazu den **Wortschatz**.
▸ Hilfe

2 Nenne mithilfe von M2 und M3 Gründe, warum sich das Wissen über die Ursprünge der Menschheit verändert hat und weiter verändern kann.

3 Beschreibe mithilfe der Karte M3 die Ausbreitung des Jetztzeitmenschen. Nutze den **Wortschatz**. **Tipp** → S. 190.

Üben Kartenanimation: *Die Ausbreitung des Menschen*

Einen Sachtext lesen und verstehen

cornelsen.de/webcodes
Code: rupaxe
Kopiervorlage Methodentabelle

Die Darstellungstexte in deinem Schulbuch sind Sachtexte. Sie führen in ein Thema ein oder erläutern einen bestimmten Sachverhalt. Anders als die Textquellen wurden die Darstellungstexte von den Schulbuchverfassern geschrieben. Auch auf dieser Seite findest du einen Sachtext. Mit der „5-Schritt-Lesemethode" (grüne Tabelle rechts) kannst du ihn erschließen.

Klima und Lebensräume verändern sich

Insgesamt waren die klimatischen Bedingungen vor 75 000 Jahren in Europa sehr anders als heute. Europa war von einer Eiszeit oder Kaltzeit geprägt. Während dieser Zeit war Europa von mächtigen Gletschern bedeckt, die das Klima stark beeinflussten. Die Temperaturen waren in der Regel viel kälter als heute, und große Teile des Kontinents waren von Schnee und Eis bedeckt. Auf dem Gebiet des heutigen Deutschlands gab es riesige Graslandschaften und Steppe mit wenig Bewuchs. Nur um das Mittelmeer herum gab es Waldgebiete, wie wir sie heute in Mitteleuropa kennen.
Mit dem Ende der letzten Kaltzeit vor etwa 11 700 Jahren begann sich die Landschaft Europas dramatisch zu verändern. Die Temperaturen stiegen allmählich an, und das Eis der Gletscher begann zu schmelzen und sich zu verkleinern. Durch das Schmelzwasser entstanden neue Flüsse mit breiten Flusslandschaften und die Küsten veränderten sich. Die Wälder breiteten sich nun in ganz Europa aus und in den Grassteppen entwickelten sich neue Gräser und wilde Getreidepflanzen.

Die Menschen ziehen in Richtung Norden

Durch die Klimaveränderungen verschlechterten sich vermutlich die Ernährungsmöglichkeiten in Afrika und die Jetztzeitmenschen zogen in Richtung Norden. In den Wäldern und Graslandschaften zogen große Herden von Wildtieren umher, die gejagt werden konnten. Die Wälder boten ein reichhaltiges Angebot an Beeren, Wurzeln und Pilzen. Die Menschen schützten sich nun mit Fellen, einfachen Zeltbehausungen und dem Feuer in kalten Phasen. Sie entwickelten auch neue Werkzeuge, Fähigkeiten, z. B. bei der Jagd, und Lebensweisen. Diese Anpassung an die Umgebung war nötig, um in den neuen Lebensräumen zu überleben. Durch die Ernährung veränderte sich auch ihr Aussehen und ihr Körperbau. Dies dauerte aber viele Generationen. Diesen Prozess nennt man auch Evolution.

(die) Evolution

Evolution ist ein Entwicklungsprozess, bei dem sich Arten von Menschen im Laufe der Zeit verändern und an ihre Umgebung anpassen. Dies kann dazu führen, dass sich die Merkmale, wie Aussehen und Körperbau, verändern und neue Menschenarten entstehen können. Die Menschen entwickeln auch neue Fähigkeiten, um sich an die Umgebung anzupassen.

M 1

Europa im Eiszeitalter

M 2

Australopithecus afarensis „Lucy“ (Rekonstruktion) mit Jetztzeitmensch, Neanderthal Museum, Mettmann. Foto, 2016

Arbeitsschritte „Einen Sachtext lesen und verstehen“

1. Schritt: Ersten Überblick verschaffen	**Lösungshinweise zum Text S. 38**
Welche Überschrift hat der Text?	...
Wie ist der erste Eindruck von Inhalt und Aufbau des Textes?	*die Veränderungen des Klimas werden beschrieben; Zusammenhang zwischen Klima und Lebensorten*
2. Schritt: Fragen stellen	
Was weiß ich schon über das Thema?	*Zu Beginn der Entwicklung der Menschen gab es unterschiedliche Menschenarten; die Menschen lebten zunächst in Afrika, später auf der ganzen Welt; siehe S. 37*
Wer kommt in dem Text vor?	*Jetztzeitmenschen*
Wo und wann findet das Dargestellte statt?	*Jetztzeitmenschen; Afrika und Europa; Zeit der Kaltzeit; siehe Karte M1*
Worum geht es?	*Das Klima und die Landschaft veränderte sich mit Ende der letzten Kaltzeit. Die Menschen zogen von Afrika nach Europa*
Welche Fragen bleiben offen?	...
3. Schritt: Schlüsselwörter klären	
Welche schwierigen Wörter oder Unklarheiten muss ich klären?	*Evolution, klimatische Bedingungen, Steppe (Lexikon, Kasten, Wörterbuch)*
Welche Schlüsselwörter hat der Text?	*Jetztzeitmensch, klimatische Veränderungen; Kaltzeit; Evolution*
4. Schritt: Textaufbau erfassen	
In welche Abschnitte lässt sich der Text gliedern? Welche Überschriften passen zu den Textabschnitten?	• *Europa zur Zeit der Eiszeit (Z. 1–11)* • *Veränderungen nach Ende der Eiszeit (Z. 12–20)* • *Menschen passen sich an (Z. 21–33).* • *(...)*
5. Schritt: Inhalt wiedergeben	
Gib mithilfe der Überschriften und Schlüsselwörter den Inhalt des Textes wieder.	*schriftlich (wenige kurze Sätze) oder mündlich (Stichworte)*

1 Erschließe den Sachtext S. 38 mithilfe der Arbeitsschritte. Ergänze die Lösungshinweise an den markierten Stellen (...).

2 Vergleiche die Landschaft in Europa während und nach der letzten Eiszeit.
Tipp: Nutze auch die Karte M1.

3 Erkläre den Begriff Evolution am Beispiel der Jetztzeitmenschen.

4 **Partnerarbeit:** Stellt Vermutungen auf, warum sich das Aussehen (z. B. Körperbehaarung, Größe) der Menschenarten verändert hat.

Wie lebten die Menschen in der Altsteinzeit?

In dem thüringischen Dorf Bilzingsleben haben Archäologen 1969 einen Lagerplatz ausgegraben, der vor ca. 350 000 bis 400 000 Jahren von Urmenschen besiedelt war. Er ist ein typisches Beispiel für das Leben in Europa in der Altsteinzeit*, als die Menschen Jäger und Sammler waren. Am Beispiel dieses Lagerplatzes kannst du untersuchen, wie die Menschen in der Altsteinzeit gelebt haben.

M 1 *Lebensbild des altsteinzeitlichen Siedlungsplatzes von Bilzingsleben. Rekonstruktionszeichnung, 1999*

M 2

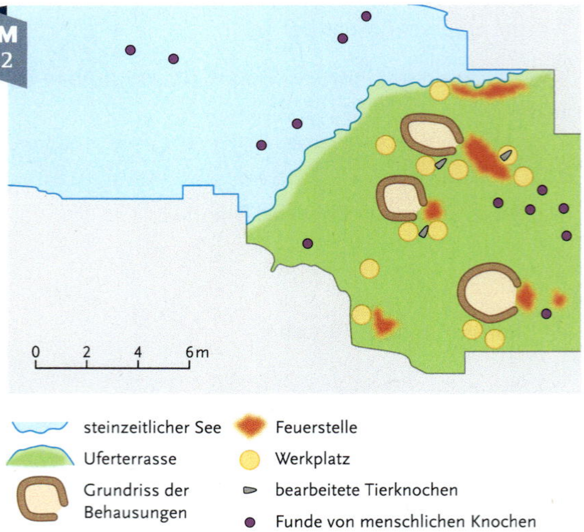

Schematischer Plan des Lagerplatzes von Bilzingsleben

Lagerplatz am See: die Urmenschen von Bilzingsleben

Insgesamt waren die klimatischen Bedingungen vor 75 000 Jahren in Europa sehr anders als heute.
Funde an verschiedenen Orten haben ergeben, dass die Altsteinzeitmenschen ihre Lagerplätze in Wassernähe und an Wäldern hatten. Häufig waren es Uferterrassen oder Sandkegel, die einen Aufenthalt auf trockenem Boden ermöglichten. Hier fand sich auch das Wild ein – ihre Jagdbeute. Durch Bodenproben hat man herausgefunden, dass die Menschen verschiedene Feuerstellen genutzt haben. Sie nutzten das Feuer zur Zubereitung der Nahrung und als Schutz vor Kälte und wilden Tieren. Hierzu nutzten sie auch alle Materialien, wie Felle, Zweige und Stöcke, um sich einfache Behausungen, ähnlich wie Zelte, zu bauen. Die meisten Werkzeuge und Waffen, die man gefunden hat, waren aus Stein, Tierknochen und Holz. Das bekannteste Werkzeug der damaligen Zeit ist der Faustkeil. Dieser wurde für die Jagd, zum Herstellen von Waffen und Werkzeugen und zum Zerlegen der Tiere genutzt.

Ernährung in der Altsteinzeit

Die Funde von Bilzingsleben, insgesamt etwa 500 000 Objekte, deuten auf die Nahrungsgrundlage der Menschen in der Altsteinzeit hin: Sie jagten Tiere, darunter Waldelefanten, Nashörner, Pferde und Hirsche, und sammelten Wildfrüchte, Wurzeln, Eier, Bienenhonig und Ähnliches. Die Menschen lebten in Gruppen von etwa 25 bis 30 Personen als Nomaden*: Sie blieben nur so lange an einem Ort, wie die Umgebung sie ernähren konnte. Gab es keine Beutetiere oder andere Nahrungsmittel mehr, zogen sie weiter. Beim Jagen von Großwild war meist die ganze Gruppe beteiligt. Dies wissen wir heute u. a. aus Höhlenmalereien. Die Menschen zeichneten Jagdszenen an die Wände von Felsen und in Höhlen. Hierzu nutzten sie Feuersteine, Holzkohlereste vom Feuer oder Tonerde. Warum genau sie diese Zeichnungen anfertigten, kann man heute nicht genau sagen. Archäologen und Historiker vermuten, dass sie dadurch Geister um eine gute Jagd bitten wollten und die Natur verehrten.

Wortschatz: Feuerstellen • zogen als Nomaden dem Wild hinterher • siedelten in Gruppen von 20–30 Personen • Werkzeuge aus ... • Jagen in der Gruppe • Kleidung aus Fellen • einfache Behausungen

M 3

Der Ausgrabungsleiter Dietrich Mania über den Fundort Bilzingsleben (2004):

Mit Sicherheit haben sich die frühen Menschen von Bilzingsleben nicht nur von Fleisch und Fisch ernährt. Zwar fanden wir in dem Lager nur ein paar Schalenstücke von großen Flussmuscheln und Vogeleiern ... Doch ist anzunehmen, dass diese Menschen vielerlei Pflanzenprodukte zu sammeln und zu nutzen wussten. Sicherlich ernteten sie Nüsse, Eicheln, Beeren, Pilze, junge Sprossen und Salate ...

Die vielen gefundenen Bohrer ... bedeuten vermutlich, dass mit ihnen organische Materialien hergerichtet wurden, etwa Holz, Bast oder vielleicht auch Felle und Häute. Benutzten die Bewohner solches Spezialwerkzeug, um etwa Behältnisse, Tragen, vielleicht sogar einfache Kleidung anzufertigen? ...

Hier hatte sich der Homo erectus eine eigene Umwelt geschaffen, die vor Zwängen und Gefahren der Natur einigermaßen schützte. Solch eine abgeschirmte Siedlung bot viele Vorteile. Beispielsweise konnten Teilgruppen zur Jagd oder zum Sammeln losziehen, während andere Gruppenmitglieder im Lager zurückblieben. Allein diese unterschiedlichen Aufgaben ... vertieften eine Arbeitsteilung.

Dietrich Mania, Die Urmenschen von Thüringen. In: Spektrum der Wissenschaft, Heidelberg, 10/2004, S. 43 ff.

cornelsen.de/webcodes
Code: zunawa
Die Eiszeiten

M 4

Faustkeil; es wurden auch Speerspitzen, Schneidwerkzeuge und andere Waffen aus Stein hergestellt.

M 5

Höhlenmalerei aus Lascaux, Frankreich

1 Beschreibe den Aufbau des Siedlungsplatzes (Darstellungstext; M2).

2 **a)** Beschreibe die Funde M4 und M5.
b) Erkläre die Verwendung von M4.
Tipp: Nutze auch M5 und den **Wortschatz**.

3 Erkläre die Lebensweise der Altsteinzeitmenschen in einer Tabelle (z. B. Lagerplatz und Behausungen, Ernährung; Werkzeuge und Kleidung). Nutze den **Wortschatz**.

4 **Wähle eine Aufgabe aus:**
a) Nimm eine Radioreportage über das Leben in der Altsteinzeit auf.
Tipp: Nutze die Sprachaufnahme auf Smartphone oder Tablet.
b) Zeichne eine Rekonstruktionszeichnung über den Alltag der Altsteinzeitmenschen.
Tipp: Nutze M1 als Grundlage.

Üben

Wie erforschen Archäologinnen und Archäologen die Vergangenheit?

cornelsen.de/webcodes
Code: vemaje
Was machen Archäologen?

„Bauvorhaben gestoppt! Ausgrabungen haben Vorrang!" Immer wieder kommt es vor, dass man bei Bauarbeiten zufällig auf Überreste aus der Vergangenheit stößt. In einem solchen Fall werden Archäologen gerufen, um den Fundort genauer zu untersuchen.

- ***Wie gehen sie dabei vor? Welche Werkzeuge und Methoden nutzen sie?***

M 1

Der Archäologe Thomas Stöllner bei der Freilegung eines Fundes im Salzbergwerk von Chehrabad in Iran, Foto, 2016

M 2

Interview mit dem Archäologen Thomas Stöllner (2019):

Frage 1: Wie sieht die Arbeit eines Archäologen aus?

Archäologische Quellen sind zunächst einmal stumm und wir müssen sie zum Sprechen bringen. Da gibt es zum Beispiel die „Salzmänner von Zanjan" aus dem Iran. Das sind mumifizierte[1] Leichen von Arbeitern in Salzbergwerken, die ca. 400 v. Chr. während der Arbeit verunglückt sind. Wir haben die Leichen mit verschiedenen naturwissenschaftlichen Methoden untersucht. Archäologie verwendet modernste Technologie und ist immer Teamarbeit.

Frage 2: ...

Stöllner: Ein Teil der Archäologie ist die Arbeit im Feld. Die wichtigste Fähigkeit dabei ist es, Erde von einem Fund unterscheiden zu können. Ich habe meinen Vater einmal zu einer Ausgrabung eingeladen. Ich hatte ein Grab freigelegt und hab ihm das gezeigt. Aber er hat das Grab nicht erkannt. Das war für mich ein Schlüsselerlebnis. Man muss einen archäologischen Blick entwickeln und anders sehen lernen. Natürlich kommt dann noch das Wissen hinzu, das mir hilft, Funde einzuordnen, mit anderen zu vergleichen und zu interpretieren. So bekommt man das Puzzle dann zusammen und stellt ganz automatisch die nächsten Fragen. Man braucht aber auch viel Geduld. Wir finden ja fast immer nur Bruchstücke oder Überreste wie beispielsweise Pfostenlöcher, anhand derer wir dann versuchen, ein Haus zu rekonstruieren.

Frage 3: ...

Stöllner: Häufig steht der Zufall am Anfang, weil man zum Beispiel bei Bauarbeiten auf archäologische Funde stößt. Aber natürlich gibt es auch konkrete Hinweise durch Aufzeichnungen vergangener Fundstellen.

Frage 4: ...

Stöllner: Der Besen wie auch das Zahnarztbesteck sind die Werkzeuge, die ich verwende, wenn ich einen Fund sehr sorgsam freilegen muss. Archäologische Funde sind ein wertvolles Gut. Da muss entgegen der Entdeckerlust der Archäologen auch mit Behutsamkeit vorgegangen werden. Jeder Befund ist einzigartig und kann uns neue Erkenntnisse bringen, aber er kann auch zerstört werden.

Frage 5: ...

Stöllner: Das war ein Fund in Georgien im Jahr 2005, bei dem ich zufällig dabei sein durfte. Es wurde der Schädel eines Homo erectus freigelegt. Plötzlich konnten wir einem menschlichen Vorfahren, der vor 1,3 Millionen Jahren gelebt hat, direkt ins Gesicht blicken. Das war sehr bewegend.

Interview des Verfassers mit Thomas Stöllner, 2019.

[1] *ausgetrocknete*

M 3

Heinrich Schliemann (1822–1890), Foto, undatiert

M 4

Heinrichs zweite Ehefrau Sophia Schliemann (1852–1932) mit Schmuckstücken aus dem „Schatz des Priamos". Das Foto machte Schliemann und seine Ausgrabung weltberühmt.

M 5

Der Archäologe Heinrich Schliemann schrieb in einem Buch über seine Ausgrabungen in Troja (1870–1882) in der heutigen Türkei:

[Ich] stieß beim Weitergraben ... unmittelbar neben dem Haus des Priamos[1] auf einen großen kupfernen Gegenstand höchst merkwürdiger Form, der umso mehr meine Aufmerksamkeit auf sich zog, als ich hinter demselben Gold zu bemerkten glaubte. Auf dem kupfernen Gegenstand ruhte eine 1 ½ bis 1 ¾ Meter dicke steinfeste Schicht von roter Asche und ... Trümmern, auf welcher die ... 1,80 Meter dicke, 6 Meter hohe Festungsmauer lastete, die aus großen Steinen und Erde bestand und aus der ersten Zeit nach der Zerstörung Trojas stammen muss. Um den Schatz[2] der Habsucht meiner Arbeiter zu entziehen und ihn für die Wissenschaft zu retten, war die allergrößte Eile nötig ... und während meine Arbeiter aßen und ausruhten, schnitt ich den Schatz mit einem großen Messer heraus, was nicht ohne die allergrößte Lebensgefahr möglich war, denn die große Festungsmauer, welche ich zu untergraben hatte, drohte jeden Augenblick auf mich einzustürzen. Aber der Anblick so vieler Gegenstände, von denen jeder einzelne einen unermesslichen Wert für die Wissenschaft hat, machte mich tollkühn[3] und ich dachte an keine Gefahr.

*Zit. nach Heinrich Schliemann, Trojanische Altertümer. Bericht über die Ausgrabungen in Troja, Leipzig (Brockhaus) 1874, S. 290.***

[1] *der Legende nach der letzte König von Troja vor der Zerstörung der Stadt im trojanischen Krieg*
[2] *Schliemann glaubte den „Schatz des Priamos" entdeckt zu haben. Tatsächlich aber stammt der Schatz aus einer noch älteren Zeit.*
[3] *unerschrocken, furchtlos*

1 Lies das Interview M2 und formuliere passende Fragen (2–5).
2 Beschreibe in eigenen Worten, wie Heinrich Schliemann den „Schatz des Priamos" gefunden hat (M5).
3 Vergleiche den Bericht von Heinrich Schliemann (M5) mit den Aussagen von Thomas Stöllner (M2). Wo denken die beiden ähnlich, wo haben sie andere Ansichten?
4 Stelle Vermutungen an: Was würde ein Archäologe von heute über Schliemanns Vorgehen sagen? Berücksichtige auch das Foto M4.
5 **Recherche:** Informiere dich im Internet über die Biografie Heinrich Schliemanns und über seine Ausgrabungen in Troja. Nimm dafür die Arbeitsschritte S. 93 zu Hilfe. ▸ Hilfe

Wortschatz: einen Fund untersuchen • im Team arbeiten • auf etwas stoßen • sich Fragen zu etwas stellen • der Zufallsfund • einen Fund interpretieren • das Schlüsselerlebnis war ...

Warum wurden die Menschen sesshaft?

Mit dem Ende der letzten Eiszeit vor etwa 10 000 Jahren veränderten sich in unseren Gegenden das Klima und die Landschaften. Ausgedehnte Wälder traten an die Stelle der Graslandschaften. Die Menschen siedelten sich in Gruppen an einem Ort an: Sie wurden sesshaft und es begann ein neuer Abschnitt der Menschheitsgeschichte.

- ***Lies den Darstellungstext und wähle ein Material (A, B, C) aus. Untersuche, wie die Lebensweise der Jungsteinzeit aussah und welche Auswirkungen sie auf die Umwelt hatte.***

Der Mensch greift in die Umwelt ein

Zehntausende Jahre hatten die Menschen der Altsteinzeit vom Jagen und Sammeln gelebt. In der Jungsteinzeit wurden aus herumziehenden Jägern und Sammlern sesshafte Bauern und Viehzüchter, die an einem Ort blieben. Die Menschen lebten nun vermehrt in Dörfern und nutzten die Natur für ihre Zwecke: Sie betrieben Ackerbau und Viehzucht. Dabei griffen sie in die Natur ein und veränderten sie. Dichte Wälder wurden gerodet. Das bedeutet, dass die Bäume gefällt wurden. Zur Erschließung von Ackerland brannten die Bauern regelmäßig Waldstücke ab. Die Böden wurden nach wenigen Jahren unfruchtbar und man brannte weitere Waldgebiete nieder. Aus dem gerodeten Holz bauten die Menschen Häuser, Geräte und Gebrauchsgegenstände.

Die Menschen ernteten ihr eigenes Getreide. Wildtiere wurden durch Zucht zu Haustieren, vor allem Schafe, Ziegen, Schweine und Rinder. Nahrungsmittel wie Käse oder Brot produzierten die Menschen selbst. Gefäße aus Keramik ermöglichten die Aufbewahrung von Vorräten.

Die Selbstversorgung bot große Vorteile. Jetzt konnte eine größere Zahl von Menschen ernährt werden. Die Vorratshaltung ermöglichte das Überleben bei schlechten Ernten. Allmählich spezialisierten sich einzelne Menschen auf bestimmte Berufe.

Die neue Lebensweise hatte auch Nachteile. Schädlinge wie Ratten fraßen oft die Vorräte auf. Durch das enge Zusammenleben größerer Gruppen verbreiteten sich Krankheiten. Die Dörfer mussten vermutlich auch mit Waffengewalt verteidigt werden, da die Bauerndörfer ein beliebtes Ziel von Angriffen von Nomaden sein konnten. Das waren Völker, die die alte Lebensform des Umherziehens nicht aufgaben.

(die) Jungsteinzeit oder Neolithische Revolution

Die neue Lebensweise in der Jungsteinzeit begann etwa 9000 bis 8000 v. Chr. im Vorderen Orient, wo sich heute die Staaten Irak, Jordanien und Syrien befinden. Von dort verbreitete sie sich in andere Teile Asiens und nach Europa. Die ältesten Zeugnisse auf dem Gebiet des heutigen Nordrhein-Westfalens stammen von 5500 v. Chr. In der Wissenschaft wird der Übergang von der Alt- zur Jungsteinzeit als „Neolithische Revolution" bezeichnet.

A

M 1

Neue Techniken und Geräte in der Jungsteinzeit, Rekonstruktionszeichnung, 1999. Steinbohrer, Pflug, Räderwagen, Webstuhl, polierte Steinaxt, Töpferwaren

1 Beschreibe die neuen Techniken und Geräte in M1. **Tipp** → S. 190. ▸ Hilfe
2 Erkläre die Lebensweise der Menschen (z. B. Kleidung, Werkzeuge und Tätigkeiten).

B

M 2

Bau eines Hauses in der Jungsteinzeit, Rekonstruktionszeichnung aufgrund von Untersuchungsergebnissen von Archäologen. Die verschiedenen Arbeitsgänge werden hier zeitgleich gezeigt; tatsächlich wurden sie vermutlich nacheinander ausgeführt.

1 Beschreibe den Aufbau der Siedlung in der Jungsteinzeit.

2 Fasse mithilfe von M2 und des Darstellungstextes zusammen, wie die Menschen die Umwelt veränderten, nachdem sie sesshaft geworden waren.

C

M 3

Getreidemühle aus der Jungsteinzeit

1 Beschreibe das Werkzeug in M3.
2 Erkläre, wie sich die Menschen in der Jungsteinzeit ernährt haben (Darstellungstext, M3).

Aufgabe für alle:
Diskutiert, warum die Menschen sesshaft werden konnten und welche Vorteile dies hatte.
Tipp: Vergleicht mit der Lebensweise der Altsteinzeit.

Die Kelten – Wohlstand durch Metall?

Holz und Stein waren die wichtigsten Werkstoffe der Alt- und der Jungsteinzeit. Seit ca. 2200 v. Chr. gewannen Werkzeuge und Waffen aus Metall in Europa immer mehr an Bedeutung: Auf die Steinzeit folgte die Metallzeit. Experten in der Metallverarbeitung waren die Kelten, die um 500 v. Chr. im Zentrum Europas ihr Siedlungsgebiet hatten.

- ***Untersuche die Veränderungen durch den neuen Werkstoff Metall.***

M 1

Erzbergbau in der Metallzeit, Rekonstruktionszeichnung, 1999

(die) Metallzeit
Die neuen Werkstoffe aus Metall veränderten das Alltagsleben. Für Mitteleuropa wird der Zeitraum von 2200 bis ca. 800 v. Chr. als „Bronzezeit" und die Zeit ab ca. 800 v. Chr. als „Eisenzeit" bezeichnet.

Neuer Fortschritt durch Metallgewinnung

Die Menschen bemühten sich schon während der Jungsteinzeit ständig um eine Verbesserung ihrer Geräte. Auf der Suche nach neuen Werkstoffen entdeckten sie das Metall. Metalle kommen in bestimmten Gesteinen (= Erzen) vor, die sich in der Erde befinden und in Bergwerken abgebaut werden. Aus diesen Erzen werden bei hohen Temperaturen die Metalle herausgeschmolzen. Kupfer war das erste Metall, das Menschen im Vorderen Orient schon im 6. Jahrtausend v. Chr. gewannen. Da Kupfer relativ weich ist, suchten Handwerker nach anderen Möglichkeiten. Sie fanden heraus, dass eine Mischung aus Kupfer und Zinn im Verhältnis 9 : 1 ein härteres Metall ergibt: die Bronze. Ein noch härteres Metall ist das Eisen.

Die Kelten – Handwerker und Händler

Das Volk der Kelten stellte Gebrauchsgegenstände für den Alltag und Waffen aus Eisen her. Die Kelten breiteten sich durch Kriegszüge und Wanderungen über große Teile Europas aus. Sie lebten auf einzelnen Bauernhöfen und in kleinen Dörfern. Im 3. und 2. Jahrhundert v. Chr. gründeten die Kelten stadtähnliche Siedlungen mit militärischen Befestigungen auf Anhöhen.

Der Abbau von Eisenerzen und seine Verarbeitung zu Metallgegenständen wie Werkzeugen, Waffen, aber auch Schmuck erforderte Fachwissen und Geschicklichkeit. Aus diesem Grund entstand eine Arbeitsteilung*. Es bildeten sich neue Berufe, wie Schmied, Bergmann und Händler, heraus. Neben Produkten aus Metall wurden auch Stoffe zu Kleidung verarbeitet und Keramikprodukte hergestellt.

Keltische Händler transportierten und tauschten Rohstoffe und Produkte aus eigener und fremder Herstellung auf Handelswegen über Tausende Kilometer hinweg – zum Beispiel ins heutige Spanien, nach Italien oder in die Türkei. Diese langen Strecken legten sie meistens zu Fuß zurück. Durch die Kontakte mit anderen Völkern, vor allem im Mittelmeerraum, lernten die keltischen Händler neue Lebensformen und Arbeitstechniken kennen, die sie nach Hause mitbrachten.

Wortschatz: der Abbau von Erzen • die Gewinnung von Metallen • Metalle in einem Bergwerk abbauen • die Metalle einschmelzen • das Kupfer/die Bronze/das Eisen • die Kelten • die Entstehung einer Arbeitsteilung • die Herausbildung einer neuen Adelsschicht • Gruppen von Kriegern schließen sich zusammen • der Reichtum • der Handelsweg verläuft durch ...

M 2

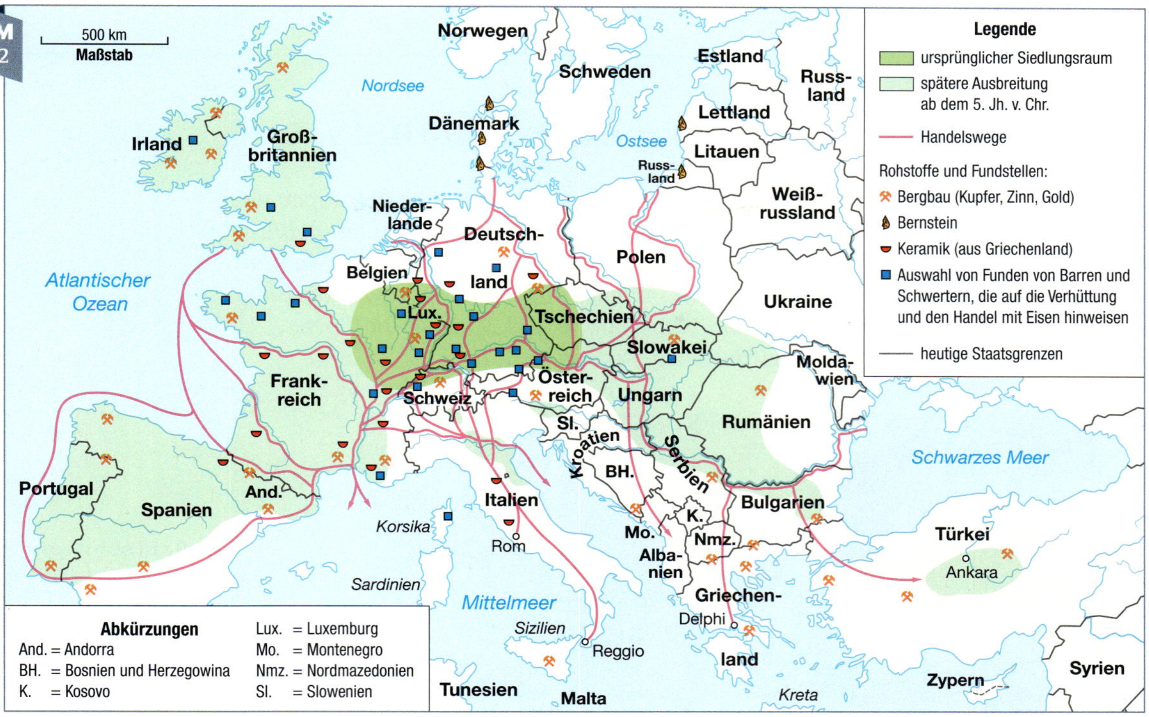

Die Handelswege und Ausbreitung der Kelten

Durch Handel und Reichtum entstehen Konflikte

Die neuen Berufe veränderten auch das Zusammenleben in der Gesellschaft. Einzelne wenige Berufsgruppen, wie Händler und Schmiede, waren angesehener als andere und konnten Reichtum aufbauen. Sie entwickelten sich zu einer Oberschicht in der Gesellschaft. Diese Fürsten übten nun Macht über andere aus.
Keltische Fürsten kontrollierten vermutlich den Abbau der Metalle sowie den Fernhandel. Die Ausgrabungen der Fürstengräber weisen darauf hin, dass es in der Bronzezeit große Unterschiede zwischen den Menschen gegeben haben muss. Durch den Reichtum entstanden Konflikte. Oft schlossen sich Krieger zusammen. Sie zogen mit Metallwaffen durchs Land und raubten Getreide, Schmuck, Tiere oder auch Metalle.

M 3

Keltische Eisenwerkzeuge und Schmuckstücke, freigelegt in Gräbern bei Hallstatt (heutiges Österreich). Gefunden wurden ein Messer, eine Speerspitze, ein Angelhaken, eine Gewandnadel, ein Beil und eine Schmuckscheibe, die zu einem Pferdegeschirr gehörte.

1 Beschreibe den Abbau von Erzen in der Metallzeit (M1). Nutze dazu auch den **Wortschatz**.

2 **a)** Nenne neue Berufe und Gegenstände in der Metallzeit (Darstellungstext; M3).
b) Erkläre mithilfe des Darstellungstextes und M3 die Vorteile von Werkzeugen aus Metall im Vergleich zu Werkzeugen aus Knochen, Holz und Steinen.

3 **a)** Fasse mithilfe des Darstellungstextes (Z. 15–39) und M2 zusammen, womit die Kelten Handel trieben.
b) Untersuche anhand von M2 die Handelswege der Kelten. **Tipp** → S. 190. ▸ Hilfe

4 **Wähle eine Aufgabe aus:** ▸ Hilfe
a) Nimm Stellung zu dieser Aussage: Handel und Metall änderten das Zusammenleben.
b) Beurteile, inwiefern der Reichtum durch die Metalle zu Konflikten führte (Darstellungstext).

Der Mann aus dem Eis – eine Fallanalyse

Im September 1991 fand ein Ehepaar bei einer Bergwanderung in den Alpen eine mumifizierte Leiche. Bald wurde klar, dass es sich um eine Sensation handelte, denn der Fund erwies sich als ein Mann aus der späten Jungsteinzeit. In den folgenden Jahren wurde „Ötzi", wie er nach seinem Fundort genannt wurde, zur bestuntersuchten Mumie und zum Publikumsmagnet des Museums in Bozen.

- *Was haben Forscher über „Ötzi" herausgefunden?*

M 1

Die Leiche des Gletschermannes am Fundort, Foto, 1991

Ötzis Tod – ein Krimi?

Es ist Frühsommer, als der ungefähr 45 Jahre alte Mann den Südhang der Ötztaler Alpen hinaufsteigt. Seine Hand umklammert einen Dolch aus Feuerstein. Mit seiner Mütze aus Bärenfell, dem Grasumhang über seinem Fellmantel und den gepolsterten Schuhen aus Hirschleder ist er gut gegen die Kälte des Hochgebirges gerüstet. Da surrt von hinten ein Pfeil heran, dringt tief in seine Schulter und bleibt in ihr stecken. Trotz innerer Blutungen klettert der Mann weiter. Auf über 3000 Metern Höhe legt er sich entkräftet hin und stirbt. Der einsetzende Schnee begräbt und gefriert den Mann über die nächsten 5300 Jahre.

Die Antworten der Wissenschaftler

Ob sich der „Fall Ötzi" genau so zugetragen hat, wissen wir nicht, denn er beruht auf vielen Einzelergebnissen der Forschung. Es existiert keine Quelle, die über den Tod des Gletschermannes berichtet. Fest steht, dass Ötzi vor rund 5300 Jahren starb und damit aus der Kupferzeit (ca. 4300 bis 2200 v. Chr.) stammt. Wegen seines wertvollen Kupferbeils wird der Gletschermann der gesellschaftlichen Oberschicht zugerechnet.
Untersuchungen ergaben, dass er vor seinem Tod Brot sowie Rothirsch- und Steinbockfleisch gegessen hatte. Die Funde sagen nichts über den „Beruf" des Gletschermannes aus. Er könnte Hirte gewesen sein, aber auch ein Jäger oder ein Metallsucher.
Aufgrund der Pflanzenpollen in seinem Magen wissen wir aber, dass Ötzi im Frühjahr starb. In seinem Magen wurden auch Reste von Mehl gefunden, das mit Steinmühlen gemahlen wurde. Seine Kleidung bestand überwiegend aus Fell und Leder. Noch kurz vor seinem Tod arbeitete er an einem Bogen und an Pfeilen, die halbfertig in seinem Köcher gefunden wurden. In einem Gefäß aus Birkenrinde transportierte er Glut zum Feuermachen. Das mitgeführte Birkenharz ergab gekocht als Teer den Alleskleber der Jungsteinzeit.

M2 *Der Gletschermann, Rekonstruktion von Kleidung und Ausrüstung nach neuesten wissenschaftlichen Erkenntnissen, Südtiroler Archäologiemuseum in Bozen (Italien). Foto, 2011. Die Rekonstruktion ist 154 cm groß, der Gletschermann war bei seinem Tode etwa 45 Jahre alt und wog etwa 50 kg.*

M3 *Funde in der Nähe von Ötzis Leiche*

Pfeile

Werkzeug zum Schärfen der Steingeräte

Birkenrindenbehälter

Schuhe

Bärenfellmütze

Köcher mit Pfeilen

Beil

Gürteltasche

Dolch mit Scheide

1 Beschreibe anhand von M1 Fundort und Zustand des Gletschermannes. Nutze den **Wortschatz**.

2 Zeige anhand der Ausstattung des Gletschermannes (M2 und M3), wie er sich an Klima und Natur angepasst hat.

3 Diskutiert anhand der Fundstücke, welchen Beruf Ötzi gehabt haben könnte.

4 Erkläre, welche allgemeinen Erkenntnisse sich über das Leben im Alpenraum zu Lebzeiten Ötzis gewinnen lassen.

Wortschatz: in den Ötztaler Alpen • auf über 3000 m • im Eis konserviert • Körper war gut erhalten • nutze Felle gegen die Kälte • Werkzeuge und Waffen aus Metall • Holz und Stein • nutze das Feuer • Getreideanbau und Jagd

Urgeschichtliche Funde in Niedersachsen

Durch Funde von Archäologen wissen wir, dass sich in Niedersachsen viele Siedlungsorte der Jungsteinzeitmenschen befunden haben. Im Emsland findet man heute eine große Anzahl Bauwerke aus dem Ende der Jungsteinzeit, die ca. 3500–5000 Jahre alt sind: die Hünengräber als Teil der Megalithkultur. Im Laufe der Jahrtausende wurden viele geplündert und die Steine für den Bau von Häusern und Straßen genutzt.

- *Warum und wie wurden diese Hünengräber errichtet?*

cornelsen.de/webcodes
Code: dudade
Vorschläge zum Besuch eines außerschulischen Lernortes

M 1

Hünengrab und Grabfeld im Emsland; ca. 3500 v. Chr., Teile der Decksteine wurden im Laufe der Zeit entfernt.

Hünengräber in Niedersachsen

Auf dem Hümmling im Emsland findet man versteckt im Wald viele ca. 5000 Jahre alte Steinanordnungen aus der Jungsteinzeit, die vermutlich als Grabstätten genutzt wurden. Die meisten Grabanlagen sind aus tonnenschweren Steinen errichtet, die man senkrecht aufgestellt hat. Ein Deckstein liegt oben auf senkrechten Tragsteinen und diese bilden dann die Grabkammer. Die Öffnungen waren in Richtung Süden ausgerichtet. Diese Grabkammern wurden in der Jungsteinzeit dann häufig mit Erde bedeckt und bildeten kleine Hügel. In den Kammern haben Archäologen Knochen und Skelette sowie verschiedene Gegenstände, wie Kleidung, Waffen und Werkzeuge, Alltagsgegenstände oder Schmuckstücke aus Tierknochen und Nahrung gefunden. In Tonkrügen fand man auch Nahrungsreste, wie Getreide, welches auf den Äckern in der Nähe angebaut wurde.

Wortschatz: große Granitblöcke • Deckplatte auf senkrechten Steinen • Grabkammer in der Mitte • Bestattung von Toten und religiöse Orte • viele Grabbeigaben • Leben nach dem Tod • auf Rollen legen • mit großen Hebeln • nutzen Zugtiere

Aufgrund dieser Funde und weiterer Megalithbauten vermuten Historiker, dass sich die Menschen bereits Gedanken über die Zeit nach dem Tod gemacht haben und diese Bauten für religiöse Zwecke genutzt haben. Man hatte also bestimmte Vorstellungen, dass es ein Leben nach dem Tod gibt. Unklar ist aber, ob es feste Rituale bei der Bestattung der Toten gab.

Erbaut durch Riesen?

Bereits im Mittelalter waren die Menschen von den Grabanlagen begeistert und es ranken sich geheimnisvolle Geschichten um die Entstehung. Der Name Hünengrab ergibt sich aus dem mittelhochdeutschen Begriff Huine für Riese: Man stellte sich vor, dass nur Riesen diese großen Steine bewegt haben können. Die Steine gelangten während der Eiszeit über die Gletscher aus Skandinavien nach Norddeutschland. Wie genau die bis zu 50 Tonnen schweren Granitblöcke zu einem Grab aufgebaut wurden, ist unklar. Archäologen haben selbst ausprobiert, dass man hier hölzerne Rollen, Hebel, Seile und Zugtiere genutzt haben könnte. In jedem Falle war es eine technische Meisterleistung der damaligen Menschen. Heute findet man in Niedersachsen nur noch ungefähr 400 von ehemals vermutlich 4000 solcher Großsteingräber. Die Menschen nutzen die Steine im Laufe der Zeit häufig als Baumaterial.

M 2

„Königsgrab" im Emsland, ca. 3500 v. Chr. Die Kammer war ca. 15 m lang und 2 m breit und mit Erde bedeckt. Sie bestand vermutlich aus 24 Decksteinen.

M 3

Rekonstruktion/Nachbau eines Großsteingrabes; Die Öffnung zeigte häufig nach Süden.

Erkundungstipp:
Die Straße der Megalithkultur ist ein 330 km langer Kulturweg. Dieser führt von Osnabrück über den Hümmling bis ins Oldenburger Land. Entlang der Strecke kann man über 70 Hünengräber erkunden.
https://strassedermegalithkultur.de/de/was-ist-eigentlich-megalithkultur

1 a) Beschreibe das Aussehen und die Anordnung der Hünengräber (Darstellungstext, M1, M2 und M3). Nutze den **Wortschatz**.

b) Erkläre die Funktion der Hünengräber (Darstellungstext). Nutze den **Wortschatz**.

2 Erkläre, wie Menschen die Gräber gebaut haben könnten (Darstellungstext, Internetlink Erkundungstipp).

3 Diskutiert, warum die Hünengräber aus der Jungsteinzeit stammen.

Einen Sachtext verfassen

Du hast bereits mit Darstellungen gearbeitet, wie zum Beispiel Rekonstruktionszeichnungen oder Sachtexten. Wie kannst du selbst einen Sachtext verfassen, der über ein historisches Ereignis oder das Handeln von Menschen in der Vergangenheit berichtet? Um Geschichte in einem zusammenhängenden Sachtext darzustellen, ist es wichtig, zeitliche Verläufe zu beachten. Die Arbeitsschritte zeigen dir am Beispiel des Lebens der Frühmenschen in der Altsteinzeit, wie du dabei vorgehst.

Arbeitsschritte „Einen Sachtext verfassen"

Eine Leitfrage formulieren	**Lösungshinweise**
1. Worüber soll der Sachtext informieren?	• *Wie lebten die Frühmenschen in der Altsteinzeit?*
Informationen sammeln, ordnen und in kurzen Stichpunkten notieren	
2. Suche nach Quellen und Darstellungen, die dir Informationen zu deiner Leitfrage liefern.	• *Nutze die Seiten 40/41 des Schulbuches.* • *Suche im Internet, in Büchern oder im Lexikon nach weiteren Quellen und anderen Darstellungen.*
3. Schreibe dir stichpunktartig Informationen auf, mit denen du die Leitfrage beantworten kannst. Ordne diese nach Wichtigkeit.	• *Sammle Informationen, z. B.: Wann und wo lebten die Frühmenschen? Wie ernährten sie sich? Wie lebten sie zusammen? Welche Werkzeuge hatten sie? ...*
Den Sachtext gliedern und schreiben	
4. Die Einleitung • Stelle das Thema und die Leitfrage(n) vor.	• *„Dieser Sachtext berichtet über ..."* • *„Dabei soll auch geklärt werden, ..."*
5. Der Hauptteil • Formuliere aus den vielen Informationen und Stichpunkten aus dem dritten Arbeitsschritt ganze, zusammenhängende Sätze. • Damit der Sachtext verständlich ist, musst du das Geschehene zeitlich ordnen (siehe unten): Was geschah zuerst, was folgte darauf, was geschah gleichzeitig zu einer Handlung/einem Ereignis?	• *„Die Frühmenschen zogen aufgrund der ... von ... nach ... Danach bauten sie ihr Lager in der Nähe von ..."* • *„Die Frühmenschen lebten unter anderem in ..."* • *„Für die Jagd mussten sie vorher erst ... herstellen. Dazu nutzen sie ... "* • *„Die Frauen sammelten ... und nahmen zeitgleich an ... teil."* • *„Die Frühmenschen ernährten sich von ..."* • *„Das wichtigste und bekannteste Werkzeug war der ..."*
6. Der Schluss • Beantworte die Leitfrage(n) aus Arbeitsschritt 1 und erkläre, woher deine Informationen stammen.	• *„Die Frühmenschen in der Altsteinzeit ..."* • *„Die Aussagen über den Frühmenschen sind aufgrund folgender Quellen/Darstellungen möglich: ..."*

Zeitliche Verläufe in einem Sachtext darstellen

Beim Schreiben eines Sachtextes, der über ein historisches Ereignis oder eine Handlung berichtet, helfen dir folgende Begriffe:

- **vorher** (zuerst, davor)
- **nachher** (später, danach, dann)
- **zeitgleich** (zur selben Zeit, gleichzeitig)

1 Verfasse mithilfe der Arbeitsschritte einen Sachtext, der über das Leben der Frühmenschen in der Altsteinzeit berichtet. Gehe in deiner Erzählung auch darauf ein, wo und wann sie lebten.

2 **Partnerarbeit:**

a) Vergleicht eure Sachtexte.

b) Diskutiert, warum eure Sachtexte nicht identisch sind, obwohl ihr dieselben Informationen hattet.

2 Mio. v. Chr.
Altsteinzeit in Afrika

800 000 v. Chr.
Altsteinzeit in Mitteleuropa

5500 v. Chr.
Jungsteinzeit in Mitteleuropa

2200 v. Chr.
Bronzezeit in Mitteleuropa

800 v. Chr.
Eisenzeit in Mitteleuropa

Leben in der Frühzeit

Spuren der ersten Menschen
Die ältesten Spuren der Menschen sind rund vier Millionen Jahre alt. Der heutige Mensch (= Jetztzeitmensch oder Homo sapiens sapiens) entwickelte sich aber erst vor rund 200 000 Jahren im warmen Klima Afrikas.

Leben in der Altsteinzeit
In der Altsteinzeit vor ungefähr zwei Millionen Jahren lebten die Menschen in kleinen Gruppen. Sie ernährten sich von der Jagd und vom Sammeln von Nahrungsmitteln aus dem Wald. Deshalb lebten sie nicht an einem festen Ort, sondern zogen als Nomaden dem Wild hinterher.
Die Menschen beherrschten das Feuer und stellten Werkzeuge und Waffen aus Stein, Holz und Knochen her. Das bekannteste Werkzeug war der Faustkeil. Funde von Felsmalereien und kleinen Steinfiguren zeigen, dass die Menschen auch künstlerisch tätig waren. Die genaue Bedeutung der Kunstwerke kennen wir nicht. Zu vermuten ist aber eine kultische Verehrung der Natur. In der Altsteinzeit wechselte das Klima mehrfach zwischen Warm- und Kaltzeiten. Mit dem Ende der letzten Eiszeit um 9000 v. Chr. ging diese Epoche der Menschheitsgeschichte zu Ende.

Leben in der Jungsteinzeit
Seit etwa 5500 v. Chr. veränderten die Menschen in Mitteleuropa ihre Lebensweise: Sie begannen Wildtiere, wie Ziegen, Schafe und Rinder, zu zähmen und zu züchten. Aus wilden Gräsern und Pflanzen kultivierten sie Getreide. Hierzu wurden Wälder gerodet, um Ackerland und Weideflächen zu schaffen. Durch den Ackerbau und die Viehzucht hatten die Menschen sichere Nahrungsquellen an ihrem Siedlungsort und wurden deshalb sesshaft. Sie legten nun feste Häuser an und veränderten die Natur für ihre Zwecke. Ausgrabungen zeigen aufgrund der Größe der Häuser und anhand der Hünengräber, dass die Menschen in größeren Siedlungen lebten.

Das Leben der Kelten in der Metallzeit
Die Gewinnung von Metallen aus Erzen gelang den Menschen zuerst mit Kupfer. Das war um 6000 v. Chr. im Vorderen Orient. Schwieriger zu gewinnen und zu verarbeiten, aber noch widerstandsfähiger und härter als Bronze, eine Mischung aus Zinn und Kupfer, erwies sich das Eisen, was sich in seiner Vorform als Eisenerz an vielen Stellen in Europa fand. Spezialisten der Eisenverarbeitung waren die Kelten. Sie lebten in Stämmen mit Fürsten und Druiden, waren erfolgreiche Händler und Krieger. Die Kelten wohnten in großen, stadtähnlichen Siedlungen mit Wehranlagen (oppida, Einzahl: oppidum). Sie kannten die Arbeitsteilung zwischen bäuerlichen und handwerklichen Berufen (Schmied, Töpfer, Händler) und besiedelten große Teile Europas. Es entwickelte sich später eine Führungsschicht, die Macht über andere ausübte.

Gruppenarbeit:
1 Erarbeitet die drei Epochen mit der Struktur-Lege-Technik.
Tipp: Nutze S. 29.
2 Vergleicht die Epochen miteinander.
Tipp: Nutzt Kriterien, wie Ernährung, Werkzeuge, Lebensorte und Lebensweise.

Im Kapitel konntest du folgendes Fachwissen und folgende Kompetenzen erwerben:

- darstellen, woher die ersten Menschen kamen und wie sie sich auf der Erde verbreiteten
- beschreiben, wie die Menschen in der Altsteinzeit lebten
- erklären, wie sich die Lebensweise durch Ackerbau und Viehzucht verändert hat
- vergleichen, wie die Menschen in der Altsteinzeit und in der Jungsteinzeit mit der Natur umgingen und sie nutzten
- erklären, wie sich Arbeit und Gesellschaft von der Altsteinzeit bis zur Metallzeit veränderten
- **Medien und Methoden:** Einen Sachtext verfassen

Jäger und sesshafte Bauern begegnen sich – ein Rollenspiel

Wie Menschen in der Geschichte gedacht und gefühlt haben, wissen wir nicht genau, besonders wenn die Überlieferungen sehr dürftig sind oder ganz fehlen. In einem Rollenspiel können schwierige Situationen der Vergangenheit, z. B. Konflikte zweier Gruppen oder Entscheidungen, nachgespielt werden. Die Auftaktseite zu diesem Kapitel (siehe S. 32/33) oder die Situationskarte auf dieser Seite könnte so eine Situation darstellen.

Beispiel Rollenkarte

Ein Jäger: Er ist 25 Jahre alt und Spezialist für das Aufarbeiten von Tierfellen. Er bewertet das Auftauchen der Siedler eher positiv. Schließlich könnte er in Notzeiten seine Felle gegen getötete Tiere der Bauern eintauschen.

Beispiel Situationskarte

Um ihr Feld- und Weideland zu vergrößern, verbrennen die Siedler eines jungsteinzeitlichen Dorfes den Wald hinter ihren Äckern. Die Gruppe von Jägern und Sammlerinnen, die den Wald bisher als Jagdgebiet genutzt hat, ist empört und beunruhigt: Wenn die Wildtiere durch Brandrodung verdrängt werden, müssen sie über große Entfernungen weiterziehen, um genug Beute für ihr Überleben zu machen. Jetzt kommen sie ins Dorf, um mit den Siedlern zu reden ...

Hilfe zur Gestaltung des Rollenspiels

1. Ausgangslage festhalten
Auf der Situationskarte festhalten, welche Situation nachgespielt werden soll. Welche Personen sind beteiligt? Welche Probleme sind zu lösen?

2. Rollen verteilen
Auf den Rollenkarten die spielenden Personen beschreiben: Tätigkeit, Eigenschaften, Verhalten und ihre Ziele. Vorgaben der Rollenkarten beachten, eigene Vorstellungen dürfen aber auch eingebracht werden.

3. Spiel vorbereiten
Die Spielerinnen und Spieler heften sich ein Schild mit ihrer Rollenkennzeichnung an. Sie besprechen die Situation (Situationskarte) und die Rollen (Rollenkarten) untereinander.

4. Spiel auswerten
Spielbeobachter machen sich während des Spiels Notizen zu den einzelnen Rollen. Sie bewerten das Spiel und begründen ihre Meinung. Wurden die Rollen glaubhaft gespielt? Welche Argumente wurden genannt? Passten sie in die Situation und die Zeit? Was war gut, was könnte verbessert werden?

M1

Steinaxt mit einem Griff aus Hirschgeweih, um 2500 v. Chr.

M3

Die Archäologin Brigitte Röder über Frauen- und Männerarbeit in der Jungsteinzeit (1998):
Das tägliche Arbeitspensum war um ein Vielfaches gestiegen, weil Ackerbau und Viehzucht wesentlich zeitaufwendiger sind als eine Nahrungssicherung durch Sammeln, Jagen und Fischen ... Zur Arbeit in der Landwirtschaft kam eine Vielzahl neuer Tätigkeiten ... Ein völlig neuer, ebenfalls arbeitsintensiver Bereich war die Vorratshaltung ...
Der Anstieg von Arbeitsbelastung und Arbeitsteilung wirkte sich auch auf das Geschlechterverhältnis aus, da offenbar neu ausgehandelt werden musste, welche Arbeiten Frauen und Männer jeweils zu übernehmen hatten ... Untersuchungen ... an den Knochen ... zeigen, dass [jungsteinzeitliche] Frauen ausgesprochen hart und schwer arbeiteten.

Brigitte Röder, Jungsteinzeit – Frauenzeit? In: Bärbel Auffermann/Gerd-Christian Weniger (Hg.), Frauen Zeiten Spuren, Mettmann (Neanderthal-Museum) 1998, S. 244 f. und 261.

M2

Goldschale und Eisendolch aus einem keltischen Fürstengrab, 6. Jh. v. Chr.

Sachkompetenz

1 Erkläre den Begriff Evolution an einem eigenen Beispiel (z. B. Entwicklung des Menschen).

2 Zwei Begriffe aus der Wortreihe passen jeweils zusammen. Schreibe sie paarweise auf:
Altsteinzeit – Feuer – Arbeitsteilung – Homo erectus – Sesshaftigkeit – Metall – Nomaden – Jungsteinzeit

3 Gestalte ein Rollenspiel „Jäger und Sesshafte begegnen sich“.

Methodenkompetenz

4 **a)** Beschreibe die Abbildungen M1 und M2. Stelle fest, um welche Quellenart es sich handelt.
b) Prüfe mithilfe der Zeitleiste S. 53, in welche Epochen das Dargestellte eingeordnet werden kann. Begründe dein Ergebnis.

5 **Methode:** Bearbeite den Sachtext M3 mithilfe der Arbeitsschritte „Einen Sachtext verfassen“ (S. 39). Fasse den Inhalt knapp und treffend zusammen und trage ihn in der Klasse vor. ▸ Hilfe

cornelsen.de/webcodes
Code: bofedi
Selbsteinschätzungsbogen

Urteilskompetenz

6 Überprüfe und erkläre die folgenden Aussagen:
a) Die ersten Menschen entwickelten sich zeitgleich in verschiedenen Erdteilen.
b) Die Menschen der Steinzeit hatten keine Zeit für kulturelle Leistungen oder technische Erfindungen.
c) Die Archäologie ist ein Fenster in die Vergangenheit.

7 Vergleiche Gesellschaft und Arbeit in Altsteinzeit, Jungsteinzeit und Metallzeit mithilfe einer Tabelle:

	Altsteinzeit	*Jungsteinzeit*	*Metallzeit*
Arbeit	...	*Steinwerkzeuge, Ackerbauern ...*	...
Ernährung	...	...	...
Zusammenleben	*Nomaden*	...	*Dorf ...*

8 Die jungsteinzeitliche bäuerliche Gesellschaft brachte für alle Menschen große Arbeitserleichterungen. Schreibe deine Meinung zu diesem Satz auf.
Tipp: Ziehe M3 heran.

Üben Check

3

Ägypten – eine frühe Hochkultur

Am Stadtrand von Kairo, der heutigen Hauptstadt Ägyptens, ragen gewaltige Pyramiden aus dem Wüstensand. Über 4500 Jahre sind die Riesenbauwerke alt. Tag für Tag stehen Tausende von Besuchern aus aller Welt staunend vor diesen faszinierenden und zugleich geheimnisvollen Überresten einer großen Vergangenheit.
Doch die Geschichte des antiken Ägyptens bietet mehr als nur Pyramiden: sagenumwobene Sarkophage von Herrschern, Götter in Tiergestalten und vieles mehr. Schon zur damaligen Zeit waren die Ägypter anderen Kulturen ihrer Zeit weit voraus. Doch warum sind wir so fasziniert von den alten Ägyptern?

Überlege dir Fragen, die du einem Ägyptenexperten gerne stellen würdest. Welche Geheimnisse möchtest du über das alte Ägypten lösen?

alle Darstellungstexte zum Anhören

vivive

Blick auf die Pyramiden von Giseh. Vorne: zwei kleinere Königinnenpyramiden. Dahinter (von links nach rechts): die Pyramiden der Pharaonen Mykerinos, Chephren und Cheops.

3000 v. Chr.

Vereinigung von Ober- und Unterägypten unter einem König

Erfindung der Hieroglyphenschrift

2500 v. Chr.

Altes Reich: Bau der großen Pyramiden als Königsgräber

2000 v. Chr.

Mittleres Reich: Ausdehnung des Reichs nach Nubien im Süden

5500–2200 v. Chr.
Jungsteinzeit in Mitteleuropa; Metallzeit im Vorderen Orient

2200–800 v. Chr.
Bronzezeit in Mitteleuropa

Ägypten – eine frühe Hochkultur

M1

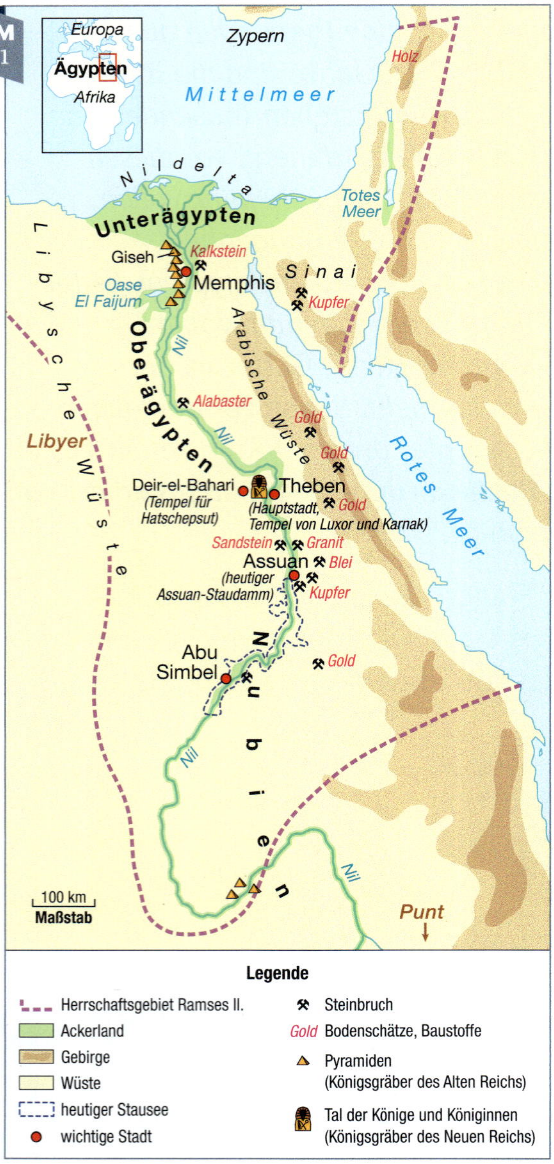

Ägypten zur Zeit seiner größten Ausdehnung unter Pharao Ramses II. um 1250 v. Chr.

Während die Menschen in Europa in kleinen Dörfern lebten, entstand in Ägypten um 3000 v. Chr. ein großes Reich mit vielen Einwohnern und prächtigen Bauwerken. Einige seiner Könige – die Pharaonen – ließen sich als Grabstätten Pyramiden bauen. Als Bezeichnung für diese Zeit wird der Begriff „altes Ägypten" verwendet; den heutigen Staat Ägypten gibt es seit 1922.
Wissenschaftler haben wertvolle Entdeckungen machen können und eine Vielzahl von Erkenntnissen über das Pharaonenreich und die beeindruckenden Bauwerke gesammelt. Bis heute werden immer wieder neue Funde gemacht. Ein Beispiel dafür ist die Grabkammer des Pharaos Tutanchamun (M4). Die Geschichte Ägyptens fasziniert. Heute reisen Millionen von Touristen nach Ägypten oder sie besuchen die großen ägyptischen Museen in aller Welt. Zwischen 3500 und 1500 v. Chr. gab es auch in anderen Teilen der Erde große Reiche. Aber die Überreste aus der ägyptischen Vergangenheit sind zahlreicher und haben sich im trockenen Wüstenklima besser erhalten. Deshalb kann man in Ägypten noch viele Überreste besichtigen.
In diesem Kapitel untersuchst du,

- wie die Hochkultur in Ägypten entstand,
- was die Kennzeichen einer antiken Hochkultur waren.

M2

Das Nil-Delta, Satellitenfoto, 2000

cornelsen.de/webcode
Code: favopu
Vorschläge zum Besuch eines außerschulischen Lernortes (Kapitel 3)

1500 v. Chr. | 1000 v. Chr. | 500 v. Chr.

Neues Reich: Ägypten wird Großmacht

berühmte Königinnen und Könige: Hatschepsut, Echnaton, Nofretete, Tutanchamun, Ramses II.

753 v. Chr.
mythologische Gründung Roms

332 v. Chr.
Der griechische Herrscher Alexander der Große besetzt Ägypten und übernimmt die Macht.

M3

Statuette von Pharao Cheops, vermutlich zwischen 2613–2494 v. Chr. erstellt, gefunden in Abydos, Ägypten

M4

Grabkammer mit dem Sarg von Pharao Tutanchamun, 14. Jh. v. Chr.

M5

Ausschnitt einer Wanddekoration aus der Weißen Kapelle aus der Tempelanlage Karnak in Ägypten, die 1926–1917 v. Chr. gebaut wurde. Zu sehen ist Pharao Senusret I mit dem Sonnengott Re.

1 Bearbeite mithilfe der Karte M1, des Darstellungstextes und der Zeitleiste:
a) Beschreibe, in welchen Gebieten Ägyptens sich die Menschen angesiedelt haben. Stelle Vermutungen auf, warum sie sich dort angesiedelt haben.
b) Nenne Bodenschätze, die es auf dem Gebiet des alten Ägyptens gab.
c) Nenne die drei großen Epochen der altägyptischen Geschichte mit den zugehörigen Jahreszahlen.
d) Ordne M3 bis M5 begründet den großen Epochen der ägyptischen Geschichte zu.

2 Ordne die Bilder M2 bis M5 der Karte zu.

3 **Recherche:** Bis heute sind Menschen von der ägyptischen Geschichte und ihren Geheimnissen fasziniert. Berühmt ist der angebliche „Fluch des Pharao“. Was hat es damit auf sich? Recherchiere mithilfe der Arbeitsschritte auf S. 93. ▸ Hilfe

cornelsen.de/webcodes
Code: magoco
Quiz: Das alte Ägypten

Das alte Ägypten – ein Geschenk des Nils?

Als sich vor etwa 9000 Jahren das Klima auf der Erde änderte und es immer wärmer wurde, trockneten große Teile Nordafrikas aus und wurden zur Wüste. Um zu überleben, ließen sich die Menschen als Bauern an den Flussufern des Nils nieder.

- ***Wie konnten die alten Ägypter den Nil nutzbar machen und welche Bedeutung hatte der Nil für sie?***

M 1

Landschaft am Nil, um 2500 v. Chr., Rekonstruktionszeichnung von heute

Die Nilschwemme bietet fruchtbares Land

Die Nilschwemme war eine jährliche Überschwemmung des Nils in Ägypten, die aufgrund von Regenfällen in den Bergen Äthiopiens und den angrenzenden Regionen im späten Sommer und Herbst auftrat. Der natürliche Flusslauf war noch nicht durch die modernen Staudämme verändert, sodass das Wasser des Nils zwischen Juni und Oktober um bis zu acht Meter anstieg. Das flache Land verschwand unter den Fluten dieser Nilschwemme. Nachdem sich das Nilwasser nach der Überschwemmung zurückgezogen hatte, blieb auf den Feldern fruchtbarer Schlamm über, der den Boden mit Nährstoffen versorgte. Die Ägypter konnten daraufhin auf den Feldern Nutzpflanzen anbauen. Sie pflügten und wässerten die Äcker, säten Getreide und bauten viele verschiedene Pflanzen an. Vier Monate später konnten das Getreide, Papyrus, Linsen, Bohnen, Trauben, Datteln, Feigen und Baumwolle geerntet werden. Danach lag das Land vier Monate brach, das heißt, es wurde nichts darauf angebaut.

Der Kalender der Ägypter

Den Ägyptern fiel auf, dass die Nilflut immer dann Ägypten erreichte, wenn im Juni der Stern Sirius kurz vor Sonnenaufgang hell am Himmel erschien. Sie legten dieses Ereignis als Jahresanfang fest. Die Zeit bis zum nächsten Auftauchen des Sterns teilten sie in zwölf Monate auf. So entwickelten die Ägypter erstmals einen Kalender. Der Kalender legte außerdem genau fest, welche Aufgaben die Ägypter im Laufe des Jahres zu erledigen hatten.

Durch Arbeitsteilung entstehen neue Berufe

Die Mehrheit der Ägypter waren Bauern und Bäuerinnen. Sie erwirtschafteten mehr Getreide, als sie brauchten, und konnten damit auch die Teile der Bevölkerung ernähren, die nicht in der Landwirtschaft arbeiteten. Diese Menschen übernahmen dafür andere Aufgaben: Handwerker stellten Geräte für die Landwirtschaft, Waffen, Kleidung oder andere Waren her. Architekten und Landvermesser waren nicht nur für die Planung großer

Wortschatz: der Wasserstand steigt/sinkt • das Feld wird überschwemmt • das Wasser aus dem Fluss schöpfen • fruchtbarer Schlamm • düngen • das Feld pflügen/bewässern • Getreide aussäen • die Aussaat • die Ernte • brach liegen • Vorräte speichern • einen Überschuss erwirtschaften

Bauvorhaben zuständig. Nach der jährlichen Überschwemmung waren sie dafür verantwortlich, die Felder neu zu vermessen, da die alten Felder von dem Nilschlamm übersät waren. Sie überprüften die Abstände zwischen den Kanälen und Bewässerungsdämmen, um sicherzustellen, dass das Wasser gleichmäßig über die Felder verteilt wurde. Händler wiederum kauften und verkauften Produkte aller Art. So entstand eine Arbeitsteilung zwischen Landwirtschaft, Handwerk, Handel und Wissenschaft.

Leben in einer „Flussoase"

Der Nil ermöglichte den Ägyptern zwar einen ertragreichen Ackerbau, trotzdem stellte er sie vor schwierige Aufgaben: War die Flutwelle zu hoch, wurden Dörfer und Siedlungen überschwemmt und zerstört. Wenn die Flut niedrig war, blieben weite Gebiete trocken, und es drohte eine Hungersnot. Um das Hochwasser des Nils zu bändigen, schlossen sich die Menschen zu dörflichen Gemeinschaften zusammen. Sie bauten gemeinsam Deiche und Dämme, um sich vor dem Hochwasser zu schützen. Mit Bewässerungskanälen leiteten sie das Nilwasser in ihre Felder. Da die Ernte nicht immer gleich gut war, bewahrte man die Überschüsse an Nahrungsmitteln aus guten Jahren in Speichern auf. So entstanden Vorräte zur Versorgung der Bevölkerung in schlechten Erntejahren.

M 3

Die Bedeutung des Nils im Jahresverlauf wird in einem Gedicht von dem arabischen Philosophen Al Masudi (895–957 n. Chr.) deutlich:

Eine [blaue] weiße Perle ist Ägypten in den Monaten Juli, August und September, wenn es von den Fluten [des Nils] überschwemmt ist, wenn die von allen Seiten vom Wasser umgebenen Dörfer auf ihren Hügeln über dem weiß schimmernden Land den Sternen gleichen und wenn man nur noch mit Boot von einem zum anderen Ort fahren kann.

Schwarz ist Ägypten in den Monaten Oktober, November und Dezember, wenn das Wasser in das Bett des Nils zurückfließt und den schwarzen, fruchtbaren Boden hinterlässt, der von den Bauern bestellt wird.

Ein grüner Smaragd [Edelstein] ist Ägypten in den Monaten Januar, Februar und März, wenn überall sprießende Gräser und Pflanzen dem Land den grünen Glanz verleihen.

Und ein Barren Gold in den Monaten April, Mai und Juni, wenn die Saat reif ist und das Land sowohl vom Anblick wie auch vom Nutzen her dem Gold gleicht.

Zit. nach: Manfred Clauss: Der Pharao, Stuttgart (Kohlhammer) 2012, S. 12.

M 2

Schaduf, ein Gerät zum Wasserschöpfen

1 Beschreibe mithilfe von M3 den Jahresverlauf des Nilwassers. Nutze den **Wortschatz**.
2 Erläutere, welche Aufgaben die Ägypter in den entsprechenden Monaten zu verrichten hatten (M3). Nutze den **Wortschatz**.
3 Erstelle insgesamt vier Rekonstruktionszeichnungen zu den Jahresabschnitten des Nils. Weitere Informationen findest du auch im Darstellungstext.
4 Wende die Strukturlegetechnik (S. 28/29) an: Lies den Darstellungstext und erkläre dann mithilfe der Kärtchen die Bedeutung des Nils für die Ägypter. Nimm auch das Bild M1 zu Hilfe.
5 Erkläre mithilfe der Abbildung M1 und M2 die Bewässerung der Felder im alten Ägypten.
6 Der Nil war „Segen und Fluch für die Ägypter". Überprüfe diese Aussage anhand der Informationen im Darstellungstext. ▸ Hilfe

cornelsen.de/webcodes
Code: subewi
Wie lebten die Menschen am Nil?

Üben   Video: *Nillandschaft in Ägypten*

Eine Bildquelle auswerten

Aus alten Kulturen stehen uns als Quellen oft nur Bilder wie Felszeichnungen, Wandmalereien oder Vasenbilder zur Verfügung. Hier lernst du eine Methode kennen, mit der du Bildquellen möglichst viele Informationen entnehmen kannst.

M 1

Wandbild aus dem Grab des Pharaos Amenemhet aus Theben, Kalkstein mit Bemalung, Höhe 30 cm, Breite 50 cm, um 2000 v. Chr. Die Hieroglyphen über dem Bild drücken die Bitte aus, dass der Verstorbene im Jenseits immer gut mit Lebensmitteln versorgt ist.*

Bilder erzählen aus der Vergangenheit

Bilder zeigen Menschen, Dinge oder die Natur nicht immer so, wie sie in Wirklichkeit aussahen. Ein Beispiel: Manchmal ist eine Person auffallend kleiner gezeichnet als die andere. Ob sie wirklich kleiner war, wissen wir aber nicht. Häufig will der Künstler durch die Größe der Personen einen Rangunterschied zeigen.

Bei Bildern aus dem alten Ägypten muss man beachten, dass sie Menschen nicht naturgetreu darstellen, sondern fast immer nach dem folgenden Muster:

- Der Kopf wird oft in der Seitenansicht (im Profil) abgebildet. Dabei sieht aber ein Auge den Betrachter direkt an (Frontalansicht).
- Der Oberkörper ist oft von vorn zu sehen – Unterkörper, Beine und Füße sind wie der Kopf im Profil gemalt.
- Personen oder Dinge sollten möglichst einzeln, ohne Überschneidung dargestellt und klar erkennbar sein.
- Braune Hautfarbe (Männer) zeigt an, dass die Person sich viel im Freien aufhält, weil sie dort arbeitet. Helle Haut (Frauen) zeigt, dass die Person vorwiegend im Haus tätig ist.

1 **Gruppenarbeit:**
„Experiment": Stellt mithilfe der Unterrichtsmethode „Ein Standbild entwickeln" (→ S. 197) das Bild M1 so genau wie möglich dar. Achtet auf die Stellung der Köpfe, der Oberkörper, der Arme, Hände, Beine und Füße. Was fällt euch auf? ▸ Hilfe

2 Zeichne mithilfe des Darstellungstextes selbst einen Menschen, so wie es die alten Ägypter getan haben. Was fällt dir auf? **Tipp** → S. 190.

3 Werte die Bildquelle M1 mithilfe der Arbeitsschritte auf S. 63 aus. Ergänze dazu die Lücken (…) in den sprachlichen Formulierungshilfen.

4 Untersuche mithilfe der Arbeitsschritte die Bildquelle M2.

5 Arbeite heraus, welche zusätzlichen Informationen der Text M3 im Vergleich zu M2 enthält. **Tipp** → S. 190.

Arbeitsschritte „Eine Bildquelle auswerten“

Die einzelnen Bildelemente beschreiben	Sprachliche Formulierungshilfen zu M1
1. Welche Art von Bild liegt hier vor (zum Beispiel Vase, Wandmalerei, Gemälde, Fotografie)? 2. Wer hat das Bild erstellt? Wann wurde es erstellt? 3. Welche Personen, Tiere oder Gegenstände sind zu sehen? 4. Wie werden sie dargestellt (zum Beispiel Kleidung, Farbe, Körperhaltung, Gesichtsausdruck)? 5. Wo befinden sich die Personen, Tiere und Gegenstände?	• *Es handelt sich um ...* • *Das Bild stammt aus der Zeit um ... Der Künstler ist unbekannt.* • *Dargestellt sind vier Personen, zwei Männer und zwei Frauen. Die Männer sind mit ... bekleidet. Die Frauen tragen ... Rechts neben der Bank steht ein Tisch mit Fleisch, Zwiebeln und Gurke. Darunter liegen zwei Brote.*
Die Zusammenhänge erklären	
6. In welcher Beziehung stehen die abgebildeten Personen, Tiere oder Gegenstände zueinander? 7. Findest du Merkmale, die auf bestimmte Eigenschaften, Beruf oder gesellschaftliche Stellung hinweisen?	• *Drei Personen sitzen auf der Bank. Links eine der ..., rechts ein Mann mit Bart, in der Mitte .... Die beiden Männer sehen sich an, alle drei umarmen sich. Die zweite Frau steht rechts in respektvollem Abstand zu den anderen. Das Bild zeigt die Familie des Verstorbenen: ... umarmen ihren Sohn. Die Schwiegertochter oder die Schwester steht an der Seite. Sie legt die rechte Hand auf ihr Herz. Dadurch zeigt der Künstler ihre Zugehörigkeit zu der Familie.* • *An der unterschiedlichen Hautfarbe erkennt man ...*
Die Bildquellen deuten	
8. Warum wurde das Bild gemalt? Der Titel des Bildes und die Bildunterschrift geben dir weitere Informationen. 9. Welche Botschaft soll dem Betrachter des Bildes vermittelt werden?	• *Das Bild wurde in der Stadt Theben für ... gemalt.* • *Der Verstorbene ... fühlt sich offensichtlich im Kreis seiner harmonischen, glücklichen und gut versorgten Familie wohl. Dieses Gefühl soll er auch im Jenseits genießen.*

M 2

Soldaten erhalten Getreide als Lohn. Malerei aus dem Grab des königlichen Schreibers Userhat, um 1400 v. Chr.

cornelsen.de/webcodes
Code: samete
Kopiervorlage Methodentabelle

M 3

Brief eines Arbeiters aus der Arbeitersiedlung Deir el-Medina an den Wesir Ta (um 1160 v. Chr.):
Ich teile meinem Herrn mit, dass ich an den Gräbern der Königskinder arbeite, deren Errichtung der Wesir* befohlen hatte. Uns Arbeitern geht es schlecht. Alle Sachen für uns, die das staatliche Schatzhaus, die Scheune und das Magazin uns liefern sollten, sind nicht verteilt worden. Nicht leicht ist das Tragen von Steinen! Man hat uns auch die 11,5 Sack Gerste fortgenommen, um uns stattdessen 11,5 Sack Dreck zu geben! Möge mein Herr handeln, sodass wir leben können.

*Zit. nach Arne Eggebrecht, Das alte Ägypten, München (Bertelsmann) 1984, S. 219.***

Woran glaubten die alten Ägypter?

Die Papyruszeichnung auf dieser Seite war eine Grabbeigabe für den ägyptischen Schreiber Hunefer. Sie erzählt uns in Bildern und Hieroglyphen*, wie sich die Ägypter den Übergang vom Leben zum Tod vorstellten.
- ***Untersuche diese Zeichnung und finde heraus, woran die Ägypter glaubten.***

Viele Götter in verschiedenen Gestalten

Die zahlreichen Götter Ägyptens wurden als Tiere, als Personen oder auch als Mischwesen – halb Mensch, halb Tier – dargestellt und in Abbildungen verehrt. Unter den vielen Göttinnen und Göttern wird die Göttin Maat (sprich Ma-at) besonders hervorgehoben. Sie wurde entweder als Feder oder als eine Frau mit einer Feder auf ihrem Kopf dargestellt. Maat stand für die Beachtung von Wahrheit, Gerechtigkeit und der richtigen Ordnung in der Welt. Sie galt als Wertekatalog, an den sich die Ägypter zu halten hatten. Beispiele für ägyptische Werte sind, die Autorität vor Höhergestellten zu haben oder die Götter zu verehren. Die verschiedenen Götter wurden in speziell für sie errichteten Tempeln verehrt. Stellvertretend für alle Ägypter brachten Priester täglich Opfer dar, um die Götter gnädig zu stimmen. Bei religiösen Festen öffneten die Priester die Tempel und die Bevölkerung konnte bei Festzügen den Götterbildern direkt zujubeln.

Leben nach dem Tod – der Totenkult der Ägypter

Die Ägypter glaubten, dass das Leben nicht mit dem Tod zu Ende sei. Sie stellten sich vor, dass es im Jenseits (Totenreich) ähnliche Lebensmöglichkeiten wie im Diesseits (Welt der Lebenden) gebe. Deshalb gab man den Verstorbenen häufig alles Lebensnotwendige mit in das Grab: Nahrungsmittel, Kleider, Schmuck, Teller und Krüge, sogar Möbel und Kosmetik. Wohlhabende Ägypter erhielten auch ein Totenbuch als Grabbeigabe. Es enthielt Gebete und Sprüche, die dem Verstorbenen helfen sollten, wenn er sich vor dem Totengericht verantworten musste. Für ein Weiterleben nach dem Tod sollte der Körper erhalten werden (Mumifizierung, siehe S. 76).

Das Totengericht der Ägypter

Die Ägypter glaubten, dass sich jeder Mensch nach seinem Tod bei einem Totengericht vor den Göttern für sein Handeln im Leben verantworten musste. Das Totengericht umfasste zwei Abschnitte, das negative Sündenbekenntnis und die Herzenswägung. Beide Abschnitte sind im Material M1 dargestellt. Im ersten Teil der Prüfung versicherte der Tote vor Osiris und 42 weiteren Göttern, dass er die ägyptischen Werte gemäß der Maat befolgt hatte. Im zweiten Teil wird das Herz des Ägypters gegen die Feder der Maat gewogen. Für die Ägypter galt das Herz als eine Art Gedächtnis, die durch soziales Miteinander an Verantwortung gewann und sich darauffolgend als ein gewissenhaftes Gedächtnis entwickeln konnte. Sollte der Ägypter nicht schuldfrei leben, so speicherte sich die sündenbelastete Tat im Herzen. In der Konsequenz wurde das Herz symbolisch schwerer. War das Herz mit belastenden Taten überladen, wog es zum Zeitpunkt der Wägung schwerer als die Feder der Maat, was den Göttern zeigte, dass der Ägypter nicht dem Prinzip der Maat entsprechend gelebt hatte. Infolgedessen erlitt der Tote einen zweiten, endgültigen Tod, indem er durch die große Fresserin, Ammit, verschlungen wurde. Bestand der Ägypter das Totengericht, durfte er im Totenreich weiterleben.

(der) Polytheismus/(der) Monotheismus (griech. polys = viel und griech. theos = Gott)

Polytheismus steht für den Glauben an viele Götter. Polytheistische Religionen wie bei den alten Ägyptern gibt es heute noch, z. B. den Hinduismus. Im Gegensatz zum Polytheismus bezeichnet der Monotheismus (griech. monos = einzig) den Glauben an einen einzigen Gott. Das Judentum, das Christentum und der Islam sind monotheistische Religionen.

Wortschatz: sich vor den Göttern rechtfertigen • die Waage • etwas wiegen • das Herz des Ägypters wiegen • das Jenseits • das Diesseits • die Götter gnädig stimmen • sich für etwas verantworten • Feder der Maat • ägyptische Werte • endgültig sterben • im Jenseits weiterleben

A Anubis wiegt Hunefers Herz, das für seinen Charakter und seine Lebensweise steht. Gegengewicht auf der Waage ist die Feder als Symbol für die Maat (Wahrheit, Gerechtigkeit, Ordnung). Beides muss sich im Gleichgewicht befinden.

B Ammit („Totenfresserin“) mit dem Krokodilkopf verschlingt den Verstorbenen, falls er die Prüfung seines Herzens auf der Waage nicht besteht. Ein Weiterleben im Jenseits wäre nicht mehr möglich.

C Der verstorbene Hunefer kniet vor 42 ägyptischen Göttern (nur einige sind hier zu sehen, die anderen sitzen in den Reihen dahinter). Er beteuert, in seinem Leben keine Sünden begangen zu haben (M2).

D Hunefer wird von Anubis zur Waage geführt. Anubis trägt den Kopf eines Schakals. Er begleitet das Balsamieren und Mumifizieren und gilt als Wächter der Grabstätten.

M 1

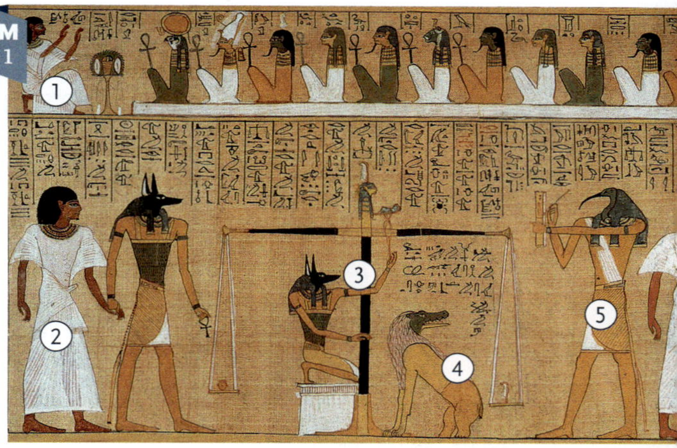

Ausschnitt aus dem Totengericht, Papyrus aus dem Grab des Schreibers Hunefer, um 1300 v. Chr.

E Thot mit dem Ibiskopf ist unter anderem der Gott der Weisheit und der Schreibkunst. Er führt das „Buch der Lebenden“, in dem aufgeschrieben steht, welcher Ägypter das Recht auf ein Leben nach dem Tod besaß. Beim Totengericht protokolliert er das Ergebnis.

M 2

Zu Beginn des Totengerichts spricht Hunefer vor den versammelten Göttern und berichtet von seinem Leben:

Gruß Dir, Du größter Gott, Herr der Vollständigen Wahrheit! …
ich habe dir das Recht gebracht und habe dir das Unrecht vertrieben …
Ich habe kein Unrecht gegen Menschen begangen, und ich habe kein Tiere misshandelt.
Ich habe keinen Gott beleidigt.
Ich habe nicht getan, was die Götter verabscheuen.
Ich habe nicht Schmerz zugefügt, niemanden hungern lassen, ich habe keine Tränen verursacht, ich habe nicht getötet und ich habe auch nicht zu töten befohlen …
Ich habe die Opferspeisen in den Tempeln nicht vermindert und die Götterbrote nicht angetastet …
Ich habe das Überschwemmungswasser nicht zurückgehalten in seiner Jahreszeit und dem fließenden Wasser keinen Damm entgegengestellt.
Ich bin rein, ich bin rein, ich bin rein, ich bin rein!

Zit. nach Hornung, Erik: Das Totenbuch der Ägypter, Zürich und München (Artemis) 1990, S. 233–235.

1 Beschreibe anhand von M2, was für ein Mensch Hunefer war. Entwickle Regeln, an die sich Hunefer und die Ägypter im Leben halten sollten. ▸ Hilfe
2 Erstelle mithilfe der blauen Textkarten und des Bildes M1 eine Tabelle, in der du die Namen der Götter, die Erscheinungsmerkmale und ihre Aufgabenbereiche notierst.
3 Folge dem Schreiber Hunefer durch das Totengericht (M1) und ordne die Bilderklärungen A bis E den Zahlen in der Abbildung zu.
4 Kopiere M1 und fertige daraus einen Comic mit Denk- und Sprechblasen zu den einzelnen Szenen an. Verwende auch Inhalte aus M2.
5 Überprüfe anhand von M2, ob Hunefer das Totengericht besteht. Schreibe ein abschließendes Gerichtsurteil, indem du besonders auf die Bedeutung der Herzenswägung (M1 und Verfassertext) eingehst. Nutze den **Wortschatz**.
Tipp: Auf S. 82/83 ist der gesamte Papyrus abgedruckt.
6 Recherchiere im Internet (siehe S. 93) die Vorstellung nach dem Tod bei anderen Religionen. Vergleiche sie mit denen der Ägypter. Findest du Gemeinsamkeiten und Unterschiede?

Üben

Stationenlernen: Warum war das alte Ägypten eine Hochkultur?

Du weißt schon einiges über das alte Ägypten. Hier kannst du an sieben Stationen weiterforschen. Finde heraus, warum wir das alte Ägypten zu den großen Hochkulturen in der Weltgeschichte zählen. Erarbeite selbstständig die Merkmale einer Hochkultur am Beispiel des alten Ägyptens.

(die) Hochkultur
Als Hochkultur bezeichnet man eine größere Gruppen von Menschen im Altertum, die gemeinsam in einem bestimmten Gebiet lebten. Wie in Ägypten lagen diese meist an Flüssen wie dem Jangtse (China), dem Indus (Indien/Pakistan) oder an Euphrat und Tigris (Türkei/Syrien/Irak).
Die Kennzeichen einer Hochkultur sind
- eine zentrale Regierung und Verwaltung,
- eine Unterteilung der Gesellschaft in verschiedene Gruppen – Befehle werden von den oberen an die unteren Gruppen erteilt,
- eine Arbeitsteilung innerhalb der Gesellschaft,
- die Verwendung einer Schrift,
- eine Zeitrechnung mithilfe eines Kalenders,
- eine gemeinsame Religion,
- weit entwickelte wissenschaftliche und technische Kenntnisse.

Regeln für das Stationenlernen

Für das Stationenlernen benötigst du einen Ordner/Schnellhefter. Beschrifte den Laufzettel mit deinem Namen und hefte ihn als erste Seite im Ordner ab. Dahinter kommen auf eigenen Blättern deine Aufzeichnungen zu den einzelnen Stationen.
Bearbeite die Arbeitsaufträge an einer Station in der angegebenen Reihenfolge. Schreibe immer die Aufgabenstellung ab, damit du deine Notizen später eindeutig zuordnen kannst.
Schreibe deine Ergebnisse gut lesbar und, wenn nicht anders angegeben, in ganzen Sätzen auf.
Wenn du eine Station bearbeitet hast, notierst du auf dem Laufzettel, wann – und bei einer Partnerarbeit mit wem – du daran gearbeitet hast.

M 1

Laufzettel:
Die Grundlage des Stationenlernens ist der Laufzettel. Er gibt dir einen Überblick über die Pflicht- und Wahlstationen.
Hier gibt es insgesamt acht Stationen: Du bearbeitest die ersten sechs Stationen (= Pflichtstationen). Aus den Wahlstationen wählst du mindestens eine aus. Die andere Wahlstation kannst du je nach Interesse und verbleibender Zeit bearbeiten. Eine bestimmte Reihenfolge bei der Bearbeitung musst du nicht einhalten.

Das alte Ägypten – eine Hochkultur?	bearbeitet am ... Partnerarbeit mit ...
Pflichtstationen	
Station 1	
Station 2	
Station 3	
Station 4	
Station 5	
Wahlstationen	
Station 6	
Station 7	

1 Erarbeite mithilfe der Informationen der Stationen der Merkmale einer Hochkultur am Beispiel von Ägypten.

2 Recherchiere zu weiteren Hochkulturen der Weltgeschichte. Erstelle eine Tabelle mit den Merkmalen einer Hochkultur und vergleiche sie mit denen des alten Ägyptens.

Station 1: Wie herrschte der Pharao?

cornelsen.de/webcodes
Code: wuqute
Pharaonen

Der Pharao regierte Ägypten

Die Könige im alten Ägypten nannten sich lange Zeit „Herr der beiden Länder". Damit waren Ober- und Unterägypten gemeint (siehe Karte S. 58). Erst seit Beginn des Neuen Reichs erhielten sie den Titel Pharao. Der Begriff Pharao bedeutet Königspalast. Als alleiniger Herrscher stand der Pharao an der Spitze des Staates und entschied mit unbegrenzter Macht über alle wichtigen Angelegenheiten: Er entschied als höchster Richter des Landes über alle wichtigen Entscheidungen und Gesetze und ernannte dabei die Beamten. Das gesamte Land mit Bodenschätzen gehörte ihm, er musste dafür Sorge tragen, dass die Bewässerung, Nahrungs- und Vorratsbeschaffung für sein Volk funktionierte. Im Krieg war es seine Pflicht, das Land und sein Volk zu beschützen. Dafür führte er die Armee an. All diese Aufgaben sollten die festgelegte Weltordnung schützen, dafür hatte der Pharao zu sorgen.

König oder Gott?

Die Ägypter fürchteten sich vor einer Welt, die in Unordnung und Chaos geriet. Sie sahen darin den Zorn der Götter, der sich in Hungersnöte und Naturkatastrophen widerspiegelte. Der Pharao, der seit etwa 2500 v. Chr. als Sohn des Sonnengottes Re verehrt wurde, galt dabei als Vermittler zwischen den Menschen und den Göttern. Deshalb war es die Aufgabe des Pharaos, die göttliche Weltordnung (siehe Maat-Prinzip S. 64/65) aufrechtzuerhalten, damit seine Untertanen vor allen Gefahren geschützt werden. Im Gegenzug musste die Bevölkerung dem Pharao dienen, z. B. bei den großen Bauvorhaben, und Abgaben leisten.

Herrschaftszeichen des Pharaos

Der Pharao wurde immer mit bestimmten Herrschaftszeichen dargestellt. Dazu gehörten das gestreifte Kopftuch (Nemes), das entweder allein oder mit der Krone getragen wurde. Tiersymbole wie die Kobra (für die Göttin Unterägyptens) oder der Geier (für die Göttin Oberägyptens) stehen für die Beschützerfunktion des Pharaos für sein Volk. Ein künstlicher Bart am Kinn brachte die besondere Kraft des Pharaos zum Ausdruck. Häufig zeigen die Darstellungen den König auch mit einem gekrümmten Hirtenstab und einer Geißel (einer Art Peitsche oder Fliegenwedel) in den Händen. Die genaue Bedeutung dieser Zeichen ist unklar; Forscher vermuten, dass die Geißel ein Symbol für die Schutzfunktion des Pharaos für das Volk ist und der Hirtenstab für die königliche Macht steht.

(die) Monarchie
(griech. monos = einzig und archein = herrschen) bedeutet wörtlich übersetzt „Alleinherrschaft" und beschreibt eine Staatsform, in der eine einzelne Person adliger Herkunft (zum Beispiel eine Königin, ein Kaiser, ein Fürst) in der Regel auf Lebenszeit die Herrschaft ausübt. Das alte Ägypten war eine Monarchie.

M 1

Oberer Teil des Sarkophags des Pharaos Tutanchamun, 1323 v. Chr.

1 Zeichne die Totenmaske des Tutanchamun (M1) in dein Heft.
2 Arbeite aus dem Text die Herrschaftszeichen eines Pharaos und deren Bedeutungen heraus und markiere sie an deiner Zeichnung.
3 Erkläre, wie der Pharao herrschte, indem du seine Rechte und Pflichten gegenüberstellst.
4 Überprüfe, welche Sichtweise die alten Ägypter auf den Pharao und sein Amt hatten.
Nutze den **Wortschatz**.

Wortschatz: die Herrschaft ausüben • allein herrschen • wie ein Gott verehrt werden • die Herrschaftszeichen tragen • Herrschaftszeichen stehen für die Macht • Weltordnung aufrechterhalten • Vermittler zwischen Menschen und Göttern • Maat-Prinzip • göttliche Weltordnung • Schutz vor Lüge und Chaos

Station 2: Wie war die ägyptische Gesellschaft aufgebaut?

M 1

Getreidespeicher mit Bauern und Beamten, Modell aus Holz, Ton und Leinen, um 2000 v. Chr.

M 2

Bäcker und Bierbrauer, Holzmodell, um 2000 v. Chr.

Eine „hierarchische*" Gesellschaft

An der Spitze der ägyptischen Gesellschaft stand der Pharao mit seiner Familie. Danach folgten die Mitglieder der Herrscherfamilie und eine kleine Gruppe ausgewählter Berater. Sie lebten ständig am Königshof, wurden vom Pharao in wichtige politische Ämter gewählt und berieten ihn. Sie hatten viele Vorteile, wie luxuriöse Häuser, Diener und Schätze, und berieten den Pharao in allen wichtigen Fragen. Die Mehrheit der Bevölkerung bildeten Bauern, Handwerker und Arbeiter. Sie bildeten die untere Schicht der ägyptischen Gesellschaft und waren für den Anbau der Felder und die Viehzucht zuständig. Sie hatten wenig politische Macht oder Einfluss. Etwas höher gestellt, aber dennoch zur untersten Schicht gehörend, waren Händler, die im Auftrag des Pharaos wichtige Rohstoffe aus anderen Ländern besorgten (zum Beispiel Holz zum Palast- und Schiffsbau). Je mehr sich das Reich ausdehnte, desto wichtiger wurden auch die Soldaten. Auch sie stammten aus der unteren Gesellschaftsschicht. Zwischen der Führungsschicht um den Pharao und der unteren Gesellschaftsschicht bildeten die Beamten eine Mittelschicht. Die Beamten gaben Befehle und Aufträge von oben nach unten an Händler, Bauern, Arbeiter und Handwerker weiter. Sie überwachten die Ausführung der Befehle und erstatteten regelmäßig Bericht darüber nach oben. Der oberste Beamte hieß Tschati oder Wesir. Die Priester waren sehr angesehen. Manche gehörten zur unteren Gesellschaftsschicht und leisteten in Tempeln einfache Hilfsdienste oder sprachen Gebete bei der Totenbestattung. Es gab aber auch höher gestellte Priester, die in großen Tempeln arbeiteten. Einige lebten als einflussreiche Berater direkt am Königshof. Männer und Frauen konnten Priester werden. In der ägyptischen Gesellschaft hatte jeder seinen festen Platz, der meist schon mit der Geburt feststand: Die Kinder eines Bauern wurden Bauern, die Kinder der Handwerker oder Beamten lernten meistens den Beruf ihres Vaters.

Wortschatz: die Steuer schätzen • jemanden beauftragen • Bericht erstatten • einen höheren/niedrigeren Rang haben • zu einer höheren/niedrigeren Schicht gehören • die Bevölkerungsmehrheit • in der Hierarchie über/unter jemandem stehen • das Reich verwalten • das Ansehen der Priester • Versorgung des Volks • Ernte einbringen • Ackerbau betreiben

Die Rolle der Frau

Die ägyptischen Frauen waren den Männern in vielen Bereichen gleichgestellt. Sie konnten selbst Eigentum besitzen, handeln, und Berichten zufolge gab es sogar Frauen, die ihre eigenen Geschäfte geführt haben. Je nach zugehöriger Schicht hatten die Frauen auch Zugang zu Bildung. Einige Frauen besuchten Schulen und erlernten das Lesen und Schreiben. Trotz dieser Rechte hatten die Frauen auch Einschränkungen. Frauen aus den unteren und mittleren Gesellschaftsschichten hatten nicht das Recht, in politische Ämter gewählt zu werden oder als Beamtin zu arbeiten. Dennoch konnten sie wie die Männer auch Priester werden.

M3

Getreide wird gemahlen.
Bemalte Kalksteinfigur, um 2400 v. Chr.

M4

Ein Priester mit der Maske von Anubis (Gott der Mumifizierung) bietet der Mumie eine Schale mit Weihwasser an, Malerei aus dem Grab des Inherkha, ca. 1186–1070 v. Chr.

M5

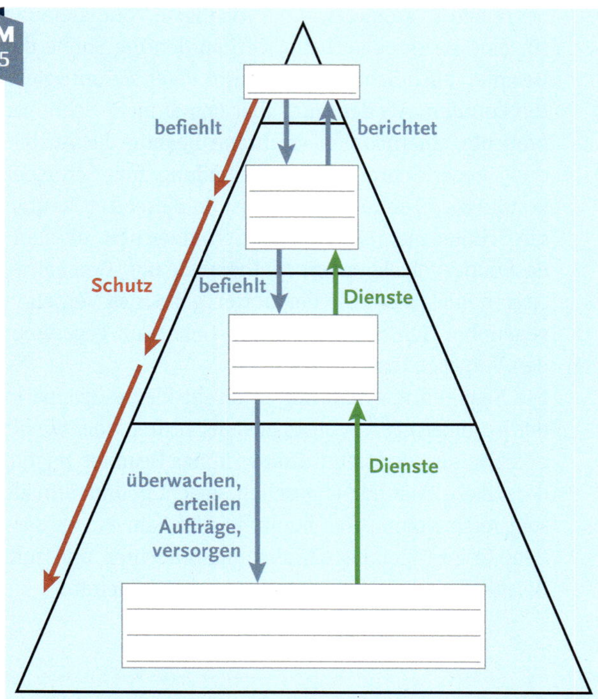

Die ägyptische Gesellschaft

1 Die ägyptische Gesellschaft wird oft mit einer Pyramide verglichen. Zeichne das Schaubild M5 in dein Heft. Finde anschließend im Darstellungstext alle Personen oder Gruppen der ägyptischen Bevölkerung und trage sie an der richtigen Stelle in dein Schaubild ein.
▸ Hilfe

2 Ordne die in M1 bis M4 dargestellten Personen begründet in dein erstelltes Schaubild ein. Suche auf den anderen Seiten des Kapitels Ägypten weitere Personen und ordne sie begründet in das Schaubild ein.

3 Tim behauptet: „Bauern und Arbeiter gehörten zur untersten Schicht der Gesellschaftspyramide, weil sie für die Gesellschaft im alten Ägypten überhaupt nicht wichtig waren.“ Stimmst du Tim zu? Schreibe eine Antwort und nimm den **Wortschatz** zu Hilfe.

Video: *Gesellschaftspyramide Ägypten*

Station 3: Was wäre der Pharao ohne seine Beamten?

M 1

Zwei Ausschnitte einer Wandmalerei aus dem Grab des ägyptischen Beamten Mennah, ca. 1400 v. Chr. Mennah war unter Pharao Thutmosis IV. als Beamter in der Landwirtschaft tätig.

Der Pharao herrscht durch seine Beamten

Damit der Pharao ein so großes Reich wie Ägypten verwalten konnte, brauchte er die Hilfe von gut ausgebildeten Beamten. Die Beamten konnten, im Gegensatz zu den meisten Ägyptern, lesen und schreiben. Deshalb wurden die Beamten auch einfach nur „Schreiber" genannt.

Der oberste Beamte war der Wesir. Er war der Stellvertreter des Pharaos und überwachte die jedes Jahr notwendigen Feldvermessungen nach der Nilschwemme und die gesamten Steuereinnahmen des ägyptischen Staates. Regelmäßig erstattete der Wesir dem Pharao über alle wichtigen Ereignisse und Entscheidungen Bericht. Dem Wesir unterstanden alle anderen höheren und niederen Beamten in den Provinzen, den Städten und den Dörfern. Von oben nach unten wurden so die Befehle des Pharaos im ganzen Land weitergegeben.

Die Aufgaben der Beamten:

- die Einhaltung der Gesetze kontrollieren
- Viehzählungen, Wasser- und Landzuteilungen durchführen
- die Getreideabgaben der Bauern an den Pharao kontrollieren
- die Arbeit der Handwerker und Arbeitskräfte auf den Großbaustellen überwachen
- die Großbaustellen des Pharaos überwachen: Kontrolle der Arbeiter und Handwerker und deren Versorgung mit Lebensmitteln und Kleidung
- Ausbildung und Einsatz der Soldaten

Die Ausbildung und das Ansehen der Beamten

Schreiben zu können war die wichtigste Voraussetzung für eine Beamtenlaufbahn. Oft wurden die Söhne der Beamten auch Schreiber, weil ihre Väter sie unterrichten konnten. Als der Staat aber immer mehr Schreiber brauchte, übernahmen erfahrene Beamte die Ausbildung neuer Schreiber. Die Ausbildung zum Schreiber konnte bis zu zehn Jahre dauern. In dieser Zeit lernten die Schüler mehrere hundert Schriftzeichen, die Landeskunde von Ägypten, Mathematik und Geometrie, Astronomie, die Feste der Götter, gerechtes Verhalten gegenüber den Schwachen und Gehorsam gegenüber den Vorgesetzten.

Die Beamten machten nur eine sehr kleine Gruppe in der Bevölkerung Ägyptens aus. Inschriften oder die oft prächtig ausgestatteten Gräber hoher Beamter zeigen, dass diese Männer angesehen, mächtig und oftmals sehr reich waren. Aber immer wieder kam es vor, dass Beamte ihre Stellung für sich missbrauchten und zum Beispiel Steuern und Abgaben für sich behielten.

Wortschatz: das Reich verwalten • Stellvertreter von jemandem sein • jemanden vertreten • Bericht erstatten • über etwas informieren • einen Befehl geben • das Bauwerk errichten • die Gesetze einhalten • Abgaben leisten • die Felder vermessen • die Ausbildung • jemanden ausbilden • die Beamtenlaufbahn

M 2

Schreiberstatue eines Beamten, Kalkstein, um 2450 v. Chr.

M 3

Ratschläge eines Schreibers an seinen Sohn (um 2000 v. Chr.):

Ich lasse dich die Schriften mehr lieben als deine Mutter. Ich führe dir ihre Schönheit vor Augen; sie ist größer als die aller anderen Berufe; und im ganzen Land gibt es nichts, was ihnen gliche. Kaum hat ein Schriftkundiger angefangen heranzuwachsen – er ist noch ein Kind –, so wird man ihn grüßen und als Boten senden; er wird nicht zurückkommen, um sich in den Arbeitsschurz zu stecken ... Ich habe den Erzarbeiter bei seiner Arbeit beobachtet, an der Öffnung seines Schmelzofens. Seine Finger sind krokodilartig, er stinkt mehr als Fischlaich ... Der Steinmetz graviert mit dem Meißel in allerlei harten Steinen. Hat er die Arbeit vollendet, so versagen ihm seine Arme und er ist müde; wenn er sich abends hinsetzt, sind seine Knie und sein Rücken gebrochen. Der Barbier schert noch spät am Abend ... Der Töpfer steckt in seinem Lehm; der beschmiert ihn mehr als ein Schwein ... Siehe, es gibt keinen Beruf, in dem einem nicht befohlen wird, außer dem des Beamten; da ist er es, der befiehlt. Wenn du schreiben kannst, wird dir das mehr Nutzen bringen als alle die Berufe, die ich dir dargelegt habe.

*Zit. nach Friedrich Wilhelm v. Bissing, Altägyptische Lebensweise, München (Artemis) 1955, S. 57 ff.**

1 Stelle die Aufgaben der Beamten mithilfe des Darstellungstextes in Form einer Mind-Map dar.

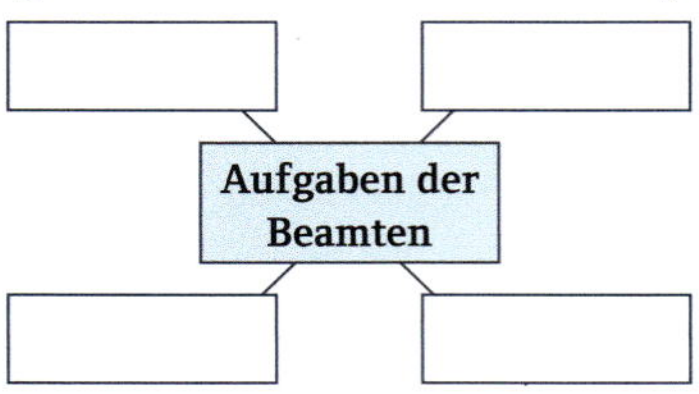

Du kannst die Mind-Map auch digital erstellen (→ S. 197).

2 **Methode:** Untersuche mithilfe der Arbeitsschritte „Eine Bildquelle auswerten“ auf S. 63 die Bilder in M1. ▸ Hilfe

3 **Methode:** Überprüfe M1 anhand der Arbeitsschritte „Eine Bildquelle auswerten“ auf S. 63, welche typischen Aufgaben eines Beamten abgebildet werden. Nutze den **Wortschatz**. ▸ Hilfe

4 **a)** Arbeite heraus, wie der Verfasser von M3 versucht, seinen Sohn von dem Beruf des Schreibers zu überzeugen.
b) Vergleiche die Darstellung des Schreibers in M2 mit den Aussagen in M3.

5 **Wähle eine Aufgabe aus:**
a) Der Wesir sucht neue Beamte: Schreibe eine Stellenausschreibung für die gesuchten Beamten, in der die Eigenschaften und Voraussetzungen aufgeführt sind, die die neuen Beamten haben müssen. **Tipp** → S. 190.
b) Erstelle für eine Schreiberschule in Ägypten einen Werbeflyer. In dem Flyer könnte stehen, was die Ägypter lernen, welche Tätigkeiten sie später verrichten und warum der Beruf des Beamten für den Pharao so wichtig war. ▸ Hilfe

Station 4: Wie bearbeiteten die Ägypter ihr Land?

M1

Szenen landwirtschaftlicher Arbeit, Malerei aus dem Grab des Nacht, um 1425 v. Chr.

Die Bildquelle M1 lässt sich in sieben Teile gliedern. Alle Teile zeigen die Arbeit auf dem Feld während der Aussaat.

Start: Der erste Teil des Bildes befindet sich oben rechts ①. Hier erschließen zwei Bauern neues Land, um Felder anzulegen. Dazu rodet ein Bauer die Bäume mit einer einfachen Axt. Der andere schneidet das hohe Gras zurück und befreit den Boden von Unkraut.

A Dem linken Bauern folgt ein anderer Bauer, der das Getreide aussät. Er streut die Körner auf den vorbereiteten Ackerboden. In einer kleinen Tasche bewahrt er das Saatgut auf.

B Im Hintergrund kniet ein Bauer unter einem Baum, an dem ein Wasserbehälter aufgehängt ist. Er ist durstig und trinkt. Darunter befinden sich Vorratsbehälter, die Nahrung und Wasser für die Verpflegung der Bauern enthalten. Die Ägypter mussten die harte Feldarbeit zur heißesten Zeit des Jahres verrichten.

C In der linken unteren Hälfte der Bildquelle sieht man drei Bauern. Einer von ihnen streut Körner auf das Feld. Er trägt ein Weidentäschchen mit Saatgut in seiner Hand. Ihm gegenüber stampfen zwei Bauern in gebückter Haltung die Körner mit langstieligen Hämmern in die aufgelockerte Erde.

D In den Körben und Krügen vor ihm befinden sich vermutlich Getreide und Früchte, die auf den Feldern geerntet werden.

E Auf der anderen Seite der oberen Bildhälfte bereiten zwei Bauern den Boden vor, indem sie ihn mit Grabstöcken auflockern. Sie arbeiten in gebückter Haltung und halten ihre Grabstöcke mit beiden Händen fest, was auf eine schwere Tätigkeit schließen lässt. Der Boden war oftmals stark ausgetrocknet von der Sonne, sodass die Bauern sich körperlich stark anstrengen mussten. Am Rand liegt ein kleiner Teich, der vermutlich für die Bewässerung der Felder genutzt wird.

F Im Gegensatz zu den Bauern, die alle nur mit einem weißen Lendenschurz bekleidet sind, trägt der Beamte rechts im Bild ein weißes Gewand. Er beaufsichtigt die Feldarbeit.

G Unten, in der Mitte der Bildquelle, sind zwei Bauern abgebildet, die das Feld pflügen. Ihre Pflüge werden jeweils von einem Rind gezogen. Blieb der Pflug im Boden stecken, mussten die Ägypter selbst große Kraft aufwenden, um den Pflug wieder aus der Erde zu befreien.

M 2

Der griechische Geschichtsschreiber Herodot (um 484–425 v. Chr.) berichtete nach einer Ägyptenreise:

Denn es ist klar und der Verständige sieht es, ohne dass man es ihm sagt, dass die Gebiete Ägyptens, die von den Hellenen [Griechen] besucht werden, neugewonnen und ein Geschenk des Stromes [Nil] sind …

Heute freilich gibt es kein Volk auf der Erde, auch keinen Landstrich in Ägypten, wo die Früchte des Bodens so mühelos gewonnen werden wie hier. Sie [die Bauern] haben nicht nötig, mit dem Pfluge Furchen in den Boden zu ziehen, ihn umzugraben und die anderen Feldarbeiten zu machen, mit denen die übrigen Menschen sich abmühen. Sie warten einfach ab, bis der Fluss kommt, die Äcker bewässert und wieder abfließt. Dann besät jeder sein Feld und treibt die Schweine darauf, um die Saat einzustampfen, wartet ruhig die Erntezeit ab, drischt das Korn mithilfe der Schweine aus und speichert es auf.

*Hans Wilhelm Haussig (Hg.), Herodot, Gesamtausgabe, 2. Buch, 4. Aufl., Stuttgart (Kröner) 1971, S. 108 ff. Übers. v. August Horneffer.***

1 Beschreibe das Wandbild M1 mithilfe der Bildbeschreibungen A bis G. Der Beginn mit 1 ist bereits im Einführungstext vorgenommen worden, folge den Zahlen in der Abbildung.

2 **a)** Nenne mithilfe des Bildes M1, welche Arbeiten die Bauern verrichten mussten. Überprüfe, inwiefern die Arbeiten anstrengend für die Ägypter waren.

b) Arbeite aus M2 heraus, was du von Herodot über das Leben der Bauern erfährst. **Tipp** → S. 190.

c) Vergleiche die Quellen M1 und M2 über das Leben der Bauern.

3 Auf seiner Ägyptenreise kommt Herodot ins Gespräch mit einem Bauern. Dieser erklärt ihm seine Arbeit. Verfasse diesen Dialog.
Nutze den **Wortschatz**.

Wortschatz: Landwirtschaft betreiben • das Feld anlegen • die Bäume roden • die Erde auflockern • der Pflug • pflügen • das Getreide dreschen • das Korn zu Mehl mahlen • etwas vorrätig halten • körperliche Anstrengung • hohe Temperaturen

Station 5: Wie bauten die Ägypter Pyramiden?

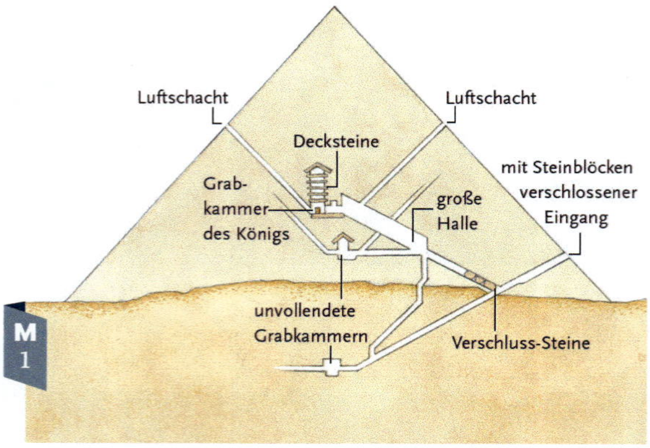

Querschnitt durch die Cheops-Pyramide

Ein Haus für die Ewigkeit

Die Pyramiden waren vor allem Gräber für die Pharaonen. Starb ein Pharao, so stieg er nach den Vorstellungen der Ägypter auf einer Himmelsleiter zu den Sternen auf und wurde selbst zu einem Gott. Im 3. Jahrtausend vor Christus ließen sich die Könige in Pyramiden bestatten, später fanden die Herrscher ihre letzte Ruhe in verborgenen, unterirdischen Begräbnisstätten im „Tal der Könige und Königinnen" (siehe S. 58, M1).

Die Ägypter legten ihre Gräber als „Häuser für die Ewigkeit" an, denn sie glaubten an ein Weiterleben nach dem Tod. Im Inneren der Pyramide befanden sich die Grabkammern, in denen prächtige Wandmalereien, Speisen, Kleider, Möbel, Schmuck, Geschirr, Waffen und Spiele zu finden waren.

Die Cheops-Pyramide – ein Weltwunder?

Die drei größten Pyramiden wurden um 2500 v. Chr. in Giseh erbaut, dort, wo heute der Stadtrand von Kairo ist. Die größte und älteste von ihnen ist die Cheops-Pyramide. Sie hat eine quadratische Grundfläche von 230 mal 230 Metern und war ursprünglich 146 Meter hoch. Etwa 2,3 Millionen Steinblöcke wurden in ihr verbaut, von denen einer durchschnittlich 2,5 Tonnen wiegt. Im Inneren der Pyramide finden sich sogar Granitblöcke mit einem Gewicht von fast 50 Tonnen. Zum Vergleich: Ein Auto wiegt 1,5 Tonnen. In der Antike zählte man die Pyramide für den Pharao Cheops zu den sieben Weltwundern – bis heute ist sie eines der gewaltigsten Steinbauwerke der Erde.

Wer baute die Pyramiden?

Da der Bau der Pyramiden sehr lange dauerte, erteilten die Pharaonen bereits zu Beginn ihrer Herrschaft den Befehl zum Bau. Die oberste Bauleitung hatte der Wesir. Er war auch für den Transport des Baumaterials aus den Steinbrüchen im Süden Ägyptens verantwortlich. Da die Pyramiden mit einfachen Werkzeugen (Hammer, Meißel, Säge, Beil und Schleifstein) gebaut wurden, brauchte man sehr viele Arbeiter. Sie wohnten in eigens angelegten Siedlungen bei den Pyramiden und den Steinbrüchen.

Ob die Ägypter freiwillig beim Bau der Pyramiden mitgeholfen haben, ist nicht eindeutig zu beantworten. Für die meisten einfachen Arbeiter war der Bau an den Pyramiden vermutlich verpflichtend und vergleichbar mit dem Bezahlen von Steuern. Denkbar ist auch, dass die Arbeit als Dienst für den Pharao angesehen wurde, den sie als Gott und Herrscher verehrten.

Welche Technik wurde angewandt?

Es gibt heute viele Theorien, die erklären wollen, wie die Ägypter die tonnenschweren Steinblöcke zu riesigen Pyramiden aufbauen konnten. Vermutlich wurden die Steinblöcke mithilfe von Rundhölzern auf langen, ansteigenden Rampen aus Schutt und Sand nach oben gezogen. Wie diese Rampen aber aussahen, ist umstritten. Eine Theorie geht davon aus, dass die Ägypter eine lange Rampe gebaut haben, die mit der Höhe der Pyramide immer weiter vergrößert wurde. Über diese Rampe sollen die Arbeiter die Steine auf die Pyramide gezogen haben. Das Problem dieser Theorie ist, dass die Rampe Berechnungen zufolge dann aber mehr als drei Kilometer lang gewesen wäre und fast zehnmal so viel Baumaterial wie die eigentliche Pyramide benötigt hätte.

Eine andere Theorie stellt der Architekt Jean-Pierre Houdin 2007 vor (M3).

Wortschatz: das Bauwerk errichten • die Gräber ausstatten • eine Theorie aufstellen • Steinblöcke über eine Rampe nach oben ziehen • im Inneren der Pyramide befinden sich • die Grabkammern sind mit langen, schmalen Gängen verbunden • etwas mit Steinblöcken verschließen • durch etwas geschützt sein

M 2

Der griechische Geschichtsschreiber Herodot (um 485–425 v. Chr.) über den Bau der Cheops-Pyramide:

Cheops hat das Land ins tiefste Unglück gestürzt … Er hat alle Ägypter gezwungen, für ihn zu arbeiten. Die einen mussten aus den Steinbrüchen im arabischen Gebirge Steinblöcke bis an den Nil schleifen. Über den Strom wurden sie auf Schiffe gesetzt und andere mussten die Steine weiterziehen bis hin zu den sogenannten libyschen Bergen. Hunderttausend Menschen waren es, die daran arbeiteten und alle drei Monate abgelöst wurden. So wurde das Volk bedrückt, und es dauerte zehn Jahre, ehe nur die Straße gebaut war, auf der die Steine dahergeschleift wurden, ein Werk, das mir fast ebenso gewaltig scheint wie der Bau der Pyramide selber. Denn die Straße ist fünf Stadien [890 m] lang, zehn Klafter [14,4 m] hoch und aus geglätteten Steinen hergestellt, in die Tiergestalten eingemeißelt sind … An der Pyramide selber wurde zwanzig Jahre gearbeitet.

*Hans Wilhelm Haussig (Hg.), Herodot, Gesamtausgabe, 2. Buch, 4. Aufl., Stuttgart (Kröner) 1971, S. 164. Übers. v. August Horneffer.***

M 3

Der Bau der Cheops-Pyramide nach der Theorie des französischen Architekten Jean-Pierre Houdin. Rekonstruktionszeichnung, 2019. Zuerst wurden die Steinblöcke für die unteren Schichten der Pyramide auf einer Außenrampe nach oben transportiert. Die Steinblöcke für den oberen Teil der Pyramide wurden über leicht ansteigende, spiralförmig angeordnete Gänge innerhalb der Pyramide nach oben gezogen. Das Material der Rampen wurde nach und nach auch zum Bau der Pyramiden verwendet.

1 **Recherche:** Begründe mithilfe des Darstellungstextes und M1, warum die Cheops-Pyramide in der Antike als ein „Weltwunder" bezeichnet wurde. Welche weiteren Weltwunder kennst du? Recherchiere im Internet (Arbeitsschritte → S. 93).
▸ Hilfe

2 **a)** Beschreibe den inneren Aufbau der Cheops-Pyramide M1.
b) Erkläre, wie die Ägypter versuchten, die Grabkammern des Pharaos zu schützen. Nutze den **Wortschatz**.

3 **Partnerarbeit:** Untersucht, wie die Pyramiden gebaut wurden.
Partner 1: Arbeite heraus, wie Herodot den Weg des Baumaterials zur Pyramide beschreibt. Beachte hierzu auch die Karte M1 auf S. 58.
Partner 2: Erläutere mithilfe von M3 die Theorie von Jean-Pierre Houdin zum Bau der Cheops-Pyramide.

4 Ein Bauer hilft während der Flutzeit beim Pyramidenbau und will mithilfe eines Schreibers seiner Familie darüber berichten. Gestalte diesen Brief.

cornelsen.de/webcodes
Code: riwaho
Cheops-Pyramide

Wahlstation 6: Warum gab es Mumien?

Die Technik der „Mumifizierung“

Für den Glauben an ein Weiterleben nach dem Tod war es für die Ägypter wichtig, dass der Körper erhalten blieb. Die Seele, die nach dieser Vorstellung den Körper beim Tod verließ, konnte so in den Körper zurückkehren. Aus diesem Grund begannen die Ägypter damit, die Leichen zu mumifizieren. Das war eine Methode, die Leichen vor Verwesung zu schützen.

Die ärmere Bevölkerung bestattete ihre Verstorbenen in einfachen Gruben im trockenen, salzhaltigen Wüstensand. Das führte dazu, dass die Leichen austrockneten und auf natürliche Weise mumifiziert wurden. Die reicheren Ägypter begannen ab etwa 2500 v. Chr. damit, ihre Toten aufwendiger zu mumifizieren und in Holzsärgen zu bestatten.

M1

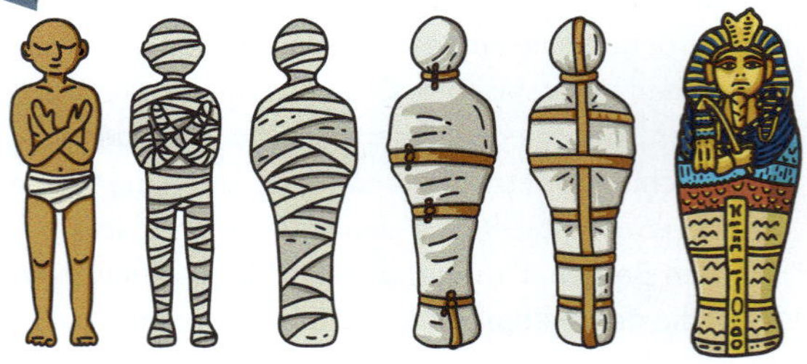

Rekonstruktion der Mumifizierung

M2

Der griechische Geschichtsschreiber Herodot (um 485–425 v. Chr.) über die Mumifizierung:

Es gibt besondere Leute, die dies berufsmäßig ausüben. Zu ihnen wird die Leiche gebracht … Zunächst wird mittels eines eisernen Hakens das Gehirn durch die Nasenlöcher herausgeleitet, teils auch mittels eingegossener Flüssigkeiten. Dann macht man mit einem scharfen … Stein einen Schnitt in die Leiche und nimmt die ganzen Eingeweide [mit Ausnahme des Herzens] heraus. Sie werden gereinigt, mit Palmwein und dann mit geriebenen Gewürzen durchspült. Dann wird der Magen mit reiner geriebener Myrrhe, mit Zimt und mit anderem Räucherwerk … gefüllt und [der Bauch] zugenäht. Nun legen sie die Leiche ganz in Natronlauge, siebzig Tage lang … Sind sie vorüber, so wird die Leiche gewaschen, der ganze Körper mit Binden von Leinwand umwickelt und mit Gummi bestrichen, was die Ägypter anstelle von Leim zu verwenden pflegen. Nun holen die Angehörigen die Leiche ab, machen einen hölzernen Sarg in Menschengestalt und legen die Leiche hinein.

*Hans Wilhelm Haussig (Hg.), Herodot, Gesamtausgabe, 2. Buch, 4. Aufl., Stuttgart (Kröner) 1971, S. 145 f. Übers. v. August Horneffer.**

M3

Mumien „in Ruhe lassen“?

Für Verstorbene gilt bei uns ein besonderer Schutz: Ihr Leichnam oder ihre Gräber müssen „in Ruhe gelassen“ werden. Gilt diese Totenruhe auch für Mumien? Der Ägyptologe Dietrich Wildung antwortete 2007 so:

Ich glaube, wir sollten gerade bei den ägyptischen Mumien berücksichtigen, wie die Mumifizierung von den Ägyptern selbst gesehen wurde. Sie wurde nicht abgebildet, es wurde wenig darüber geschrieben … Ich glaube, dass Tod und Sterben eine zutiefst private, eine zutiefst persönliche Angelegenheit sind, die nicht vor die Augen einer breiten Öffentlichkeit gezogen werden sollte.

*https://www.deutschlandfunkkultur.de/mumien-pornografie-in-mannheim.945.de.html?dram:article_id=132615, zuletzt abgerufen am 13. Juli 2023**

1 Beschreibe mithilfe von M1 und M2 die Arbeitsschritte zur Mumifizierung einer Leiche. Gliedere deine Beschreibung so: 1. Schritt …, 2. Schritt … usw.

2 Erkläre mithilfe des Darstellungstextes und M2 die Bedeutung der Mumifizierung für die Ägypter. Beachte dabei die Inhalte zum Totengericht (siehe S. 64/65). Nutze den **Wortschatz**.

3 Darf man ausgewickelte Mumien in einem Museum ausstellen? Nimm mithilfe von M3 zu der Frage Stellung und beachte die Sichtweise der Ägypter auf die Totenruhe. ▸ Hilfe

Wortschatz: den Körper erhalten • mumifizieren • einen Toten bestatten • vor Verwesung schützen • für Herzenswägung • Maat • Speicher guter und schlechter Taten

Wahlstation 7: Handel mit den Nachbarn – Chance und Risiko

M1 *Ein ägyptisches Schiff wird in Punt zur Heimfahrt beladen, Nachzeichnung eines Reliefs aus dem Totentempel der Pharaonin Hatschepsut in Deir el-Bahari, um 1450 v. Chr. Nach der Rückkehr der Schiffe wurden die Waren an einem Hafen am Roten Meer auf der Höhe der ägyptischen Hauptstadt Theben ausgeladen (siehe Karte S. 58). Von dort benötigte eine Kamelkarawane fünf Tage bis nach Theben. Die Karawanen waren oft mit wertvollen Waren beladen, die eine leichte Beute für Räuber und Plünderer darstellten.*
Beim Bau von Schiffen waren die Ägypter erfinderisch. Ab 3000 v. Chr. verwendeten sie eine Neuerung im Schiffbau: das Segel. So konnten sie den Wind, der fast das ganze Jahr vom Mittelmeer nach Süden bläst, nutzen, um gegen die Strömung zu fahren. Auf dem Weg nach Norden nutzten die Ägypter die Strömung des Nils, außerdem halfen Ruderer. Das Holz für die Boote besorgten sich die Ägypter durch Handel. Es kam aus den Gebirgen des heutigen Libanon.

Die Handelsreisen der Pharaonin Hatschepsut

Wir wissen besonders gut Bescheid über die ägyptischen Handelskontakte unter Pharaonin Hatschepsut (1479–1458 v. Chr.). Sie nahm die Handelsbeziehungen zu den Nachbarn wieder auf, die lange Zeit unterbrochen waren, weil über hundert Jahre lang fremde Herrscher Ägypten besetzt hatten.
Während Hatschepsuts Regierungszeit fuhren mehrfach Schiffe über das Rote Meer nach Süden in das Land Punt, das vermutlich dort lag, wo sich heute die Länder Somalia, Eritrea und Äthiopien befinden.
Die Ägypter importierten aus Punt Weihrauch für die Opfergaben in den Tempeln. Sie kauften auch Weihrauchbäume, um sie am Nil anzupflanzen und das begehrte Harz für die Herstellung von Weihrauch selbst ernten zu können. Weitere Produkte waren schweres schwarzes Ebenholz, Elfenbein, Straußenfedern, Tigerfelle für die Herrscher, Gold, Silber, Speisesalz und Augenschminke. Auch lebende Tiere waren auf den Schiffen dabei: Windhunde und Paviane. Die Handelsbeziehungen führten nicht nur zur Beschaffung luxuriöser Güter, sondern sorgten auch für einen kulturellen Austausch. Durch den Handel wurde das Wissen und die Kunst der Ägypter in andere Länder verbreitet.

Handel als Risiko

Der Handel über weite Entfernungen war voller Risiken. Handelspartner, denen man vertrauen konnte, mussten erst gefunden werden. Daher nahmen die Kapitäne und Händler auch Geschenke für mögliche Handelspartner mit. Aber ihre Schiffe konnten auch im Sturm untergehen oder von Piraten ausgeplündert werden, und dann waren alle Einkäufe verloren, was einen finanziellen Verlust für Ägypten darstellte. Zudem war die Planung und die Durchführung der Reisen äußerst kostspielig. Ebenfalls konnten die Handelsbeziehungen zu anderen Staaten problematisch werden, wenn die Beziehungen endeten und die Handelspartner kostbare Waren beschlagnahmten.

Wortschatz: Handel treiben mit • ein verlässlicher Handelspartner • ein Risiko eingehen • Waren einführen/importieren • kultureller Austausch • luxuriöse Güter • finanzieller Verlust • Handelspartner verlieren

1 Beschreibe M1. Welche der im Darstellungstext genannten Waren kannst du erkennen?
2 Arbeite die Chancen und Risiken der Handelsbeziehungen von den Ägyptern heraus. Nutze den **Wortschatz**.

Herrscherbildnisse erschließen

Herrscherbildnisse stellen eine besondere Art von Quelle dar. Sie sind meist in Auftrag gegeben worden, um den regierenden Herrscher oder die Herrscherin auf eine besondere Weise darzustellen. Welches Bild haben Herrscher und Herrscherinnen von sich für ihre Untertanen und für die Nachwelt entworfen?

- ***Untersuche hier, auf welche Weise sich die Pharaonin Hatschepsut darstellen ließ, welche Aussage damit verbunden war und wie sie ihren Herrschaftsanspruch rechtfertigt.***

M1

Granit-Statue der Pharaonin Hatschepsut aus dem Amuntempel in Karnak, Höhe 1,77 Meter

M2

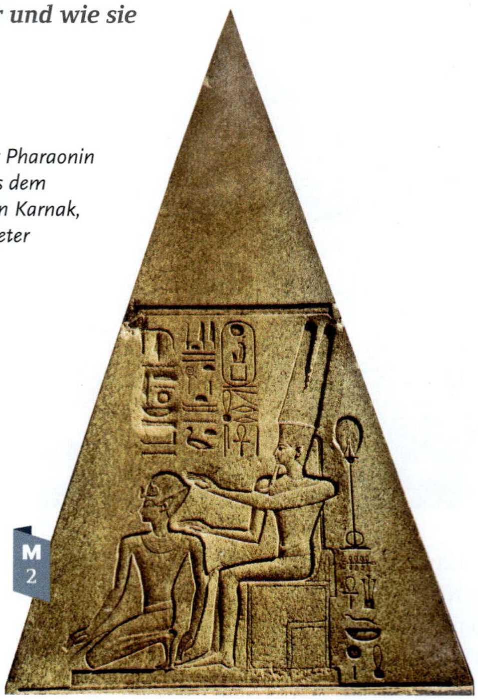

Krönung Hatschepsuts durch Gott Amun. Amun war der Hauptgott von Theben und galt als König der Götter. Er wurde auch mit dem Sonnengott Ra gleichgesetzt. Ausschnitt aus der einst vergoldeten Obeliskenspitze. Die Pharaonin ließ den 30 m hohen Pfeiler während ihrer Regierungszeit in Karnak im Großen Tempel des Amun aufstellen.

M3

Pharaonin Hatschepsut in einer Tempelinschrift über ihre Herrschaft:

Amun, der Herr der Throne beider Länder, veranlasste, dass ich zur Belohnung das Rote Land und das Schwarze Land [Ober- und Unterägypten] regiere. Niemand rebelliert gegen mich in all meinen Ländern. Alle fremden Länder sind mir untertan … ich bin wahrhaftig seine Tochter, die ihm dient und die weiß, was er befiehlt. Meine Belohnung von meinem Vater ist die Herrschaft auf dem Horusthron aller Lebenden, wie Re auf ewig.

Zit. nach Joyce Tyldesley, Töchter der Isis. Die Frau im alten Ägypten, München (Heyne) 1998, S. 253 © Limes, München. Übers. von Christa Broermann und Andreas Kann.

Arbeitsschritte „Herrscherbildnisse erschließen“

Einzelne Elemente beschreiben	Lösungshinweise zu M1
1. Welche Art von Kunstwerk liegt hier vor (z. B. Statue, Vase, Gemälde, Fotografie)?	• *Es handelt sich um …*
2. Aus welchem Material ist es gemacht? Wie groß ist das Kunstwerk?	• *aus Granit, einem harten Gestein …*
3. Wer ist dargestellt?	• *Pharaonin …*
4. Welche Einzelheiten kannst du beschreiben (Körperhaltung, Gesichtsausdruck, Aussehen, Herrschaftszeichen)?	• *Das Gesicht wird umrahmt von …* • … • *Sie trägt einen künstlichen Bart …*
5. Was erscheint dir merkwürdig oder fremd?	*Tipp: Vergleiche auch mit M4.* • …
Die Beschriftung auswerten und weitere Informationen hinzuziehen	
6. Welche Hinweise gibt die Bildunterschrift?	• *Die Statue ist … hoch. Sie befindet sich …*
7. Welche Bedeutung haben die Einzelheiten (z. B. Herrschaftssymbole, Körperhaltung …)?	• *Der künstliche Bart steht für …*
8. Welche weiteren Informationen brauche ich? Wo kann ich die Informationen beschaffen?	• *Untersuche die Materialien auf dieser Seite. Du kannst auch im Internet recherchieren (siehe S. 92/93).*
Das Kunstwerk/Herrscherbildnis deuten	
9. Welche Botschaft soll dem Betrachter des Kunstwerks vermittelt werden?	• *Die Statue verkündet die Macht der Herrscherin durch …* • *Die Herrschaftssymbole eines Pharaos …*
10. Welche Fragen bleiben offen?	• …

M4

Granit-Statue der Herrscherin in jungen Jahren

1 Untersuche M1 mithilfe der Arbeitsschritte. Einige Fragen wurden schon beantwortet, bei den anderen sollst du eine Antwort geben oder sie vervollständigen.

2 Vergleiche die Darstellung Hatschepsuts (M1) mit der von Tutanchamun (M2 auf S. 67). Notiere Gemeinsamkeiten und Unterschiede.

3 Stelle mithilfe von M2 und M3 dar, wie Hatschepsut ihre Herrschaft rechtfertigte.

4 **Zusatzaufgabe:** Stelle Vermutungen an, warum nach dem Tod eines Herrschers oder einer Herrscherin oftmals deren Statuen zerstört wurden.

cornelsen.de/webcodes
Code: jahami
Kopiervorlage Methodentabelle

Mesopotamien – die Gesetzessammlung des Königs Hammurabi*

M 1

Oberer Teil der Gesetzessäule des Hammurabi, um 1700 v. Chr. Hammurabi (links) erhält von dem thronenden Gott der Sonne und des Rechts, Samasch, Ring und Stab als Zeichen der Herrschaft. Darunter stehen die mit Keilschrift eingemeißelten 282 Gesetzestexte.

M 2

Die Bewässerungsmethode in Mesopotamien. Das Wasser wurde mit einem Behältnis aus dem Tigris hinaufgefördert, oben angekommen wurde es in einen Trog abgeleitet und mit einem Bewässerungskanal verbunden. Rekonstruktionszeichnung aus Hutchinsons History of the Nations. Veröffentlicht 1915.

M 3

Aus den Gesetzen des Königs Hammurabi:

§6 Wenn ein Bürger Besitz eines Gottes oder eines Palastes gestohlen hat, so wird dieser Bürger getötet, auch wird der, welcher das Diebesgut aus seiner Hand genommen hat, getötet.

§26 Wenn ein Soldat ... den Befehl bekommen hat, zu einer Unternehmung des Königs zu kommen und nicht gekommen ist, wird getötet.

§53 Wenn ein Bürger ... seinen Deich nicht befestigt hat, ... ersetzt der Bürger das Getreide, das er [dadurch] vernichtet hat.

§54 Wenn er das Getreide nicht ersetzen kann, wird er und sein Hab und Gut verkauft und der Erlös unter denjenigen verteilt, denen das Wasser Getreide weggeschwemmt hat.

§200 Wenn ein Bürger einem Bürger seines Standes [gesellschaftliche Gruppe] einen Zahn ausschlägt, so schlägt man auch diesem einen Zahn aus.

§201 Wenn er den Zahn eines Untergebenen ausschlägt, so zahlt er ein Drittel Mine Silber. [1 Mine entspricht ca. 500 g]

Dies sind Rechtssprüche der Gerechtigkeit, die Hammurabi, der tüchtige König, festgesetzt hat.

Zit. nach Wilhelm Eilers, Gesetzesstele Chammurabis, in: Der alte Orient, Bd. 31, H. 3/4, Leipzig (Hinrichs) 1932, S. 19 ff. Bearb. v. Verf.

1 Erstelle eine Tabelle mit Merkmalen einer Hochkultur. Orientiere dich an den Merkmalen auf Seite 66.

2 Untersuche die Materialien auf dieser Seite und arbeite die Merkmale einer frühen Hochkultur heraus.

3 Recherchiere im Internet (siehe S. 92/93) nach weiteren Informationen zu Mesopotamien. ▸ Hilfe

4 Vergleiche die Merkmale der mesopotamischen Hochkultur mit denen des alten Ägyptens. Arbeite dabei Unterschiede und Gemeinsamkeiten heraus.

Transkulturalität

3000 v. Chr. | 2500 v. Chr. | 2000 v. Chr. | 1500 v. Chr. | 1000 v. Chr.

ab 3000 v. Chr. frühe Hochkultur in Ägypten

Vereinigung von Ober- und Unterägypten zu einem Königreich

Erfindung der Hieroglyphenschrift

Bau der großen Pyramiden

Ägypten wird Großmacht, berühmte Pharaonen: Tutanchamun, Ramses II.

Ägypten – eine frühe Hochkultur

Leben nach den Regeln des Nils

Als etwa um 9000 v. Chr. die Warmzeit begann, trockneten in Nordafrika große Gebiete allmählich aus. Die als Jäger und Sammler lebenden Menschen zogen deshalb an die wasserreichen Ufer des Nils. Sie wurden sesshaft und schlossen sich in Dorfgemeinschaften zusammen. Das alte Ägypten entstand.
Die Ägypter bauten Deiche und Bewässerungsanlagen und nutzten so das lebenswichtige Wasser für die Landwirtschaft. Das ganze Leben wurde vom Rhythmus des Nils bestimmt und durch die Entwicklung eines Kalenders planbar. So nutzten die Ägypter den angeschwemmten fruchtbaren Boden nach der alljährlichen **Nilschwemme**. Darüber hinaus nutzten sie das Wasser: für die Bewässerung der Felder. Hierfür bauten sie **künstliche Bewässerungsanlagen** (Schaduf), damit sie auch im Hochsommer die Felder bewässern konnten. Der Nil diente zusätzlich als **Handels- und Transportweg**. Wichtige Handelsbeziehungen sind unter der Pharaonin Hatschepsut gepflegt worden. Dadurch erlangte Ägypten Reichtum und verbreitete die kulturellen Aspekte über die Staatsgrenzen hinaus.

Herrschaft und Staat

Um 3000 v. Chr. wurden die Reiche von Ober- und Unterägypten zu einem Staat vereinigt. An der Spitze stand der **König (Pharao)**, der mit unbegrenzter Macht regierte. Er wurde von den Ägyptern wie ein Gott verehrt und im Alten Reich in **Pyramiden** begraben. Zahlreiche **Beamte (Schreiber)** setzten seine Befehle um. Als wichtiges Hilfsmittel hierfür entwickelten die Ägypter eine eigene Schrift, die **Hieroglyphenschrift**.

Gesellschaft und Wirtschaft

Der größte Teil der Bevölkerung lebte als Bauern, Arbeiter und Handwerker. Die **Vorratshaltung** ermöglichte es, dass nicht mehr alle Menschen in der Landwirtschaft arbeiten mussten. So konnten sie andere Tätigkeiten ausüben und es entstand eine arbeitsteilige Gesellschaft.
Anordnungen wurden von oben nach unten erteilt. Es entstand eine **hierarchische Gesellschaftsordnung**.

Die Religion der Ägypter

Die Religion war geprägt von der Vorstellung, dass das Leben der Menschen nach dem Tod nicht zu Ende sei. Deshalb wurden große Gräber gebaut, zum Beispiel die Pyramiden für den Pharao. Auch die **Mumifizierung** war von großer Bedeutung. Die Ägypter verehrten viele **verschiedene Götter**. Eine besondere Bedeutung hatte die Göttin Maat. Sie verkörperte Wahrheit, Gerechtigkeit und Ordnung. Das Weiterleben nach dem Tod konnte nach dem Glauben der Ägypter nur erlangen, wer im Totengericht nachwies, dass er im Diesseits nichts Unrechtes getan hatte.

Wissenschaft und Technik

Der hohe Wissensstand und das **technische Können** der Ägypter zeigte sich beim Pyramidenbau. Diese konnten nur durch genaue mathematische Berechnungen gebaut werden. Hinzu kommen die Erkenntnisse zur Mumifizierung von Leichen, die Sternkunde (Astronomie) zur Entwicklung des **Kalenders** oder die technischen Entwicklungen für die **Bewässerung der Felder** (Kanalsystem, Schleusen, Schaduf).

Weitere Hochkulturen

Ähnlich wie in Ägypten entstanden auch in anderen Regionen der Welt Hochkulturen. An den Flüssen Euphrat und Tigris entwickelte sich zum Beispiel die Hochkultur Mesopotamiens.

1 Entwickle zu jedem Textabschnitt der Zusammenfassung zwei Quizfragen. Sammelt die Fragen in der Klasse und spielt das Quiz. Ihr könnt dafür auch eine Quiz-App nutzen (→ S. 200).

Im Kapitel konntest du folgendes Fachwissen und folgende Kompetenzen erwerben:

- den Einfluss der Nilschwemme auf das Leben der Menschen im alten Ägypten erklären
- Merkmale des altägyptischen Staates nennen und die Stellung der Pharaonen beurteilen
- den Aufbau der altägyptischen Gesellschaft darstellen und die Bedeutung der Beamten erklären
- die Rolle der Frauen in der Gesellschaft erläutern
- die Bedeutung der Religion für die Ägypter beurteilen
- die Funktion der Pyramiden erläutern
- Merkmale einer frühen Hochkultur am Beispiel Ägyptens nennen
- **Medien und Methoden:** Eine Bildquelle auswerten
- **Medien und Methoden:** Herrscherbildnisse erschließen

M1

Totengericht, Papyrus aus dem Grab des Schreibers Hunefer, um 1300 v. Chr.

Horus, der Gott mit dem Falkenkopf, führt den Toten zur Urteilsverkündung vor den Thron seines Vaters Osiris. Osiris ist der Herrscher des Totenreichs und trägt eine Doppelkrone mit Federn, Götterbart, Krummstab und Geißel (Peitsche) als Herrschaftszeichen. Er verkündet das Urteil. Hinter ihm stehen Isis, mit der Hieroglyphe „Thron" auf dem Kopf und Nephthys, mit der Hieroglyphe für Herrin und Haus auf dem Kopf. Isis galt als ideale Ehefrau und Beschützerin der Kinder. Nephtys galt als Beschützerin der Toten.

M2

M3

M4

M5

Video: *Totengericht*

M6

M7

M8

Geschichtstabu:

Ein Team besteht aus ca. fünf Personen. Zwei Teams spielen gegeneinander.

Spielkarten: Oben auf der Karte steht der zu erratende Begriff; die darunter notierten „Tabuwörter" dürfen bei der Umschreibung nicht benutzt werden (siehe Beispielkarte).

Ablauf: Abwechselnd muss jeweils ein Teammitglied den anderen seines Teams einen Begriff umschreiben. Dazu setzt sich dieser Spieler zum gegnerischen Team. Sowohl er als auch das gegnerische Team dürfen die Karte sehen.

Zeitvorgabe: Möglichst viele Karten in 1 bis 5 Minuten – die Zeitmessung erfolgt durch ein Mitglied des gegnerischen Teams!

Ziel: Das Team mit den meisten erratenen Begriffen hat gewonnen.

Wichtig:
- Die Benutzung von Armen, Händen und Beinen ist verboten!
- Nur vollständige Sätze sind erlaubt!
- Das gegnerische Team achtet auf die Einhaltung der Spielregeln!
- Bei einem Fehler wird „Stopp!" gerufen; der Punkt ist dann verloren und die gegnerische Mannschaft ist am Zug.

Pharao
König
Monarch
Ägypten
Pyramide
Mumie

Sachkompetenz

1 In M1 bis M7 findest du Abbildungen, die aus dem Kapitel stammen. Bildet nun Kleingruppen und ordnet die Bilder untereinander zu.
a) Beschreibe dein Bildmaterial.
b) Erkläre den Zusammenhang des Materials mit dem Leben im alten Ägypten.
c) Überprüfe an den Bildern, inwiefern du hier eine Hochkultur erkennen kannst.
Tipp: Die Merkmale einer Hochkultur findest du auf S. 66.

Methodenkompetenz

2 Das Totengericht war für die Ägypter von großer Bedeutung, da es den Übergang von der Welt der Lebenden ins Jenseits markierte. Nach dem Tod glaubten die Ägypter, sich vor dem Totengericht zu rechtfertigen.
a) Werte M1 mit der Methode „Eine Bildquelle auswerten" (siehe S. 62/63) aus. ▸ Hilfe
b) Erstellt in Kleingruppen einen Podcast zum Thema „Das Totengericht im alten Ägypten". Erläutert in eurem Podcast das Totengericht am Beispiel von Hunefer (M1). Geht dabei unter anderem auf den Ablauf des Totengerichts und vor allem auf die Bedeutung der Wägung des Herzens ein.

3 Werte M2 auf Seite 82 mit der Methode „Herrscherbildnisse erschließen" (siehe S. 78/79) aus.
▸ Hilfe

4 **Gruppenarbeit:** „Tabu" – gestaltet gemeinsam zehn Spielkarten und spielt das Spiel mit verschiedenen Gruppen im Wechsel. Ein Beispiel und die Regeln findet ihr in M8.

Urteilskompetenz

5 **Wähle eine Aufgabe aus:**
a) Herodot bezeichnet Ägypten als Geschenk des Nils. Beurteile die Aussage.
Tipp: Welche Vorteile hatte es für die Ägypter, am Nil zu sein und welche Nachteile gab es?
b) Beurteile die Bedeutung der Beamten.
Tipp: Notiere dir, welche Aufgaben sie hatten. Beachte auch die anderen Gruppen.
c) Beurteile, inwieweit der Glaube an das Leben nach dem Tod einen Einfluss auf das zwischenmenschliche Leben im Diesseits der Ägypter hatte.
Tipp: An welche Regeln und Werte mussten sich die Ägypter halten, um das Totengericht zu bestehen?

cornelsen.de/webcodes
Code: tuxabo
Selbsteinschätzungsbogen

4

Längsschnitt: Die Entwicklung der Medien

Heute können wir mit unseren Smartphones Nachrichten senden und empfangen, ohne dass dafür Kabel notwendig sind. Aber vor etwa 120 Jahren war das etwas ganz Neues und Aufregendes: Die drahtlose Übermittlung von Funksignalen durch Guglielmo Marconi bereitete den Weg für das Radio. Durch das Radio konnten viele Menschen gleichzeitig Nachrichten hören, und zwar sofort, sobald sie gesendet wurden. (Es wurde später sowohl für Musik genutzt als auch in Kriegen eingesetzt.) Marconi sagte einmal gegen Ende seines Lebens: „Habe ich der Welt etwas Gutes getan, oder habe ich eine Bedrohung hinzugefügt?“

Erklärt, was Marconi mit diesem Satz gemeint haben könnte. Was würdet ihr Marconi heute auf seine Frage antworten?

alle Darstellungstexte zum Anhören

vajafa

12. Dezember 1901 in Neufundland, Kanada: Der Italiener Guglielmo Marconi wartet in seiner Funkstation auf den Empfang des ersten Langstrecken-Funksignals, das von England über den Atlantik gesendet werden soll.

3000 v. Chr. | 2000 v. Chr. | 1000 v. Chr. | 0 | 1000 n. Chr. | 2000 n. Chr.

um 3000 v. Chr.
Hieroglyphenschrift in Ägypten und Keilschrift in Mesopotamien
(1. Medienrevolution)

um 800 v. Chr.
griechische Buchstabenschrift

um 1450 n. Chr.
Erfindung des Buchdrucks
(2. Medienrevolution)

20. Jh.
Radio, Film, Fernsehen

Beginn d. 21. Jh.
PC, Internet
(3. Medienrevolution)

Die Schrift – Merkmal einer Hochkultur

Über 5000 Jahre hat die Entwicklung von der ersten Schrift bis zur heutigen Nutzung von Internet und Smartphone gedauert. Im Laufe dieser Entwicklung hat es immer wieder so grundlegende Veränderungen gegeben, dass die Kommunikationswissenschaft von „Medienrevolutionen" spricht. In diesem Längsschnitt kannst du folgenden Fragen nachgehen:

- ***Welche Bedeutung hatte die Erfindung der Schrift in Ägypten und Mesopotamien?***
- ***Wie wirkte sich die Erfindung des Buchdrucks aus?***
- ***Wie verändern digitale Medien das Leben?***

Von der mündlichen Überlieferung zur Schrift

Die Menschen in der Alt- und Jungsteinzeit brauchten keine Schrift, da sie in kleinen Gruppen zusammenlebten. Ereignisse und Berichte wurden mündlich weitergegeben. Durch Höhlenbilder und Felsmalereien drückte der Mensch seine Vorstellungen aus, lange bevor er schreiben konnte. Erst als sich um etwa 3000 v. Chr. in Ägypten und Mesopotamien Staaten bildeten und sich eine Arbeitsteilung entwickelte, begannen die Menschen, wichtige Dinge schriftlich festzuhalten. So konnten Listen über Ernteerträge erstellt, Hochwassertermine in einem Kalender festgehalten, Nachrichten in alle Landesteile verbreitet und die Taten der Herrscher verherrlicht und an kommende Generationen überliefert werden. Später entwickelten auch die Chinesen, die Inder und die Phöniker eine Schrift.

Ägyptens Hieroglyphen – rätselhafte Zeichen?

Die von den Ägyptern benutzten Schriftzeichen bestehen aus kleinen Bildern und Symbolen, die wir heute unter der griechischen Bezeichnung Hieroglyphen (= heilige Einritzungen) kennen. Am Anfang benutzten die Ägypter Bilder, wenn sie etwas ausdrücken wollten, z. B. Wellen für Wasser. Im Laufe der Zeit wurden die Bildzeichen aber auch als Lautzeichen verwendet. Sie wurden auf Tonscherben oder Stein- und Wachstafeln, später vor allem auf Papyrus geschrieben (siehe S. 65). Von Anfang an war diese Hieroglyphenschrift eine uns sehr kompliziert erscheinende Kombination von mehreren Tausend Bild- und Lautzeichen, deren Bedeutung lange Zeit ein Rätsel war. Erst 1822 gelang es dem Franzosen Jean-Francois Champollion, sie zu entziffern.

Mesopotamiens Keilschrift – die „internationale Schrift" des alten Orients

Aus der Zeit um 3000 v. Chr. gibt es in Mesopotamien, dem Land zwischen den Flüssen Euphrat und Tigris, erste schriftliche Aufzeichnungen. Wie in Ägypten hatten die Menschen auch hier gelernt, die Flüsse zu beherrschen und für sich nutzbar zu machen. Die vor allem im Süden ansässigen Sumerer schlossen sich in kleineren Stadtstaaten zusammen, wie z. B. Uruk, von denen aus das umliegende Gebiet durch Könige, Priester und Beamte regiert wurde. Um ihre Städte zu verwalten, entwickelten die Sumerer um 2900 v. Chr. die Keilschrift*, die so heißt, weil ihre Zeichen wie kleine Keile aussahen. Diese aus etwa 600 Zeichen bestehende Schrift entwickelte sich zur internationalen Schrift des Alten Orients. Sie wurde – neben späteren antiken Schriften wie die phönikischen, griechischen und lateinischen Buchstabenschriften – über 3000 Jahre lang benutzt.

Wortschatz: Menschen lebten in der Steinzeit nur in kleinen Gruppen • Ereignisse mündlich überliefert • die Erfindung der Schrift hatte zur Folge • Dinge schriftlich festhalten

M 1

Hieroglyphenschrift

M 2

Auswahl von Hieroglyphen, die den Lauten unseres Alphabets ungefähr entsprechen:

Hieroglyphe	Bildbedeutung	Aussprache
	Geier	a
	Bein	b
	Hand	d
	Arm	a oder e
	Viper	f
	Krugständer	g
	Hof(-grundriss)	h
	Schilfblatt	i oder j
	Abhang	k oder q
	Henkelkorb	k
	Löwe	l
	Eule	m
	Wasser	n
	Hocker	p
	Mund	r
	gefalteter Stoff	s
	Teich(-grundriss)	sch
	Seil	tsch
	Brotlaib	t
	Wachtelküken	w
	Seil und gefalteter Stoff	z
	Zeichen für Frauen/Mädchen vor oder nach dem Namen	
	Zeichen für Männer/Jungen vor oder nach dem Namen	
	Kartusche = Umrahmung für Herrschernamen	

M 3

Bei der Keilschrift hinterließ das Schreibwerkzeug einen keilförmigen Eindruck in den weichen Tontafeln.

M 4

Grundriss eines Hauses mit Angaben in Keilschrift zu Bestimmung und Größe der Räume (Wohnraum 4x6 m, Empfangshalle 3x6 m, Empfangshof 4,5x6 m, Eingangshalle 7x3 m), Lagasch, um 2400 v. Chr.

M 5

Vertrag über den Verkauf eines Erbteils zwischen zwei Brüdern, Tontafel mit Keilschrift und Siegelabdrücken der Vertragspartner (Höhe 7,5 cm, Breite 8,7 cm), Nordsyrien, um 1800 v. Chr.

1 Beschreibe den Wandel, der sich in der Verständigung der Menschen untereinander durch den Übergang von der mündlichen Kommunikation zur Benutzung der Schrift vollzogen hat. Nutze den **Wortschatz**.

2 Gib mithilfe von M2 die deutsche Übersetzung der Hieroglyphenschrift in M1 wieder.

3 **Partnerarbeit:** Jeder schreibt mithilfe von M2 eine Inschrift in Hieroglyphenschrift. Versucht gegenseitig, eure Inschriften zu entschlüsseln.

4 **Wähle eine Aufgabe aus:**

a) Erkläre mithilfe des Textes und der Funde M4 und M5, welche Bedeutung die Schrift in frühen Hochkulturen hatte.

b) Nenne anhand des Textes Gründe dafür, dass die Ägypter und die Sumerer eine Schrift benötigten.

5 „Von allen großen Fortschritten der Menschheit ist die Entwicklung der Schrift vielleicht die größte." Nimm zu dieser Aussage Stellung.

Wie wirkte sich die Erfindung des Buchdrucks aus?

Die Menschen der Antike und des Mittelalters schrieben Briefe und Bücher mit der Hand. Vervielfältigt wurde das einmal Geschriebene auch mit der Hand: Vor allem Mönche schrieben die Bibel und religiöse Schriften, aber auch Werke der antiken Philosophen und Reiseberichte – oft durch kostbare Zeichnungen illustriert – mühsam auf Pergament ab. Durch die Erfindung des Buchdrucks änderte sich das schlagartig. Der erste Schritt zu den Massenmedien war getan.*

Die Erfindung des Buchdrucks

Schreiben und Lesen war über Jahrtausende nur einer kleinen Gruppe von Menschen vorbehalten. Schon bei den Ägyptern gab es den hoch angesehenen Beruf des Schreibers. Im Jahrtausend nach Christus waren es neben Adligen vor allem die Mönche, die schreiben und lesen konnten.
Johannes Gutenberg (um 1400–1468) aus Mainz entwickelte in jahrelanger Arbeit ein ganz neues Verfahren zur Vervielfältigung von Geschriebenem: das Drucken mit einzelnen beweglichen Lettern aus einem Blei-Zinn-Gemisch und einer Druckerpresse. Die Buchstaben konnten zu Wörtern und Seiten zusammengesetzt und nach dem Druck wieder auseinandergenommen und für neue Seiten verwendet werden. Die erste so gedruckte Gutenberg-Bibel erschien in zwei Bänden mit jeweils über 600 Seiten im Jahr 1455.

Ein Medienereignis

Durch die Jahrhunderterfindung des Buchdrucks entstanden neue Medien:

- das preiswert gedruckte Buch in hoher Auflage
- die massenweise verbreiteten Flugschriften zu religiösen und politischen Fragen
- schließlich ab ca. 1650 die Zeitungen

Die Erfindung löste eine Buchproduktion in Serie aus, die bisher nicht vorstellbar erschien. Schon um 1500 gab es in Europa mehr als 1100 Druckereien, die über 40 000 Werke herstellten. Die Mehrzahl dieser Bücher waren Bibeln und religiöse und gesetzliche Schriften, doch immer stärker drängten naturwissenschaftliche, historische und philosophische Werke auf den Markt. Bücher waren jetzt nicht mehr nur Geistlichen und Reichen vorbehalten. Die Universitäten erfuhren europaweit einen großen Aufschwung. Neue Ideen erreichten auch die einfache Bevölkerung. Wichtig für den Medienwandel war auch die Entwicklung neuer preiswerter Verfahren der Papierherstellung.
Die massenhafte Reproduktion und Verbreitung von Wissen und Nachrichten in bisher unbekanntem Maße stieß aber nicht überall auf ungeteilte Zustimmung. Weltliche und geistliche Fürsten sahen durch das neue Medium ihre Macht gefährdet. Neue gesellschaftliche* Eliten, vor allem das reiche Bürgertum, hofften dagegen auf mehr Macht und Einfluss durch bessere Informationsmöglichkeiten.

M 1

Druckerwerkstatt im 16. Jh., Kupferstich von Jan Stradanus*

M 2

Pro und Kontra Buchdruck:

a) *Rede zur Feier des Buchdrucks aus dem Jahr 1740:*

Für das Geld, wofür man sonst kaum zwei oder drei Bücher hatte kaufen können, konnte man jetzt ganze Büchersäle auffüllen. Was vorher nur den Großen der Welt und Begüterte im Volk hatten tun können, das war jetzt auch dem einfachen Volk nicht versagt.

b) *Ein englischer Bischof schrieb im 18. Jahrhundert:*

Ich danke Gott, wir haben hier keine Buchdruckereien, und ich hoffe, es soll noch lange Zeit so bleiben, denn das Lernen hat nur Ungehorsam in die Welt gebracht, die Buchdruckerkunst aber war die Dienerin aller dieser Gräuel.

Zit. nach: Ingrid Kästner, Johannes Gutenberg, 3. Auflage, Wiesbaden (Springer Fachmedien) 1984, S. 58.

Wortschatz: erster Schritt auf dem Weg zum gedruckten Buch • Textzeilen auf einem großen Holzbrett ablegen und zu Spalten oder Seiten zusammenfügen • fertige Seite in die Druckform legen • Auftragen der Farbe mithilfe eines Lederballens • unter die Druckplatte schieben • durch eine Spindel absenken und auf Papier und Satzspiegel pressen • bedruckte Bogen einige Tage trocknen • sortieren, falzen, zusammenlegen

M 3

Verbreitung des Buchdrucks von 1455 bis 1500

1 Beschreibe mithilfe von M1 die Buchherstellung im 16. Jahrhundert. Ordne dabei folgende Tätigkeiten den Nummern in M1 zu: Setzen, Sortieren, Korrektur lesen, Trocknen, Drucken, Schwärzen, Einlegen. Nutze den **Wortschatz**.

2 Fasse anhand des Textes auf S. 88 die Folgewirkungen der Erfindung des Buchdrucks in Stichpunkten zusammen.

3 Gib anhand der Karte M3 die Ausbreitung des Buchdrucks in Europa wieder.

4 Vergleiche die beiden Stellungnahmen zum Buchdruck: Welche Vorteile werden in M2 genannt, welche Nachteile sieht der Bischof?

5 Beurteile, ob die folgenden Aussagen zutreffend sind, und begründe dein Urteil:

a) „Mehr als das Gold hat das Blei die Welt verändert. Und mehr als das Blei in der Flinte das Blei im Setzkasten."

b) Die vielfältigen Informationen via Buch oder Flugschriften sorgten dafür, dass Menschen kritischer wurden, sowohl gegenüber der Kirche als auch gegenüber den Herrschenden.

Üben   Video: *Buchdruck*

1800 | 1850 | 1900

1826 Fotografie
1837 Telegrafie
1846 Rotationsdruckmaschine
1876 Telefon
1883 elektrisches Teleskop
1886 Linotype-Setzmaschine
1886 elektromagnetische Wellen
1895 Stummfilm
1923 regelmäßiges Radioprogramm in Deutschland
1927 erster abendfüllender Tonfilm

M 1 *Erfindungen auf dem Weg zu den heutigen Massenmedien*

cornelsen.de/webcodes
Code: gesaqu
Mediengeschichte

Wie verändern digitale Medien das Leben?

Massenmedien* wie Presse, Rundfunk und Fernsehen haben seit Ende des 19. Jahrhunderts über 100 Jahre den Austausch von Informationen, Bildern und Unterhaltung geprägt. Heute ist die öffentliche und private Kommunikation immer mehr von Computer, Internet und Smartphone gekennzeichnet. Wir befinden uns mitten in der digitalen Revolution.

- ***Welche Folgen hat der Übergang von der Welt der elektronischen Medien zur Welt der digitalen Medien?***

Das Zeitalter der elektronischen Massenmedien

Die Entwicklung der Medien war im 19. Jahrhundert durch individuelle Erfindungen geprägt, die die Voraussetzungen für die Entwicklung von Massenmedien im 20. Jahrhundert geschaffen haben:

- Zeitungen und Zeitschriften gab es schon seit Mitte des 17. Jahrhunderts, aber erst durch die Erfindung der Telegrafie und der Rotationsdruck- und Setzmaschinen konnten sie mit neuesten Nachrichten, in hohen Auflagen und als Tageszeitungen erscheinen. Der Hunger nach Nachrichten und Sensationen bei einer immer größeren Leserschaft breitete sich schnell aus, sodass die Zeitungen seit Anfang des 20. Jahrhunderts zum ersten Massenmedium wurden.
- Die Entdeckung der elektromagnetischen Wellen durch Heinrich Hertz 1887 schuf die Voraussetzung für einen drahtlosen Rundfunk. Aber erst in den 1920er-Jahren konnte sich der Rundfunk mit regelmäßigen Musik-, Unterhaltungs- und Bildungssendungen an seine Hörer wenden.
- Es war ein langer Weg, bis sich von der Erfindung der Fotografie 1826 das Fernsehen als das wichtigste elektronische Massenmedium der zweiten Hälfte des 20. Jahrhunderts durchgesetzt hat. Zwar gab es die technischen Voraussetzungen für die Herstellung von Fernsehsendungen schon Ende der 1920er-Jahre, doch ein umfassendes Fernsehangebot entwickelte sich in Deutschland erst langsam seit den 1950er-Jahren. Mit der Möglichkeit, aus kaum übersehbaren öffentlichen und privaten Programmen auswählen zu können, hat sich das Fernsehen zum elektronischen Leitmedium entwickelt. Umfassende, auf die individuellen Wünsche abgestimmte Informations- und Unterhaltungsmöglichkeiten als Vorteile stehen Reizüberflutung, Oberflächlichkeit der Informationen und Manipulationsgefahren* als Nachteile gegenüber.

Die digitale Revolution

Zwei Entwicklungen kennzeichnen den Übergang von den elektronischen zu den digitalen Medien: einerseits die Erfindung und Verbreitung des Computers, andererseits der Start des Word Wide Web und der damit verbundenen globalen Vernetzung. Diese Erfindungen und deren Weiterentwicklungen revolutionieren die

Wortschatz: Fülle von Informationen • unendliche Möglichkeiten der weltweiten Kommunikation • selbsttätiges Lernen • Beeinflussung oder Kontrolle von Menschen durch falsche oder unvollständige Informationen • für Kritik nutzen • Demokratisierung des Wissens • Internet kann zu kriminellen Zwecken genutzt werden

1950 2000 2050

1933 Volksempfänger
1935 erstes Fernsehprogramm in Deutschland
1953 Beginn des Fernsehens als Massenmedium in Deutschland
1967 Farbfernsehen in Deutschland
1975 Homecomputer
1984 private Fernsehprogramme
1991 Internet
1992 Mobiltelefon
2007 Smartphone
2010 Tablet, Facebook, Instagram
2016 TikTok

Kommunikation zwischen den Menschen. Keine andere Technologie hat das Leben der Menschen in so kurzer Zeit so stark verändert.

Über das Internet kommunizieren heute weltweit fast 5,2 Milliarden Menschen, in Deutschland waren es 2022 67 Millionen, d.h. 95 Prozent der Bevölkerung ab 14 Jahren, wobei die jungen Menschen zwischen 14 und 24 Jahren fast zu 100 % das Internet über Computer, Smartphone und Tablets nutzen. Fast jeder Nutzer des Internets hat weltweit Zugriff auf bereitgestellte Informationen, z. B. über Suchmaschinen. Ebenso kann er jede Information, die er von sich preisgeben will, anderen Nutzern zugänglich machen. Über den Umgang mit den veröffentlichten Informationen hat er jedoch keine Kontrolle.

Die größte Veränderung im Kommunikationsverhalten riefen die neu gegründeten sozialen Netzwerke hervor: Facebook, Instagram, X und Whatsapp ermöglichen die ständige Verbindung und Erreichbarkeit und den Austausch von Nachrichten mit Freunden. Die Schattenseite dieser Entwicklung ist die Bedrohung des Privaten, die unmerkliche soziale Kontrolle und der Missbrauch durch die Verbreitung von Unwahrheiten, gegen die man sich nur schwer schützen kann. Außerdem verführt das Internet zur Flucht in künstliche Welten und birgt deshalb die Gefahr, die Wirklichkeit anders wahrzunehmen, als sie ist.

Das Internet hat heute Radio und Fernsehen als Massenmedium überholt. Aber Radio und Fernsehen verschmelzen als digitale Medien zunehmend mit dem Internet zu einem neuen multimedialen Massenmedium. Die Frage, wie sich unsere Sicht der Wirklichkeit und unsere Beziehungen zu anderen Menschen dadurch verändern, lässt sich heute noch nicht beantworten.

M 2

Der Journalist Frank Hornig schrieb 2007:

Zeitungsmacher hatten einst Angst vor dem Radio, dieses fühlte sich vom Fernsehen attackiert – das Aufkommen neuer Medien hat immer für Unruhe gesorgt, doch im Prinzip hat sich seit Gutenbergs Erfindung kaum etwas geändert. Stets gab es wenige Sender und viele, viele Empfänger.

An dieser Grundregel wird kräftig gerüttelt. Denn das Internet ist mehr als ein Vertriebskanal. Es ist zu einem Ort geworden, an dem die Leute sich unterhalten und darstellen, an dem sie ihr Wissen und ihre Interessen organisieren – oder ganz einfach mit Freunden herumhängen. Es steht für eine Demokratisierung der Massenkommunikation, frei nach dem Motto: Mein Netz gehört mir! ... Der „gläserne Mensch“, in der Vergangenheit für viele eine Schreckensvision, wird zunehmend zur Realität – für manche gar zum erstrebenswerten Ideal. Wer viel von sich preisgibt, wird interessant, er wird in anderen Blogs erwähnt oder mit „comments“ überhäuft.

Frank Hornig: Ein bunter, chaotischer Marktplatz. in: Spiegel spezial, Nr. 3/2007, S. 10 f.

1 Beschreibe mithilfe von M1 und des Textes die technischen Grundlagen für die Entwicklung von Zeitung, Radio und Fernsehen zu Massenmedien.
2 Nenne mithilfe des Textes die Unterschiede zwischen der elektronischen und der digitalen Welt.
3 Erkläre die Meinung zum Internet, wie sie in M2 zum Ausdruck kommt, und beurteile diese.
4 Schreibe einen zusammenfassenden Bericht über die Chancen und Gefahren des Internets. Ziehe dabei auch deine eigenen Erfahrungen im Umgang mit dem Internet heran. Nutze den **Wortschatz**.
5 Diskutiert die Behauptung, dass die digitale Revolution das menschliche Zusammenleben grundlegend verändert.

Eine Internetrecherche durchführen

cornelsen.de/webcodes
Code: giceke
Kopiervorlagen Rechercheprotokoll und Methodentabelle

Wenn du im Internet suchst, erhältst du oft sehr viele Suchergebnisse, und die richtige Auswahl geeigneter Internetseiten kostet viel Zeit.

- ***Am Beispiel der Höhlenmalereien von Lascaux und Chauvet (Aussprache: laskó und schowé) in Frankreich erfährst du, wie du bei einer Internetrecherche vorgehst. Die Arbeitsschritte leiten dich an.***

M 1 Internetseite:

Wie wurden Höhlenmalereien angefertigt?
Höhlenmalereien sind Bilder auf Felswänden. In der Höhle von Lascaux wurden über 600 und in der Höhle Chauvet rund 400 Tiermotive gezählt. Die Wände wurden vor der Bemalung angeraut, um die benutzten Farben Rot, Gelb, Orange und Schwarz besser hervorzuheben. Die Farben wurden aus Erde, zermahlenem Gestein, Erzen, Pflanzen und Holzkohle hergestellt. Zunächst zeichneten die Künstler die Umrisse vor oder ritzten diese ein, um sie dann mit den Fingern oder einem Pinsel nachzuziehen. Nach neuesten Forschungen wissen wir, dass Männer, Frauen und Kinder diese Felsbilder malten. Beide Höhlen dürfen nur von Forscherinnen und Forschern betreten werden. Um die originalen Felsmalereien zu erhalten, wurden sie für Touristen originalgetreu nachgebaut.

Warum wurden Höhlenmalereien angefertigt?
Felsbilder, kunstvoll geschnitzte Figuren oder Musikinstrumente sind keine Gegenstände, die für das tägliche Leben benötigt wurden. Die Malereien zeigen, dass die Menschen der Steinzeit nicht nur jagten und sammelten, sondern auch künstlerisch tätig waren. Über die genaue Bedeutung der Kunstwerke gibt es unterschiedliche Meinungen in der Forschung. Hatten die Malereien eine religiöse Bedeutung? Sollten sie Glück bei der Jagd bringen?

Ausschnitt aus dem „Saal der Stiere" in der Höhle von Lascaux, Foto, 2016. Die Höhle wurde 1940 von Kindern zufällig entdeckt und ist 15 000 Jahre alt.

Besucher in der Höhle Caverne du Pont d'Arc, dem Nachbau der Höhle von Chauvet, Foto, 2018. Die ursprüngliche Höhle ist 31 500 Jahre alt und wurde nach ihrem Entdecker Jean-Marie Chauvet benannt, der sie 1994 als Erster betrat.

Tipps zur Internetrecherche:
Für eine erfolgreiche Recherche legst du am besten ein „Rechercheprotokoll" mit sechs Zeilen an. In die linke Spalte trägst du von oben nach unten ein: Thema oder Fragestellung, Datum der Recherche, Dauer der Recherche, verwendete Suchmaschine, verwendete Suchbegriffe, Übersicht geeigneter Links. Eine Vorlage findest du unter dem Webcode.

Arbeitsschritte „Eine Internetrecherche durchführen"

Die Suche beginnen	Lösungshinweise
1. Zu welchem historischen Thema, zu welcher Frage suche ich Informationen?	• *zum Beispiel: Warum wurden die Höhlen von Lascaux und Chauvet nachgebaut?*
2. Welche Internet-Suchmaschine wähle ich aus?	• *zum Beispiel Google oder eine Kindersuchmaschine wie Frag Finn oder Blinde Kuh*
3. Welche Internethinweise gibt das Schulbuch?	• *Nutze die Webcodes im Schulbuch.*
Die Suchabsicht festlegen	
4. Welche Suchwörter helfen mir zur Beantwortung meiner Fragen weiter?	• *Lege eine Liste mit Suchwörtern an: Höhle von Lascaux, Höhle von Chauvet, Entstehungszeit, Bedeutung der Höhlenmalereien ... Gib anschließend die Suchbegriffe in das Suchfeld der Startseite der Suchmaschine ein.*
Überblick über das Suchergebnis bekommen	
5. Welche Links sind interessant und brauchbar für mich?	• *Lies die Überschriften und Kurzerläuterungen der Links. Brauchbar erscheinende Links kannst du für die Auswertung auswählen und als Favorit auf dem Computer sammeln.* **Tipp:** Oft kannst du über eine Auswahl auf der Webseite die Sprache ändern.
6. Welche Links stammen von glaubwürdigen Anbietern?	• *Prüfe immer, wer die Webseite mit welchem Interesse betreibt (eine Privatperson, ein Unternehmen, ein Museum).*
Ergebnisse ordnen	
7. Wie gehe ich mit den Informationen einer Webseite um?	• *ausgewählte Webseite lesen und die Informationen auswählen, die hilfreich und verständlich sind*
Informationen sichern und auswerten	
8. Wie halte ich die gefundenen Informationen fest?	• *Textteile und Bilder mit vollständiger Internetadresse und Entnahmedatum (= Quellenangabe) als Datei speichern und die inhaltliche Aussage schriftlich zusammenfassen*

1 Erkläre mithilfe von M1, weshalb die Menschen in der Altsteinzeit nicht nur Jäger und Sammler gewesen sind.

2 a) Stelle „Hitlisten" mit fünf besonders guten Internetseiten zum Thema „Höhlenmalereien der Altsteinzeit" zusammen. Denke daran, die Internetadressen genau anzugeben, damit auch andere die Seite finden können.
b) Erkläre in einem kurzen Text, warum dir die Seiten gefallen haben.
c) Vergleiche die Ergebnisse in der Klasse.

3 Partnerarbeit: Führt mithilfe der Arbeitsschritte und eines Rechercheprotokolls eine Internetrecherche zu der Höhle von Lascaux und der Höhle von Chauvet durch. Verteilt unter euch die Höhlen und vergleicht anschließend.

4 Nimm Stellung: Sind Kopien wie die Höhle Caverne du Pont d'Arc sinnvoll, um etwas über die Vergangenheit zu erfahren (M1)?

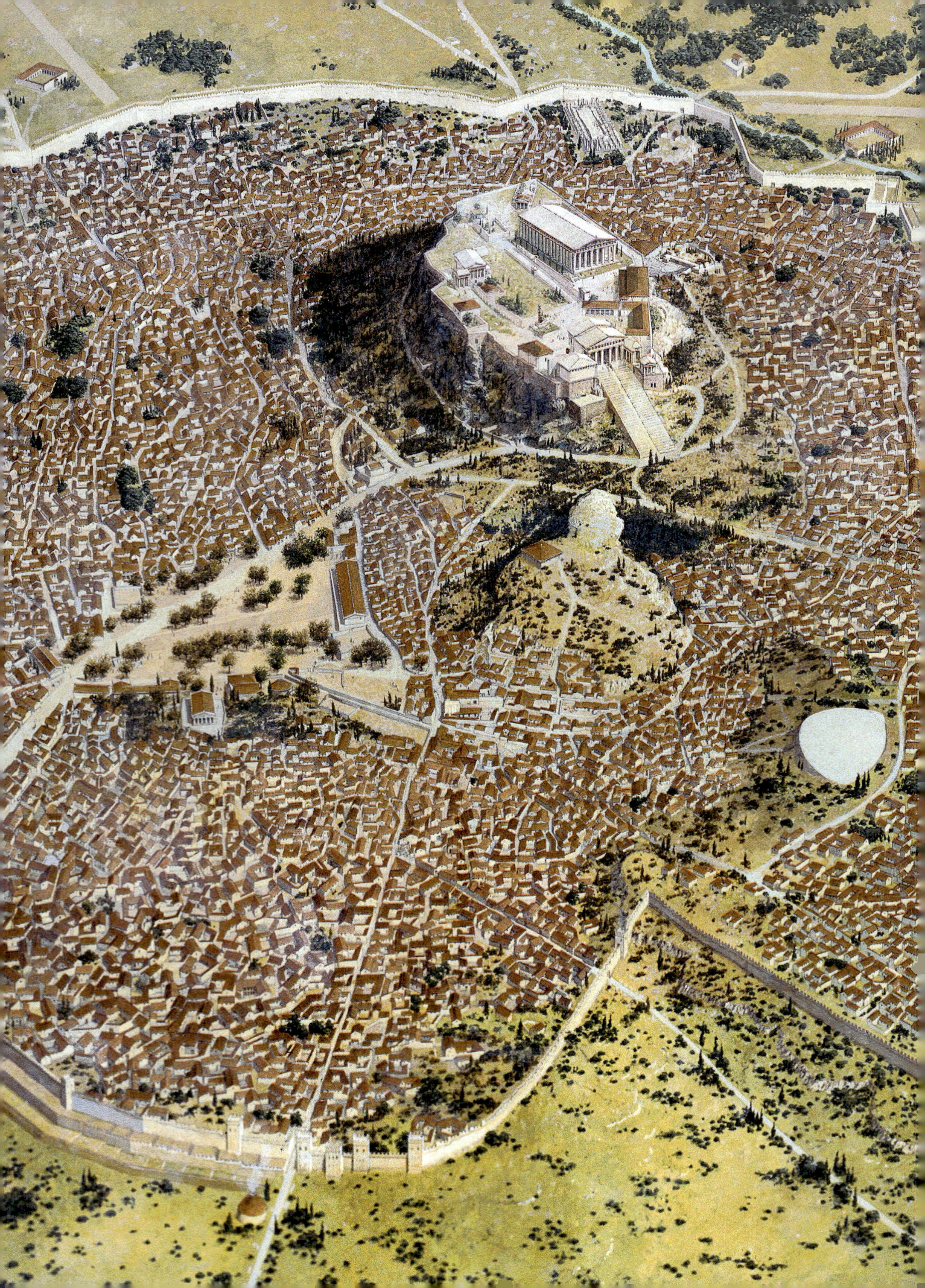

5

Die Welt der Griechen

So wie auf dieser Zeichnung sah die griechische Stadt Athen um 400 v. Chr. vermutlich aus. Athen war damals eine der schönsten und wichtigsten Städte am Mittelmeer. Etwa 100 000 Menschen lebten hier. Noch mehr Menschen wohnten in der fruchtbaren Landschaft Attika vor den Toren der Stadt. Athen und Attika bildeten den Stadtstaat Athen, also einen Staat, der nur aus einer Stadt mit ihrem Umland besteht.
In Athen entschieden alle Bürger gemeinsam über die politischen Angelegenheiten. Dafür versammelten sie sich auf der Pnyx, dem halbrunden Platz, der auf der Zeichnung gut zu erkennen ist. Auf der Akropolis, einem befestigten Hügel mitten in der Stadt, stand ein großer Tempel für die Göttin Athene.

Beschreibe die Zeichnung der Stadt Athen. Welche Unterschiede zu und Gemeinsamkeiten mit einer heutigen Stadt fallen dir auf?

alle Darstellungstexte zum Anhören

xeziru

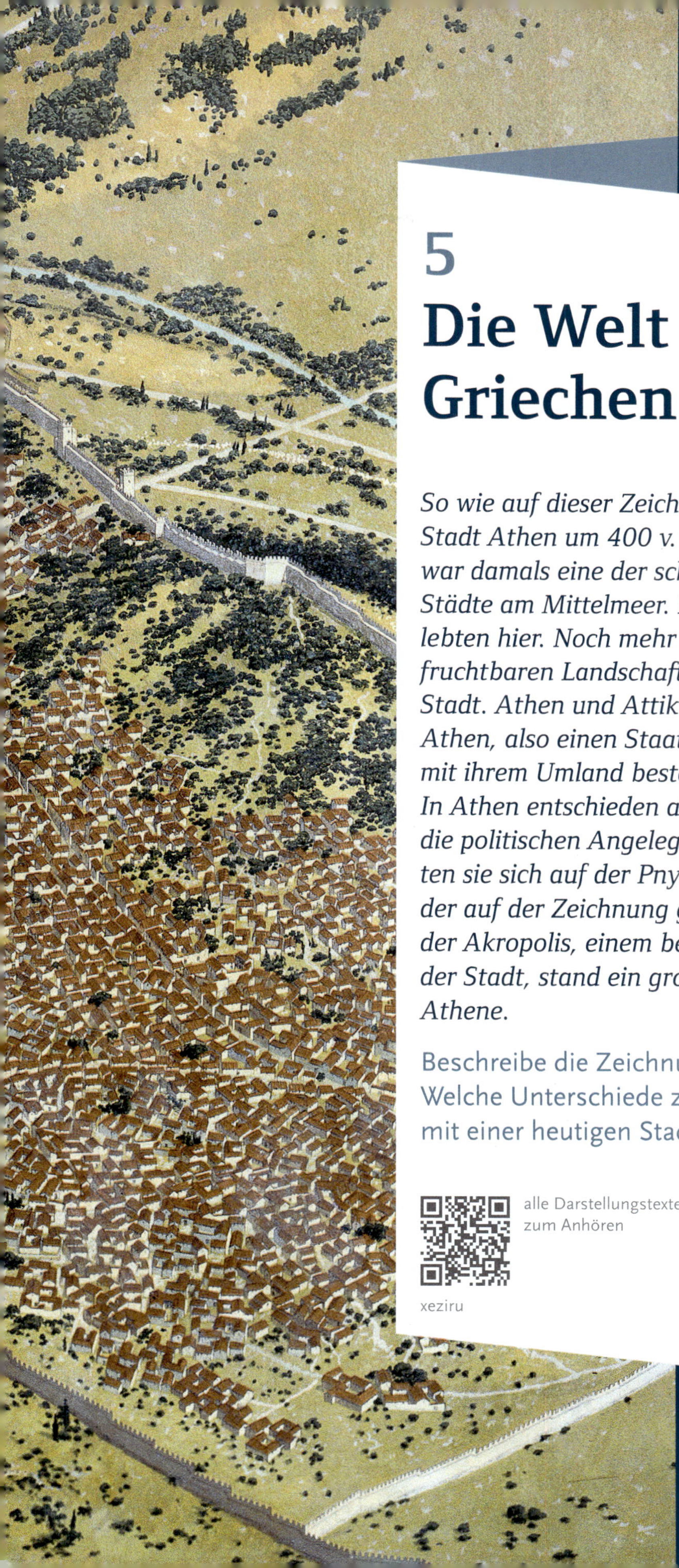

Rekonstruktionszeichnung von Peter Connolly, 1998

1500 v. Chr. | 1000 v. Chr. | 500 v. Chr.

Entstehung griechischer Stadtstaaten

776 v. Chr.
erste nachweisbare Olympische Spiele

ab 3000 v. Chr.
Hochkultur in Ägypten

2200–800 v. Chr.
Bronzezeit in Mitteleuropa

753 v. Chr.
Gründung der Stadt Rom der Sage nach

Leben im antiken Griechenland

Im antiken Griechenland gab es viele kleine, voneinander unabhängige Stadtstaaten. Der Stadtstaat Athen hat für uns heute eine besondere Bedeutung. Denn hier entwickelte sich erstmals eine besondere Form der Regierung, die Volksherrschaft (Demokratie*).
Obwohl jeder Stadtstaat politisch und wirtschaftlich eigenständig war, gab es unter den Griechen ein starkes Gefühl der Zusammengehörigkeit: Alle Griechen sprachen die gleiche Sprache und jeder kannte die Dichtungen des Schriftstellers Homer: die Geschichte vom Trojanischen Krieg („Ilias") und die Irrfahrten des Odysseus („Odyssee"). Weitere Beispiele für das starke Zusammengehörigkeitsgefühl der Griechen wirst du auf den folgenden Seiten kennenlernen.
Das antike Griechenland begegnet uns auch heute noch, zum Beispiel in vielen Wörtern unserer Sprache. In diesem Kapitel kannst du folgende Fragen untersuchen:

- Wie sah das tägliche Leben der Menschen im antiken Griechenland aus?
- Warum entstand die athenische Demokratie und wie funktionierte sie?
- Wie unterschieden sich die Stadtstaaten Athen und Sparta?

M 1

Siedlungsraum der Griechen um 750 v. Chr.

cornelsen.de/webcodes
Code: gijeco
Vorschläge zum Besuch eines außerschulischen Lernortes (Kapitel 5)

1 Beschreibe mithilfe von M1 die Landschaft Griechenlands und vergleiche diese mit der Landschaft Ägyptens auf S. 58.

2 **Partnerarbeit:** Beschreibt euch gegenseitig M2, M3 und M4. Was erscheint euch fremd, was vertraut?

Christi Geburt

500 n. Chr.

5./4. Jh. v. Chr.
Demokratie* in Athen

um 500 n. Chr.
Beginn des Mittelalters

148 v. Chr.
Griechenland wird Teil des Römischen Reichs

M 2

Unterrichtsszene, athenische Schale, um 400 v. Chr. Ein Lehrer (Mitte) hält eine Schriftrolle mit dem Anfang der „Odyssee"; am Bildrand rechts sitzt ein Erzieher, der den Schüler zum Unterricht begleitet hat.

M 3

Wettkampfszene, athenische Vase, um 500 v. Chr. Gezeigt wird der Allkampf, eine Disziplin bei den Olympischen Spielen. Erlaubt war alles außer Beißen und Angriffe auf die Augenhöhlen. Rechts im Bild steht der Schiedsrichter.

M 4

Amphitheater in Epidauros, erbaut ca. 330 v. Chr. Die Akustik ist so gut, dass auch in den obersten Reihen jedes gesprochene Wort gut zu hören war. Das Theater bot ca. 12 000 Zuschauern Platz.

Wie entstanden die griechischen Stadtstaaten?

Einige von euch waren vielleicht schon in Griechenland. Was ist das Besondere an der griechischen Landschaft?
- *Gehe auf Entdeckungsreise und finde heraus, wie die griechischen Stadtstaaten entstanden.*
- *Erfahre, wie die Menschen zusammenlebten.*

M 1

Blick auf die Hafenstadt Livadia auf der Insel Thilos, Foto, 2013

Inseln und Gebirge

Gewaltige Bergketten durchqueren Griechenland. Sie bestehen aus Kalkgestein, das das Wasser nicht speichern kann. Deshalb sind die Böden hart und steinig. Die Gebirge befinden sich auch auf dem Meeresboden: Die vielen Inseln sind dabei die Spitzen der Berge.
Der Kontakt zwischen den Bewohnern der griechischen Siedlungen war wegen der vielen Gebirge schwierig. Wenn die Menschen Handel trieben, bevorzugten sie den schnelleren Seeweg. Seltener gingen sie zu Fuß und mit Lasteseln über steile Bergpfade.
Trotz aller Unterschiede fühlten sich die Griechen untereinander verbunden. Dafür sorgten vor allem die gemeinsame Sprache und Schrift. Sie nannten sich selbst Hellenen (= Griechen). Völker, die kein Griechisch konnten, sprachen in den Augen der Griechen nur unverständliche Wörter. Das klang für sie wie „bar-bar-bar", daher bezeichneten die Griechen Fremde als „Barbaren". Auch der Glaube an dieselben Götter verband die Menschen.

Bauern und Adlige

Um 900 v. Chr. lebten die meisten Griechen in verstreut und weit voneinander entfernt liegenden Bauernhöfen. Das Bauernhaus, die dazugehörige Familie und der Landbesitz bildeten zusammen eine Hausgemeinschaft (griech. Oikos*). Hier fanden die Menschen Schutz, Nahrung und Kleidung. Der Hausherr bestimmte über alle Mitglieder seines Oikos. Bei einem einfachen Bauern waren dies meist nur seine Ehefrau und die Kinder. Die meisten Bauern hatten gerade genug zum Überleben. Ganz anders war es bei den Adligen: Zu ihrem Oikos gehörten neben der Großfamilie zahlreiche Versklavte und Diener, die den großen Besitz an Land bewirtschafteten.
Nur Adlige konnten sich Pferde leisten. Wie Könige herrschten sie über ihre Gebiete. Untereinander stritten sie um Ruhm und Ehre, besuchten sich aber auch gegenseitig und veranstalteten Gastmähler*. Leitspruch der Adligen war: „Immer der Beste sein und anderen überlegen."

Wortschatz: sich an einem Ort niederlassen • eine Siedlung gründen • miteinander in Kontakt stehen • sich vor etwas schützen • das Zusammenleben in der Polis regeln • sich anderen überlegen fühlen • Land bewirtschaften • sich zusammengehörig fühlen

M 2

Bauern beim Pflügen und Säen, Vasenabbildung, 6. Jh. v. Chr.

Die Polis – ein Staat im Kleinen

Die Bevölkerung Griechenlands wuchs im 9. Jahrhundert v. Chr. und die Menschen ließen sich in den fruchtbaren Gegenden an den Küsten und Flüssen nieder. Zum Schutz vor Feinden bauten sie ihre Höfe eng zusammen und umgaben sie mit einer Mauer. Das Ackerland lag damit oft außerhalb der Mauern. Diese neue Form der Siedlung, eine Stadt mit zugehörigem Umland, nannten die Griechen Polis* (Stadtstaat, Mehrzahl: Poleis).

Gemeinsam regelten die Bürger der Stadt die Angelegenheiten ihrer Polis. Bürger waren die männlichen Bewohner mit Landbesitz. In Versammlungen auf dem Marktplatz (griech. die Agora*) diskutierten sie zum Beispiel darüber, ob ein neuer Weg angelegt werden sollte, oder sie versuchten sich bei einem Streit zu einigen. Wichtige Regelungen schrieben sie auf: So entstanden Gesetze. Fremde, Frauen, Kinder und Versklavte waren keine Bürger und durften nicht mitbestimmen. Die Polisbewohner verehrten ihre Götter in Tempeln. Diese waren meist in der Oberstadt (griech. Akropolis) der Polis zu finden.

Im antiken Griechenland entwickelten sich circa 250 voneinander unabhängige Stadtstaaten. Oft lebten nur rund 2000 bis 3000 Menschen in einem Stadtstaat. Die ca. 400 bis 900 Bürger kannten sich untereinander. Deutlich größer waren die Stadtstaaten Athen, Sparta, Korinth und Milet.

M 3

Die Polis Smyrna (heute Izmir, Türkei), wie sie wohl im 7. Jahrhundert v. Chr. aussah. Sie war vermutlich die Heimat des Dichters Homer. Die Gebäude mit kreisförmigem Dach waren Speicher. Rekonstruktionszeichnung auf Grundlage archäologischer Funde, 2014*

1 Erkläre in einem kurzen Text, welchen Einfluss die Landschaft Griechenlands auf das Zusammenleben der Griechen hatte. Nutze dafür den Darstellungstext und M1. Beginne so: *Die Landschaft Griechenlands besteht aus …*
Nutze den **Wortschatz**.

2 Beschreibe mithilfe des Darstellungstextes und M2 das Leben der Bauern und der Adligen. Stelle die Informationen in einer Tabelle einander gegenüber.

3 Wähle eine Aufgabe aus:

a) Nenne die Merkmale einer Polis, die in der Zeichnung M3 dargestellt sind. Nimm auch den Darstellungstext zu Hilfe.

b) Zeichne eine Mind-Map, in der du die Merkmale der Polis darstellst. Du kannst die Mind-Map auch digital erstellen (→ S. 197).

Zusatzaufgabe → S. 184.

Üben

Warum wanderten Griechen in die Fremde aus?

Bist du dort geboren, wo du heute lebst? Viele Griechen der Antike hätten diese Frage mit Nein beantwortet. Besonders vom 8. bis 6. Jahrhundert v. Chr. brachen zahlreiche Griechen in andere Länder auf und siedelten sich fern ihrer Heimat an.

- ***Die Ursachen für diese Wanderbewegung lernst du auf diesen Seiten kennen.***

M 1

Nachbau des Schiffes Argo, Foto. Das nach der Legende sagenhaft schnelle Schiff mit 50 Ruderplätzen stand unter dem Befehl von Jason und seinen Ruderern (den Argonauten).

Ursachen der Auswanderung

Zwischen 750 v. Chr. und 550 v. Chr. entstanden im gesamten Mittelmeerraum und am Schwarzen Meer griechische Stadtstaaten. Ihre Bewohner waren aus anderen Stadtstaaten ausgewandert. Dafür gab es viele Gründe: Manche mussten ihre Heimat verlassen, weil bei einer schlechten Ernte die Nahrung oft nicht mehr für alle Einwohner der Polis ausreichte. Auch verhinderte die räumliche Enge in den Tälern oftmals eine weitere Ausdehnung der Siedlungen. Ebenso zwangen Streitigkeiten zwischen den führenden Adligen oder Kriege die Menschen zur Auswanderung.

Viele Händler siedelten sich freiwillig an fernen Orten an, da sie sich dort größere Gewinne erhofften. Die neuen Siedlungen in der Fremde werden Kolonien genannt, der Vorgang der Besiedlung heißt Kolonisation*.

Die Gründung von Kolonien

Meist schlossen sich Auswanderer aus einer Polis zusammen und gründeten in der Fremde einen kleinen Handelsstützpunkt. Dies führte manchmal zu einem Streit mit den Einheimischen, die ihr Land oder die dort befindlichen Rohstoffe* nicht teilen wollten. Oft wurden die Griechen aber freundlich aufgenommen. Es wurden Produkte getauscht und Kontakte geknüpft. Waren die Lebensbedingungen in der Kolonie günstig, zogen immer mehr Menschen aus der „Mutterstadt" nach. So entstanden aus den Kolonien neue Stadtstaaten. Viele wurden größer und mächtiger als ihre Mutterstädte. Ein Beispiel dafür ist Kyrene, eine sehr wohlhabende Kolonie. Die Umgebung Kyrenes war reich an Getreide, Öl oder Wolle und der Heilpflanze Silphion, mit der Vergiftungen geheilt werden konnten.

Die Siedler hielten Kontakt zu ihrer Mutterstadt und reisten bei wichtigen religiösen Festen dorthin. Zudem nahmen sie an gesamtgriechischen Festen wie den Olympischen Spielen teil. Durch die Kolonisation verbreiteten sich die Staatsform der Polis und die griechische Lebensweise im gesamten Mittelmeerraum. Aber die Griechen übernahmen auch viele Elemente von den Völkern, mit denen sie in Kontakt kamen.

In der historischen Forschung ist umstritten, welche Rolle Frauen bei der griechischen Kolonisation spielten. Es ist unklar, ob die Frauen aus den Mutterstädten später in die Kolonien nachzogen oder ob ihre Männer mit Frauen aus den Kolonien neue Familien gründeten.

Wortschatz: sich an einem Ort ansiedeln • sich zusammenschließen • an einen anderen Ort weiterziehen • den Kontakt mit jemandem halten • jemanden nach ... aussenden • um etwas losen • einen Orakelspruch deuten • jemanden um Rat fragen • die Kolonie • Handel treiben

(das) Orakel von Delphi
Eine große Rolle bei der Kolonisation spielte das Orakel von Delphi. Da die Griechen glaubten, dass die Götter für ihr Glück und Unglück „zuständig" seien, wurden diese bei wichtigen Entscheidungen im Leben wie einer Schiffsfahrt oder Auswanderung um Rat gefragt. Dazu musste ein heiliger Ort aufgesucht werden, zum Beispiel Delphi. Dort saß die Priesterin Pythia über einer Erdspalte, aus der berauschende Dämpfe aufstiegen. Pythia entnahm, so glaubte man, den Dämpfen Vorhersagen des Gottes Apoll. Orakelsprüche waren häufig rätselhaft formuliert und mussten gedeutet werden, manchmal waren sie aber auch konkret und eindeutig.

M 2

Die Pythia weissagt einem König, attische Trinkschale, 5. Jh. v. Chr.

M 3

Die Gründung der Kolonie Kyrene

Der griechische Geschichtsschreiber Herodot (um 485–425 v. Chr.) berichtete, wie die Bewohner der griechischen Insel Thera (heute Santorin) im Jahr 631 v. Chr. die Kolonie Kyrene gründeten:

Als sich Grinnos, der König von Thera, ein Orakel über ganz andere Dinge sagen ließ, gab ihm die Pythia die Antwort, er solle in Libyen eine Stadt gründen. Darauf antwortete Grinnos: „Herr [Apollon], ich bin zu alt und schwerfällig, mich auf den Weg zu machen. Aber fordere doch einen von diesen Jüngeren dazu auf!" Während dieser Worte wies er auf Battos. Weiter geschah damals nichts. Nach ihrer Heimkehr ließen sie den Orakelspruch ganz unbeachtet; denn sie wussten nicht, wo in aller Welt Libyen liegt, und wollten es nicht gern wagen, Siedler ins Ungewisse auszusenden.
Nun blieb sieben Jahre lang der Regen in Thera aus. Während dieser Zeit vertrockneten alle Bäume auf der Insel mit Ausnahme eines einzigen. Auf ihre Anfrage beim Orakel erinnerte die Pythia sie an die Kolonisation in Libyen …
Die Theraier bestimmten, dass aus allen sieben Gemeinden der Insel immer je einer von zwei Brüdern um die Auswanderung losen sollte. Führer und König der Auswanderer sollte Battos sein. So schickten sie zwei Fünfzigruderer nach Platea … [Da es ihnen dort nicht gut ging, fragten sie nach zwei Jahren erneut bei der Pythia nach. Diese erinnerte sie an die Ansiedlung in Libyen.]
Als Battos und seine Leute dies hörten, segelten sie wieder zurück; denn offenbar ersparte ihnen der Gott die Ansiedlung nicht, bis sie nach Libyen selbst gekommen seien. Sie … siedelten sich auf dem libyschen Festland gegenüber der Insel an. Die Landschaft heißt Aziris … Im siebten Jahr [boten die Libyer an,] sie an einen noch schöneren Platz zu führen. Sie entschlossen sich mitzugehen [und gründeten Kyrene].

*Herodot, Historien, IV 150–158, hg. und übers. v. Josef Feix, München und Zürich (Artemis), 4. Aufl., 1988, S. 613 ff.***

1 Nenne mithilfe des Darstellungstextes die Gründe für die Auswanderung der Griechen von 750 bis 550 v. Chr.

2 **Wähle eine Aufgabe aus:**

a) Es dauerte lange, bis die Bewohner Theras in Kyrene eine Heimat fanden. Arbeite die einzelnen Etappen in der zeitlich passenden Reihenfolge heraus (M3). **Tipp** → S. 190.

b) Versetze dich in die Lage eines Auswanderers und erzähle die Geschichte der Kolonisation in Kyrene aus deiner persönlichen Sicht.

3 Erkläre in einem Artikel für eine Kinderzeitschrift die Gründung der griechischen Kolonien und das Leben dort. Verwende die folgenden Begriffe: Adlige, Orakel, Handelsstützpunkt, Rohstoffe, Mutterstadt, Kolonisation, griechische Lebensweise. Nutze für den Artikel auch den **Wortschatz**. ▸ Hilfe

4 **Partnerarbeit:**

a) Nennt Gründe, warum Menschen heute in andere Länder auswandern und sich dort ansiedeln.

b) Vergleicht diese mit den Gründen im antiken Griechenland.

Zusatzaufgabe → S. 184.

Üben

Kartenanimation: *Griechische Kolonisation*

Eine Geschichtskarte auswerten

cornelsen.de/webcodes
Code: cowoxe
Kopiervorlage Methodentabelle

Auf dieser Doppelseite lernst du eine Geschichtskarte kennen. In Geschichtskarten werden Informationen über einen bestimmten Raum zu einer bestimmten Zeit dargestellt. Historiker untersuchen verschiedene Quellen und erhalten Informationen, um eine Karte zu erstellen. Sie nutzen aber auch schriftliche Darstellungen und andere Geschichtskarten als Grundlage.

- ***Mithilfe der Arbeitsschritte lernst du eine Geschichtskarte auszuwerten, ihr also alle wichtigen Informationen geordnet zu entnehmen.***

M 1

Griechische Kolonien im Mittelmeerraum ca. 750–550 v. Chr.

M 2

Griechischer Tempel in Agrigento (heutiges Sizilien in Italien), erbaut zwischen 440 und 430 v. Chr., Foto, 2018

(die) statischen und dynamischen Geschichtskarten
Statische Karten zeigen einen Zustand zu einem bestimmten Zeitpunkt. Dynamische Karten geben Auskunft über eine historische Entwicklung, die sich über einen längeren Zeitraum erstreckte.

M3 *Bronze-Delphine, die als Geldmünzen verwendet wurden, gefunden in einer griechischen Siedlung bei Olbia, 6. Jh. v. Chr.*

Arbeitsschritte „Eine Geschichtskarte auswerten“

Den Kartentitel auswerten	Sprachliche Formulierungshilfen
1. Welche Informationen kannst du dem Kartentitel entnehmen?	• *Der Titel der statischen Karte lautet …* • *Aus dem Kartentitel erhalten wir Informationen über das Thema der Karte, über das Gebiet und …*
Die Kartenlegende entschlüsseln und den Maßstab feststellen	
2. Nimm dir Zeit, die Legende genau zu studieren. Sie ist der Schlüssel zum Verständnis der Karte: Wofür stehen die verwendeten Symbole?	• *Die Legende enthält verschiedene Symbole für Mutterstädte und Kolonien. Quadrate kennzeichnen … Kreise stehen für … Gleiche Farben bedeuten …*
3. Welche Bedeutung haben die Schriftfarben?	• *In der Karte finden sich Namen in roter Farbe. Beispiele sind … Sie stehen für …*
4. In welchem Maßstab ist die Karte angefertigt?	• **Tipp:** *Der Maßstab wird in Geschichtskarten meist als Entfernungsleiste mit Kilometerangaben dargestellt.* • *… cm entsprechen in dieser Geschichtskarte einer Entfernung von 500 km.*
Die Karte lesen	
5. Häufig gehst du von vorformulierten Fragen und Aufgaben aus, manchmal stellst du selbst Fragen an die Karten.	• *Wie weit erstreckte sich das Siedlungsgebiet der Griechen?* • *Wo wurden viele Kolonien gegründet?* • …
6. Was ist die Hauptaussage der Karte?	• *Um 550 v. Chr. siedelten Griechen … Es wird auch deutlich, dass …*
Weitere Fragen zur Karte stellen	
7. Karten können nicht alle wichtigen Informationen zu einem Thema enthalten, da sie sonst mit Symbolen überladen und kaum lesbar wären. Ausgehend von einer Karte ergeben sich deshalb oft Fragen, zu deren Beantwortung du weitere Hilfsmittel benötigst.	• *Zum Beispiel: Welche Gründe veranlassten die Menschen, aus ihrer Mutterstadt auszuwandern?* • *Gab es Konflikte zwischen der einheimischen Bevölkerung und den eingewanderten Griechen?* **Tipp:** *Suche in deinem Schulbuch oder im Internet nach weiteren Informationen.* • …

1 Werte die Karte M1 mithilfe der Arbeitsschritte aus. Nutze die sprachlichen Formulierungshilfen und ergänze diese an den mit Auslassungspunkten markierten Stellen (…) mit eigenen Kenntnissen und Informationen. Nimm den **Wortschatz** auf S. 100 zu Hilfe.

2 Berechne die Länge des Seewegs von Thera nach Kyrene. **Tipp** → S. 190.

3 „Durch die Kolonisation verbreitete sich die griechische Lebensweise im gesamten Mittelmeerraum.“ Beurteile diese Aussage. Nutze für die Begründung M2 und M3. **Tipp** → S. 190. ► Hilfe

Woran glaubten die Griechen?

cornelsen.de/webcodes
Code: soziha
Götterquiz

Die Griechen waren unter anderem durch die gemeinsame Sprache oder den Handel miteinander verbunden. Ihr Zusammengehörigkeitsgefühl wurde auch durch die Verehrung vieler Götter und Göttinen gestärkt.

- ***Entdecke, welche Bedeutung die Götter im antiken Griechenland hatten, und finde heraus, wo sie auch heute noch zu finden sind.***

M1 *Griechische Götter des Olymp, Zeichnungen, 2012*

M2 **Eine frei erfundene Geschichte über ein Treffen der Götterfamilie auf dem Gipfel des Olymp:**

Der Göttervater Zeus wollte wieder einmal seine Kinder und Geschwister bei sich vereint sehen. Daher ließ er Hermes, den Götterboten, zu sich kommen und befahl ihm: „Ziehe deinen Flügelhelm an und rufe mir deine Brüder und Schwestern herbei! Ich will mit Hera, meiner Frau, zu einem Essen einladen."

Hermes flog zuerst zu Hephaistos, dem Gott des Feuers. Der schmiedete großartige Waffen. Seine Frau war die schöne Aphrodite. Sie warf noch einen Blick in den Spiegel und machte sich dann auf den Weg zum Berg Olymp, dem Sitz der Götter. Ihr hinkender Mann Hephaistos konnte mit ihr nicht Schritt halten. Athene, die Lieblingstochter des Zeus, traf Hermes in der Polis Athen, deren Einwohner sie zur Schutzgöttin erwählt hatten. Sie nahm Lanze und Schild und eilte zu ihrem Vater. Artemis jagte gerade auf der Halbinsel Peloponnes. Nicht weit davon entfernt traf der Götterbote auch ihren Bruder Apollo. Auf den Befehl des Hermes hin ergriff er sein Musikinstrument, eine Leier, und suchte mit seiner Schwester seinen Vater auf. Dionysos, der Gott des Weines, schloss sich ihnen an. Zuletzt fand Hermes den Gott des Krieges, Ares. Wie er ihn antraf – mit Schild und Lanze –, so brachte ihn Hermes zu seinen Geschwistern auf den Olymp.

Auch die Brüder des Zeus waren gekommen: Poseidon mit seinem gabelförmigen Dreizack, der Gott des Meeres, und Hades, der Gott der Unterwelt und des Reichs der Toten. Er hatte seinen Richterstuhl verlassen, um der Einladung zu folgen. Kerberos, den mehrköpfigen Hund, ließ Hades als Wächter zurück. Bei Nektar und Ambrosia – Getränk und Speise der Götter – unterhielten sich die Gäste und teilten Zeus ihre Sorgen mit.

*Gustav Adolf Süß, Curriculum Geschichte, Bd. 1: Altertum, Frankfurt a. M. (Verlag Moritz Diesterweg) 1975, S. 185.***

Wortschatz: einen Mythos erzählen • sich Götter wie Menschen vorstellen • einen Tempel bauen • die Götter verehren • einen Altar errichten • ein Opfer bringen/ein Tier opfern • sich unter die Menschen mischen

M 3

Odysseus lauscht den Sirenen. Darstellung aus der „Odyssee" des Dichters Homer, Vasenmalerei, 480 v. Chr. Sirenen sind weibliche Fabelwesen, die mit ihrem Gesang Seefahrer auf ihre Insel locken, wo die Seefahrer dann sterben. Odysseus lässt sich an den Schiffsmast binden, damit er dem Sirenen-Gesang nicht folgen kann. Er ist ein Liebling der Göttin Athene. Der Meeresgott Poseidon aber macht ihm das Leben durch ungünstige Winde schwer.

M 4

Buchcover von „Percy Jackson – Diebe im Olymp" von Rick Riordan, 2010. In der amerikanischen Fantasy-Jugendbuchreihe stehen die Abenteuer eines zwölfjährigen Jungen im Mittelpunkt, der als Sohn von Poseidon ein Halbgott ist. In den Geschichten leben die griechischen Götter heute weiter.

Götter, Halbgötter und menschliche Helden

Über 300 griechische Götter kennen wir heute noch mit Namen. Die wichtigsten waren die zwölf olympischen Götter mit dem Göttervater Zeus, der wie ein menschlicher Vater über eine ganze Familie herrschte. Als Wohnort der Götter galt der Olymp, ein fast 3000 Meter hoher Berggipfel in Griechenland. Die Griechen stellten sich die Götter wie Menschen vor. Die Götter sahen nicht nur aus wie Menschen, sie hatten auch menschliche Gefühle: Sie verliebten sich, wurden zornig oder übten Rache. Anders als Menschen waren die Götter unsterblich und besaßen übernatürliche Kräfte. Eine Sage, also eine Erzählung von Göttern, Halbgöttern und menschlichen Helden, wird Mythos* genannt. Die Mythen erzählen oft davon, wie Götter die Gestalt von Menschen oder Tieren annehmen und sich in die Welt der Menschen hineinbegeben. Die Halbgötter haben ein göttliches und ein menschliches Elternteil.

Das Opfer der Menschen für die Götter

Die Griechen begegneten ihren Göttern mit Respekt und Ehrfurcht. Sie brachten täglich an einem Altar* in ihrem Haus Opfergaben dar, um die Götter freundlich zu stimmen. Außerdem wurden die Götter außerhalb des Hauses in öffentlichen Tempeln verehrt. Die Griechen nahmen regelmäßig an Festen zu Ehren der Götter teil, die in jeder Polis stattfanden. Dabei wurden Tiere geopfert. Ein Teil des geschlachteten Opfertiers wurde verbrannt, denn nach der Vorstellung der Menschen brauchten die Götter den Rauch zum Leben. Der Rest wurde gebraten und gemeinsam verspeist.

1 Überprüfe mithilfe von M2, welche Götter in M1 abgebildet sind und welche Aufgaben sie haben. Erstelle eine Tabelle. **Tipp** → S. 190.

2 Beschreibe mithilfe des Darstellungstextes und M3 die Eigenschaften der Götter und ihre Bedeutung für die Menschen. Verwende den **Wortschatz**.

3 a) **Methode:** Recherchiere nach Beispielen für die Verwendung griechischer Götternamen in der Gegenwart. Nutze die Arbeitsschritte auf S. 93.
▸ Hilfe

b) Begründe, warum die Götternamen auch heute noch verwendet werden.

4 Diskutiert, warum die Geschichten um „Percy Jackson" (M4) viele Jugendliche faszinieren. **Tipp** → S. 190.

Zusatzaufgaben → S. 184.

Üben

Olympia: Ist Dabeisein alles?

cornelsen.de/webcodes
Code: runabu
Die Olympischen Spiele der Antike

Die wichtigsten sportlichen Wettbewerbe waren die Olympischen Spiele. Sie wurden zu Ehren des Gottes Zeus alle vier Jahre abgehalten und fanden seit dem Jahr 776 v. Chr. im Ort Olympia statt.

- ***Finde heraus, welche Bedeutung die Olympischen Spiele für Sportler hatten und noch heute haben, sowie Gemeinsamkeiten und Unterschiede.***

M 1

Weitspringer mit Sprunggewichten, Vasenmalerei, um 500 v. Chr.

M 2

Wagenrennen, Vasenmalerei, 6. Jh. v. Chr.

Die Olympischen Spiele – mehr als ein Sportfest

Jeder freie männliche Grieche konnte als Sportler an den Olympischen Spielen teilnehmen. Versklavte, Frauen und Nichtgriechen waren ausgeschlossen. Vermutlich waren die meisten Sportler Adlige – es konnte sich eben nicht jeder leisten, monatelang nur zu trainieren statt zu arbeiten und nach Olympia zu reisen. Aus allen griechischen Stadtstaaten, selbst aus weit entfernten Kolonien, begaben sich Sportler und Zuschauer nach Olympia. Schätzungen zufolge konnten im Stadion bis zu 40 000 Menschen die Wettbewerbe verfolgen. Bereits Monate vor dem Beginn der Olympischen Spiele verkündeten Boten den „Gottesfrieden". Die griechischen Stadtstaaten ließen die Waffen ruhen, damit alle sicher nach Olympia reisen konnten. Im Fall eines Sieges wurde dem Besten einer Sportart ein Olivenzweig überreicht. In seiner Heimat erhielt der Sieger weitere Geschenke oder besondere Rechte, etwa lebenslange Befreiung von der Steuer. Für jede Polis war es eine Ehre, einen Olympiasieger vorweisen zu können. Die Spiele waren für die Griechen so wichtig, dass sie Grundlage ihres Kalenders wurden. Den Zeitraum zwischen den Spielen nannten sie Olympiade.

M 3

Ablauf der Olympischen Spiele im 5. Jahrhundert v. Chr.:

1. Tag: Feierliche Eröffnung mit einem Opfer am Altar des Zeus; Eid der Athleten, ihrer Brüder, Väter und Trainer im Rathaus: Versprechen, sich an die olympischen Regeln zu halten; Einteilung der Kämpfer und Pferde in Altersgruppen durch Schiedsrichter
2. Tag: Wettkämpfe der Jugend (Laufen, Ringen, Faustkampf)
3. Tag: Pferde- und Wagenrennen, nachmittags Fünfkampf (Weitsprung, Diskus, Speerwurf, Wettlauf, Ringkampf), abends Opfer für König Pelops
4. Tag: Tag des Vollmonds, Festzug zum Altar des Zeus, Opfer, abends Festmahl
5. Tag: morgens Laufwettbewerbe in unterschiedlichen Längen, nachmittags Kampfsportarten (Ringkampf, Faustkampf, Allkampf)
6. Tag: Ehrung der Sieger mit Olivenzweigen im Zeustempel, Festmahl der Sieger

Zusammengestellt v. Verf.

Wortschatz: einen Wettbewerb veranstalten • die Wettkämpfe austragen • für etwas trainieren • ein Opfer bringen • dem Gott/der Göttin opfern • einen Eid schwören • den Wettkampf gewinnen • den Sieger ehren

M 4

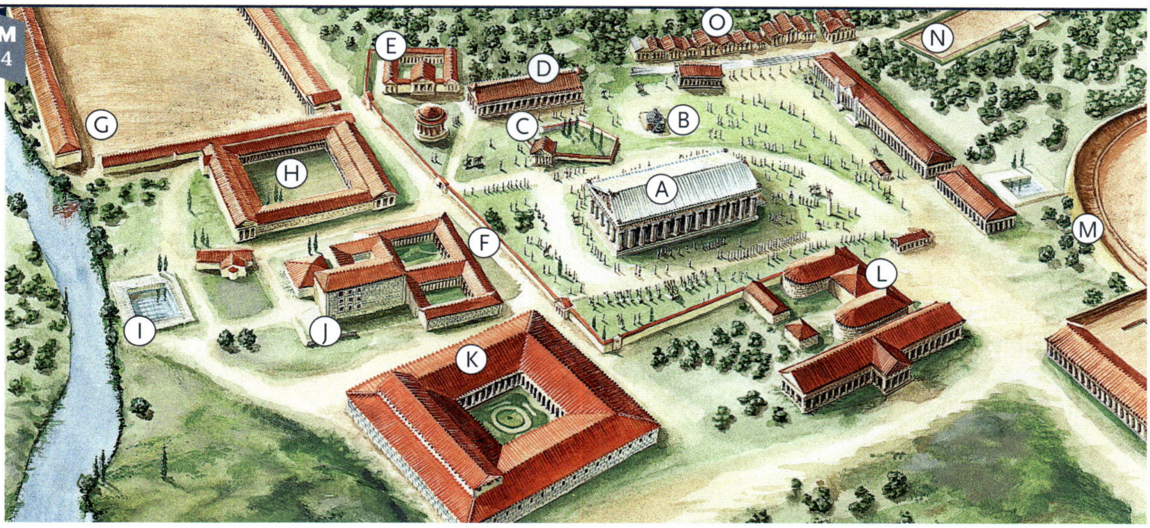

Olympia im 1. Jahrhundert v. Chr., Rekonstruktionszeichnung, 1995. Beschriftet sind die wichtigsten Gebäude; A Zeustempel mit Zeusstatue; B Zeusaltar; C Grab des Königs Pelops; D Heratempel; E Prytaneion: Amtssitz hoher Verwaltungsbeamter (Ort der Festmähler); F Mauer um den heiligen Bezirk, der nur von griechischen Bürgern betreten werden durfte; G Gymnasion (Sportplatz); H Trainingsplatz für Kampfsportler; I Schwimmbad mit Badehaus; J Werkstatt des Bildhauers Phidias (hier wurde die Zeusstatue, die als Weltwunder galt, hergestellt); K Gästehaus; L Rathaus (Ort des Olympischen Eids); M Pferderennbahn; N Stadion (192 m Länge, Lauf- und Kampfwettbewerbe); O Schatzhäuser einzelner Poleis (hier wurden Geschenke für die Götter aufbewahrt)

M 5

Interview mit Julius Brink und Jonas Reckermann, die 2012 bei den Olympischen Spielen in London Gold im Beachvolleyball gewannen (2018)

Welche Bedeutung und welche Folgen hatte die Teilnahme an den Olympischen Spielen für Sie persönlich?

Brink: Der Olympiasieg und wie er zustande kam, ist mir immer noch ein bisschen ein Rätsel. Die Folge waren eine mediale Aufmerksamkeit, die für Sportler aus unserer Branche[1] völlig unbekannt war. Ich hätte damit nie gerechnet und habe mich darauf auch kein bisschen vorbereitet. Dieses hat alles lange überlagert. Mittlerweile erfüllt mich der Sieg mit purer Freude und er bedeutet mir sehr viel. Ich denke sehr gern an die Zeit in London und unser Team zurück.

Reckermann: Der Olympiasieg ist der größte Erfolg, den man in unserer Sportart Beachvolleyball erreichen kann. Am befriedigendsten sind weniger die Medaille oder der Ruhm, sondern das Gefühl, mit intensivem Training und Aufwand auf etwas hingearbeitet zu haben und am Ende mit dem Erfolg belohnt zu werden. Eine Folge der Goldmedaille war ein gesteigerter Bekanntheitsgrad. Außerdem hat mir der 1. FC Köln eine lebenslange Dauerkarte geschenkt – eine schöne Begleiterscheinung des Olympiasiegs.

Interview vom 6. 12. 2018.

[1] *Diese Aussage bezieht sich darauf, dass über Volleyball in den Medien nicht so häufig berichtet wird.*

1 Begründe mithilfe von M3 und M4, dass die Olympischen Spiele der Antike aus religiösen Gründen stattfanden.

2 Beschreibe aus Sicht eines Athleten den Ablauf der Olympischen Spiele. Gehe von M3 aus und verdeutliche dir an M4 die Wege eines Athleten. Beginne so: *„Am ersten Tag begaben wir uns als Teilnehmer zum Altar des Zeus (B). Dieser liegt im heiligen Bezirk …“* Nutze auch den **Wortschatz**.

3 **a)** Arbeite die Bedeutung der Olympischen Spiele für die beiden Sportler in M5 heraus.
b) Vergleiche ihre Motive zur Teilnahme an den Olympischen Spielen mit denen der Sportler in der Antike (Darstellungstext).

4 **a)** Recherchiere zu den Abläufen und den Sportdisziplinen heutiger Olympischer Spiele.
b) Fasse die Unterschiede zur Antike mithilfe des Darstellungstextes, M1 und M2 zusammen.

Zusatzaufgabe → S. 184.

Video: *Das Gelände von Olympia*

Wie entstand in Athen eine Demokratie?

cornelsen.de/webcodes
Code: vemoye
In Athen entsteht eine Demokratie

Das Recht, dass alle Bürgerinnen und Bürger in der Politik mitbestimmen können, ist für uns heute in Deutschland selbstverständlich. Entstanden ist die Vorstellung von der politischen Mitbestimmung in der Polis Athen. In Athen herrschten zuerst Könige und dann Adlige. Aber im 6. Jahrhundert v. Chr. erhielten auch die Bürger immer mehr Mitspracherechte.

- ***Finde heraus, wie die Demokratie in Athen entstand.***

M 1

Tonscherben mit eingeritzten Namen, Athen, um 470 v. Chr.

Monarchie und Aristokratie

Das Land, auf dem die Athener Bauern ihre Nahrungsmittel, wie zum Beispiel Getreide, anbauten, gehörte mächtigen adligen Familien. Die Bauern waren zwar freie Bürger, mussten aber den Adligen Abgaben in Form von Geld leisten. Um 700 v. Chr. konnten die Adligen aufgrund ihres Reichtums an Macht und Einfluss gewinnen. Sie setzten den König ab und beendeten die Herrschaft eines einzelnen Königs, die Monarchie*. Ihre neue Herrschaftsform nannten sie Adelsherrschaft, Aristokratie*. In der Aristokratie hatten Bürger, Fremde, aber auch Frauen und Versklavte keine politischen Mitspracherechte.

Der Adlige Solon löst die Krise der Bauern

Schlechte Ernten verschärften im 7. Jahrhundert v. Chr. die Lage der Bauern. Sie mussten sich Saatgut von Adligen leihen, konnten die Schulden aber meist nicht zurückzahlen. So lange die Bauern Schulden hatten, waren sie vollständig von den Adligen abhängig und verloren ihre Freiheit. Diese Abhängigkeit der Bauern von den Adligen heißt Schuldknechtschaft*.

Die Unzufriedenheit der Bauern wuchs. Als um 600 v. Chr. ein Aufstand der Bauern gegen die Adligen drohte, der leicht in einem Bürgerkrieg hätte enden können, ernannten die Athener den angesehenen Adligen Solon zum „Schiedsrichter". Zunächst verbot Solon die Schuldknechtschaft. Die verschuldeten Bauern und ihre Familien bekamen ihre Freiheit zurück. Sie waren damit wieder freie Bürger Athens.

Solon teilte die männlichen Bürger in vier Vermögensklassen ein: Vom Besitz hing ab, wie viele Rechte und Pflichten jemand hatte. Zwar konnten die Bürger der untersten Vermögensklasse keine politischen Ämter übernehmen, aber sie durften erstmals mit den anderen Bürgern in der Volksversammlung über Angelegenheiten der Polis mitentscheiden.

Mehr politische Mitbestimmung durch Kleisthenes

Ab 508 v. Chr. setzte der Adlige Kleisthenes weitere Veränderungen, also Reformen*, durch. Er führte das Scherbengericht* ein. Wenn die Bürger einen Mann verdächtigten, dass er die Herrschaft allein an sich reißen wollte, ritzten sie in der Volksversammlung seinen Namen auf eine Scherbe. Derjenige, dessen Name am häufigsten aufgeschrieben wurde, musste Athen für zehn Jahre verlassen. Er verlor aber weder Ehre noch Vermögen.

Kleisthenes erreichte, dass auch Bürger der untersten Vermögensklasse das Recht bekamen, politische Ämter zu übernehmen. So konnten sie, wenn sie ausgelost wurden, im „Rat der 500" (siehe M3) mitarbeiten oder ein Richteramt übernehmen.

Wortschatz: die Lage verschlechtert sich • Abgaben leisten • ein Amt übernehmen • für ein Amt ausgelost werden • Anerkennung erwerben • Reformen durchführen • das Gesetz beschließen • mitbestimmen • in Schuldknechtschaft geraten

M2

Volksversammlung auf der Pnyx, Rekonstruktionszeichnung

M3

Geschichte erzählt: Ein Athener Bürger hätte um 490 v. Chr. so über sein Amt im Rat der 500 berichten können:

Als Athener Bürger wurde ich zum Mitglied im Rat der 500 gelost. Unsere Aufgabe ist es, die Volksversammlungen vorzubereiten. An einer Volksversammlung nehmen manchmal bis zu 6000 Personen teil. Die Volksversammlung kommt rund vierzig Mal im Jahr auf der Pnyx* zusammen. Eine Versammlung mit so vielen Teilnehmern muss man gut vorbereiten!

Der Rat der 500 hat verschiedene Aufgaben. Wir überwachen die Einnahmen und Ausgaben des Staates. Außerdem kontrollieren wir die Beamten. Wenn ein neues Gesetz gebraucht wird, erarbeiten wir im Rat der 500 einen Gesetzesvorschlag, über den dann in der Volksversammlung diskutiert wird. Nur in der Volksversammlung werden Gesetze beschlossen und politische Entscheidungen, wie etwa über Krieg und Frieden, getroffen. Auch die Volksversammlung kontrolliert die Beamten und jeder Bürger kann dort einen Antrag für ein neues Gesetz einreichen. Neulich wurde ich ausgelost und durfte die Volksversammlung leiten.

Ich kenne einige Bürger, für die eine Mitarbeit in der Volksversammlung oder in einem Amt kaum infrage kommt. Sie sind nicht wohlhabend und können es sich nicht leisten, dass während ihrer politischen Tätigkeit ihre Arbeit ruht. Am besten wäre es, wenn wir für die Arbeit im Rat oder der Volksversammlung bezahlt würden!

Verfassertext

1 Erkläre mithilfe des Darstellungstextes und des Lexikons die Begriffe Aristokratie und Demokratie.

2 Arbeite aus dem Darstellungstext heraus, warum es in der Polis Athen im 7. Jahrhundert v. Chr. zu einer Krise kam. Nutze dazu den **Wortschatz**.

3 Erläutere die Maßnahmen Solons (Darstellungstext Z. 12–33).

4 Erkläre, wie Kleisthenes die Neuerungen Solons weiterentwickelte (Darstellungstext Z. 34–48, M1).

5 Wähle eine Aufgabe aus:

a) Fasse die Aufgaben und Funktionen des Rates der 500 in einer Liste zusammen (M3).

b) Fasse die Aufgaben und Funktionen der Volksversammlung in einer Liste zusammen (M2, M3).

6 Beurteile die Reformen von Solon und Kleisthenes.

Tipp → S. 191. ▸ Hilfe

Zusatzaufgabe → S. 184.

Wie funktionierte die Demokratie in Athen?

Im Verlauf des 5. Jahrhunderts v. Chr. entwickelte sich die Demokratie in Athen weiter. Auch ärmere Bürger bekamen mehr politische Mitsprachemöglichkeiten. Gleichzeitig wurde kontrolliert, dass Bürger ihre Ämter verantwortungsvoll ausübten.

- ***Finde heraus, wie die Demokratie in Athen funktionierte.***

Perikles führt demokratische Neuerungen ein

Ein bedeutender Politiker in Athen war Perikles. Die Athener wählten Perikles 15 Jahre lang, bis zu seinem Tod, in das Amt des Heerführers (Strategen*). Großes Ansehen erwarb Perikles sich bei den Athenern, als er Frieden mit dem mächtigen Stadtstaat Sparta schloss. Unter Perikles erhielten ärmere Bürger „Tagegelder" (griech. Diäten), wenn sie ein politisches Amt ausübten. Sie wurden damit für den Verdienstausfall entschädigt. Dies galt ab 462 v. Chr. für Bürger mit Ämtern und ab der Zeit um 400 v. Chr. auch für die Teilnahme an der Volksversammlung. Nun erst konnten sich wirklich alle Bürger an der Politik beteiligen. Frauen, Versklavte und Fremde blieben auch weiter von der Politik ausgeschlossen. Historiker bezeichnen die Regierungszeit von Perikles als die „Vollendung der Demokratie".

Gegenseitige Kontrolle

In Athen bestimmte fast immer das Los*, wer ein Amt ausüben sollte. Die Bürger der Volksversammlung losten die Teilnehmer des „Rates der 500" aus. Auch die Richter, die in den Athener Gerichtsversammlungen Recht sprachen, wurden ausgelost. Pro Jahr waren das etwa 6000 Athener Bürger.

Nur die Strategen, die Architekten, die Schreiber bei der Volksversammlung und die Aufseher für öffentliche Bauprojekte wurden gewählt, weil für diese Aufgaben spezielle Kenntnisse und Fähigkeiten nötig waren. Fast alle Ämter wurden jährlich neu vergeben.

Die Tätigkeit der Beamten wurde ständig durch den Rat der 500 und die Volksversammlung kontrolliert. Beamte, mit denen man unzufrieden war, konnten sofort abgesetzt werden. Außerdem mussten die Beamten nach ihrer einjährigen Amtszeit vor einem Gericht Rechenschaft über ihre Tätigkeiten geben. Es wurde zum Beispiel geprüft, ob ein Beamter bestechlich war. Eine weitere Art der Kontrolle durch die Bürger war das „Feedback", eine Rückmeldung der Zuhörer in der Volksversammlung: Wenn ein Redner den Eindruck machte, dass er von seinem Thema nicht genug wusste, wurde er ausgelacht und manchmal sogar von der Rednertribüne entfernt.

M 1

In seiner Komödie „Die Wespen", um 422 v. Chr. geschrieben, lässt der Dichter Aristophanes den Richter Philokleon auftreten. Philokleon sagt in dem Stück:

Was gibt es heutzutage für ein größeres Glück, als Richter zu sein? Niemand hat mehr Vergnügen und niemand ist gefürchteter, und wenn er noch so alt ist! Zunächst beobachten mich die Leute, auch große Persönlichkeiten ... Und dann fleht man mich unter Verbeugungen mit weinerlicher Stimme an: „Hab Mitleid mit mir" ... Dann gehe ich ins Gericht und tue nichts von dem, was ich den Bittstellern versprochen habe, sondern ich höre mir an, wie die Angeklagten in allen Tonlagen versuchen, ihren Freispruch zu erreichen ...

Und das Angenehmste von allem hätte ich fast vergessen: Wenn ich mit meinem Gehalt nach Hause komme, wollen alle wegen des Geldes gut Freund mit mir sein ...

Ist meine Macht nicht enorm? Muss ich Zeus um irgendetwas beneiden?

*Aristophanes, Die Wespen, hg., übersetzt und kommentiert von Lutz Lenz, Berlin/Boston (de Gruyter) 2014, V. 548–619.***

Wortschatz: ein Amt wahrnehmen • für den Verdienstausfall entschädigt werden • jemanden absetzen • Rechenschaft über etwas ablegen • die Bürgerrechte erwerben • ein Tagegeld erhalten • jemanden kontrollieren/auslosen/wählen

M2

Der Geschichtsschreiber Thukydides gibt eine Rede von Perikles wieder (5. Jh. v. Chr.):

a) Weil unsere Verfassung nicht auf einer Minderheit, sondern auf einer Mehrheit der Bürger beruht, trägt sie den Namen „Demokratie“. Das ist so zu verstehen: Jeder hat, abgesehen von seiner persönlichen Besonderheit, mit allen vor dem Gesetz die gleichen Rechte.
Seine Stellung und Ehre im öffentlichen Leben aber richten sich nach der Anerkennung, die er sich in irgendeinem Bereich erwirbt. Man überträgt dem Einzelnen also Aufgaben nicht aufgrund seiner Zugehörigkeit zu einer Gruppe, sondern aufgrund seiner Tüchtigkeit. Bei uns ist Armut kein Grund für eine niedrige Stellung und auch kein Hindernis, dem Staat nützliche Dienste zu leisten.

b) Wir sehen in demjenigen, der am öffentlichen Leben nicht aktiv teilnimmt, nicht einfach einen ruheliebenden Bürger, sondern ein faules und unnützes Glied des Staates.
Es ist die Gesamtheit der Bürger, die Staatsgeschäfte durch Abgabe der Stimme zur Entscheidung bringt oder sich über sie ihre Gedanken macht.

Thukydides, Geschichte des Peloponnesischen Krieges, übers. von Georg Peter Landmann, Zürich/Stuttgart (Artemis) 1960, S. 34 f. **

M3

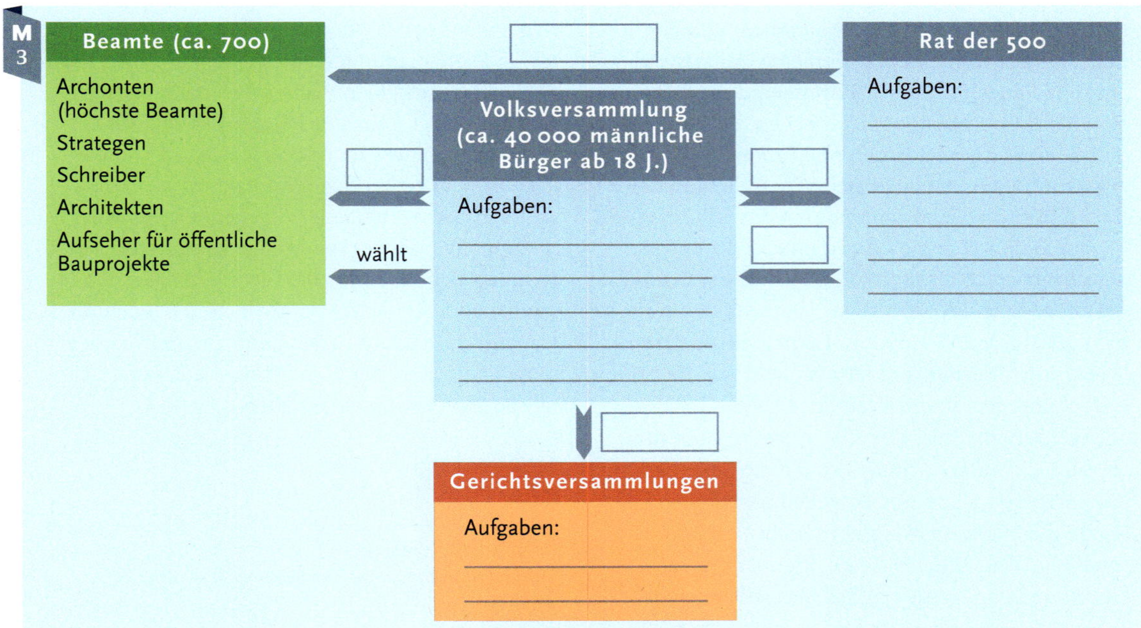

Die Demokratie in Athen im 5. Jahrhundert v. Chr., Schaubild

1 Stelle mithilfe von M2 dar, woran ein Bürger in Athen nach der Meinung von Perikles gemessen wurde. **Tipp** → S. 191.

2 Zeichne das Schaubild M3 in dein Heft und vervollständige es mithilfe des Darstellungstextes (Z. 16–39) und M3 auf S. 109. **Tipp** → S. 191.

3 **Wähle eine Aufgabe aus:**

a) Erkläre in einem kurzen Text, wie die Demokratie in Athen nach Perikles aufgebaut war. Nutze den **Wortschatz**.

b) Wer spricht hier? Ordne A bis C den Personen oder staatlichen Einrichtungen in M3 zu:

A Wir bereiten die Volksversammlung vor.

B Ich habe eine besonders verantwortungsvolle Tätigkeit und bin stolz, dass ich gewählt wurde. Einer meiner Kollegen ist Perikles.

C Für das Losverfahren brauche ich Geduld! Fällt das Los auf mich, entscheiden wir gemeinsam über die vorgetragenen Streitfälle.

4 Nimmt der Richter in M1 sein Amt so wahr, wie er es tun sollte? Begründe deine Meinung.

5 Die Athener hielten das Losverfahren für die gerechteste Art, Ämter zu besetzen. Diskutiert in der Klasse die Vor- und Nachteile des Losverfahrens.

Zusatzaufgabe → S. 184.

Üben

Eine schriftliche Quelle untersuchen

Um 450 v. Chr. stieg Perikles zum einflussreichsten Politiker in Athen auf. Über seine Person wissen wir heute deshalb so gut Bescheid, weil bereits in der Antike viel über ihn geschrieben wurde. Den Text auf dieser Seite hat der Historiker Plutarch geschrieben. Was erfahren wir aus dieser Quelle? Was musst du beachten, damit du sie verstehst und richtig einschätzen kannst? Die Arbeitsschritte leiten dich an.

M 1

Der Geschichtsschreiber Plutarch (45–125 n. Chr.) über Perikles

Plutarch lebte in Griechenland und verfasste zwischen 105 und 115 n. Chr. Lebensbeschreibungen berühmter griechischer und römischer Männer:

In jungen Jahren hielt sich Perikles dem Volke vorsichtig fern. Seine äußere Erscheinung erinnerte nämlich an den Tyrannen[1] Peisistratos, und alte Leute bemerkten mit Entsetzen eine weitere Ähnlichkeit: die wohllautende Stimme und die Fähigkeit, rasch und gewandt zu sprechen. Da er überdies reich war, einer vornehmen Familie entstammte und einflussreiche Freunde besaß, fürchtete er die Verbannung durch das Scherbengericht. So mied er die Politik, im Felde hingegen bewährte er sich als tapferer, wagemutiger Soldat. Als aber Aristeides gestorben, Themistokles verbannt und Kimon[2] fast immer durch auswärtige Kriege von Griechenland ferngehalten war, tat er endlich den Schritt ins öffentliche Leben. Er verschrieb sich aber nicht der Sache der reichen Aristokraten*, sondern schlug sich auf die Seite des armen Volkes, allerdings entgegen seiner eigenen Natur, die ihn keineswegs zum Volksmann geschaffen hatte. Allein er hegte offenbar die Befürchtung, man werde ihn des Strebens nach der Tyrannis verdächtigen, und da er zudem bemerkte, wie beliebt sich Kimon als guter Aristokrat bei den Vornehmen gemacht hatte, suchte er Rückendeckung bei der Masse. Er gewann dadurch persönliche Sicherheit und eine starke Position gegenüber Kimon.

Sogleich gab er seinem Leben eine andere Ordnung. In der Stadt sah man ihn nur noch einen Weg gehen, auf die Agora und zum Rathaus. Er schlug alle Einladungen aus, verzichtete ganz auf fröhliche Geselligkeit. Während all der langen Jahre, da er an der Spitze des Staates stand, war er bei keinem seiner Freunde zu Gaste ... Er hütete sich vor dem beständigen Kontakt mit dem Volk ... Er vermied es, bei jeder Gelegenheit das Wort zu ergreifen oder vor der Menge aufzutreten, sondern gab sich ... nur für die wichtigsten Geschäfte her, die anderen ließ er durch seine Freunde und ihm ergebene Redner erledigen. ... In der Redekunst übertraf er alle. Daher soll er auch den Beinamen „der Olympier" erhalten haben.

Plutarch, Perikles, 7–8, in: ders.: Große Griechen und Römer, hg. und übers. v. Konrat Ziegler, Bd. 2, Zürich und Stuttgart (Artemis) 1955, S. 114 f., Bearb. d. Verf.

[1] Tyrann = Alleinherrscher.
[2] Aristeides, Themistokles und Kimon waren athenische Politiker.

Perikles

Perikles lebte um 490 bis 429 v. Chr. in Athen. Zwischen 443 und 429 v. Chr. wählte ihn die Volksversammlung jedes Jahr zum Strategen, also zu einem der zehn Beamten, die das Heer und die Flotte* Athens führten. Er regte an, dass die durch die Perser zerstörte Akropolis wieder neu aufgebaut wurde. Zudem setzte er sich dafür ein, dass Bürger Tagegelder erhielten, wenn sie politische Ämter übernahmen. Er starb in Athen an der Pest.

1 Untersuche M1 mithilfe der Arbeitsschritte. Ergänze die Lösungshinweise mit deinen eigenen Ergebnissen, besonders an Stellen, wo du Auslassungszeichen siehst (...).

2 **Gruppenarbeit:** Verfasst für ein Schülerlexikon einen Artikel über Perikles. Nutzt die Informationen zu seiner Person und ergänzt sie durch wichtige Informationen aus der Quelle M1. Achtet darauf, dass der Artikel sachlich geschrieben ist.

Arbeitsschritte „Eine schriftliche Quelle untersuchen“

Textquelle gründlich lesen	**Lösungshinweise zu M1**
1. Lies den Text gründlich.	**Tipp:** Falls dir eine Kopie vorliegt, kannst du die wichtigsten Informationen unterstreichen und unklare Stellen mit einem Fragezeichen markieren.
Informationen zum Autor und der Entstehungszeit beachten	
2. Wer war der Autor/die Autorin der Quelle?	• *der Geschichtsschreiber Plutarch*
3. Wann und wo wurde die Quelle geschrieben?	• *zwischen 105 und 115 n. Chr. in Griechenland*
4. Um welche Art von Text handelt es sich? (z. B. Tagebuch, Brief, Rede, Zeitungsartikel)	• *Ausschnitt aus einem historischen Werk: Lebensbeschreibung*
5. An wen war der Text gerichtet?	• *Vermutung: Plutarch möchte der Nachwelt Kenntnisse über Perikles überliefern.*
Inhalt der Textquelle erfassen und verstehen	
6. Welche Begriffe muss ich klären?	• *hier z. B. Volksmann Z. 19, Tyrannis Z. 21, Agora Z. 29 …*
7. Wie ist die Quelle aufgebaut? Finde Überschriften für die wichtigsten Abschnitte.	*1) Perikles' Aufstieg zum Politker (Z. 1–15)* *2) …*
8. Welche Stellen sind erklärungsbedürftig? Stelle passende Warum-Fragen und versuche, sie zu beantworten.	• *Warum schlug sich Perikles auf die Seite der Armen? Er versprach sich hiervon die Möglichkeit zu politischem Einfluss.* • *Warum ging Perikles immer den gleichen Weg? Dies zeigt, dass er sich ganz auf seine politische Tätigkeit konzentriert hat.* • *Perikles will sich nicht vorwerfen lassen, Geschenke anzunehmen und als bestechlich zu gelten. Daher meidet er …*
9. Was ist die Hauptaussage des Textes? Fasse sie in 1–2 Sätzen zusammen.	• *Perikles wollte politischen Einfluss in Athen erringen, hatte aber Angst, verbannt zu werden. Durch sein kluges Verhalten und …*
Absicht des Autors erkennen und die Textquelle beurteilen	
10. Welche Absicht verfolgte der Autor?	• *Plutarch wollte eine genaue Lebensbeschreibung entwerfen. Er stellte Perikles als machtbewussten Politiker dar, der seine Karriere genau geplant hat.*
11. Wie zuverlässig erscheinen die Aussagen der Quelle? Berücksichtige dabei auch die Informationen zum Autor und der Entstehungszeit.	• *Plutarch berichtet viele Einzelheiten über Perikles; offensichtlich konnte er auf hilfreiche Quellen zurückgreifen. Allerdings … Insgesamt erscheinen die Aussagen …*
12. Welches Urteil fällst du selbst zum Thema der Quelle?	• *Ich beurteile Perikles … Denn …*

cornelsen.de/webcodes
Code: derava
Kopiervorlage Methodentabelle

Frauen, Fremde und Versklavte: Einwohner ohne Rechte?

Neben den freien Bürgern und ihren Frauen und Kindern lebten in Athen viele Familien, die von außerhalb zugezogen waren, um dort zu arbeiten. Sie wurden Metöken genannt. Die weitaus größte Bevölkerungsgruppe Athens aber waren die Versklavten. Frauen, Fremde und Versklavte durften weder wählen noch gewählt werden.*

- *Erarbeitet in einem Gruppenpuzzle, welche Rechte diese Einwohner Athens hatten und welchen Tätigkeiten sie nachgingen.*

M1

Der Historiker Peter Funke über die Metöken (2013):

Eine besondere Gruppe bildeten fremde Staatsbürger, die häufig – gemeinsam mit ihren Familien – in einer Polis ihren festen Wohnsitz genommen hatten. Diese wurden Metöken, Mitbewohner, genannt. In Athen gab es kaum einen Wirtschaftszweig, in dem nicht Metöken tätig waren. Man findet sie in allen Bereichen des Handwerks und Handels und als Stadtärzte, Bauleiter etc. Große Handelshäuser und Waffenfabriken waren ebenso in ihrer Hand wie Schifffahrtsunternehmen. Auch viele Künstler, Literaten und Wissenschaftler lebten als Metöken in Athen und beeinflussten nachhaltig[1] das kulturelle Leben der Stadt. Wie Bürger waren sie zu Kriegsdienst verpflichtet und mussten sich in Notfällen an besonderen Zahlungen für die Polis beteiligen. Allerdings wurde ihre Stellung als Fremde dadurch deutlich, dass sie jährlich eine besondere Steuer zahlen mussten und keinen Grundbesitz erwerben durften. Zudem musste sich jeder Metöke einen Bürger wählen, der ihn vor der Bürgerschaft vertrat.

Quellenangabe siehe M6.

[1] *dauerhaft/spürbar*

M2

Schuhmacherwerkstatt, Vasenmalerei, zwischen 500 und 490 v. Chr. Die Athener ermutigten Fremde, sich als Handwerker in der Stadt anzusiedeln. Die Metöken durften ihren Beruf frei ausüben. Die Tötung eines Metöken wurde allerdings von den Gerichten – wie bei Versklavten – nie als Mord, sondern als „unabsichtliche Tötung" behandelt.

Wortschatz: einer Tätigkeit nachgehen • zum Kriegsdienst verpflichtet werden • Grundbesitz erwerben • unter ... Bedingungen arbeiten • der Vormund für jemanden sein • jemanden in Rechtsfragen/vor Gericht vertreten

1 Gruppenpuzzle:

Phase 1: Untersucht in Kleingruppen die Rechte und Tätigkeiten der Metöken (M1, M2), Versklavten (M3, M4) oder der Frauen (M5, M6). Ihr seid nun Experten für euer Thema.

Phase 2: Bildet neue Dreiergruppen, in denen immer ein Experte für jedes Thema die Ergebnisse vorstellt und für Fragen zur Verfügung steht. Tipp → S. 191.

Phase 3: Entwickelt in jeder Gruppe drei Quizfragen für ein Klassenquiz. Ihr könnt zum Beispiel ein „Suchsel" zu allen Fragen gestalten. Tipp → S. 191.

Zusatzaufgabe → S. 185.

M 3

Grabstein eines jungen Mannes mit seinem versklavten Menschen, um 430 v. Chr. Versklavte wurden oft kleiner als Freie dargestellt. Die Misshandlung von Versklavten durch ihre Besitzer war nicht verboten. Viele versklavte Menschen kamen als Kriegsgefangene nach Athen oder wurden dort als Kinder von Versklavten geboren. Dass sie freigelassen wurden, kam nur selten vor.

M 5

Eine reiche Athenerin bei der Körperpflege, Vasenmalerei, um 500 v. Chr. Reiche Bürgerinnen wie sie beaufsichtigten unter anderem den Haushalt. Freie Athenerinnen durften allein das Haus verlassen. An sportlichen Wettkämpfen und den meisten Theateraufführungen durften sie nicht teilnehmen. Ebenso

M 4

Der Historiker Peter Funke über die Stellung der Versklavten (2013):

Sklaven[1] waren Eigentum ihres Herrn, der allein über sie verfügen durfte. Er konnte sie vermieten, verpfänden und verkaufen sowie vererben. Vor beliebiger Grausamkeit seines Herrn war ein Sklave geschützt, weil der Kauf eines Sklaven immer eine teure Anschaffung war. Daher musste der Herr ein Interesse daran haben, die Arbeitskraft des Sklaven möglichst lange zu erhalten. Sklaven wurden in der Landwirtschaft und im Haus eingesetzt. Dort hatten sie die alltäglichen Dinge – vom Einkaufen, Kochen, Putzen bis hin zur Kindererziehung – zu erledigen. Die meisten Sklaven waren in der Wirtschaft tätig und in allen Teilbereichen – vom Hafenarbeiter bis zum Bankangestellten – anzutreffen. Sie arbeiteten als einfache Hilfsarbeiter ebenso wie als hochspezialisierte Fachleute. Die Anzahl der in einzelnen Betrieben tätigen Sklaven war überschaubar. Nur in Bergwerken arbeiteten bis zu 20 000 Sklaven unter erbärmlichsten Bedingungen.

Quellenangabe siehe M6.

[1] *Sklaven* = Versklavte*

M 6

Der Historiker Peter Funke über die Bürgerinnen Athens (2013):

Die Athenerin war ihr Leben lang abhängig von einem Vormund[1]. Dies war zunächst ihr Vater und nach dessen Tod der älteste Bruder oder ein anderes männliches Familienmitglied. Bei der Heirat gingen die Vormundschaftsrechte auf den Ehemann über ...

Eine Frau hatte in der Regel nicht das Recht, etwas zu erben. Größere Geschäfte durfte sie nur über ihren Vormund tätigen, der sie auch vor Gericht zu vertreten hatte.

Es wäre aber falsch, ... auf eine entsprechend untergeordnete Stellung der Frauen in der Öffentlichkeit und im Alltagsleben zu schließen.

*Peter Funke, Die griechische Staatenwelt in klassischer Zeit (500–336 v. Chr.), in: Hans-Joachim Gehrke/Helmuth Schneider (Hg.), Geschichte der Antike, 4. Aufl., Stuttgart/Weimar (J. B. Metzler) 2013. M1: S. 186**, M4: S. 186 f.**, M6: S. 184 f.***

[1] *Eine männliche Person, die für Frauen und Minderjährige in allen Rechtsfragen die Entscheidungen traf*

Wie lebten Kinder und Jugendliche in Athen?

cornelsen.de/webcodes
+ Code: caqifi
Kinder im antiken Griechenland

Auf vielen griechischen Vasen finden wir Szenen, die vom Leben der Kinder und Jugendlichen berichten. Die meisten von ihnen zeigen den Alltag in den Familien der Athener Bürger. Über das Leben der Kinder von Versklavten ist fast nichts überliefert. Daher lassen sich über ihr Leben keine Aussagen sicher belegen.

- ***Auf dieser Doppelseite entscheidest du selbst, zu welchem Thema du genauer arbeiten und mehr erfahren möchtest: A Kindheit und Kinderspiele, B Ausbildung der Mädchen, C Ausbildung der Jungen.***

Aufgabe für alle:
Vergleicht euer Leben mit dem athenischer Jungen und Mädchen. Nennt Gemeinsamkeiten und Unterschiede.

Kindheit und Jugend

In Griechenland war es wie in allen anderen antiken Kulturen außer Ägypten üblich, dass der Vater entschied, ob ein Neugeborenes angenommen oder ausgesetzt wurde. Trug er das Baby um den Herd des Oikos*, galt es als Familienmitglied und erhielt einen Namen. Ausgesetzt wurden schwache oder behinderte Kinder. Dennoch belegen viele Quellen, dass Eltern zu Kindern auch damals ein herzliches Verhältnis entwickelten. Kinder wurden früh zu bestimmten Geschlechterrollen erzogen. Im Alter von sieben bis achtzehn Jahren gingen die Söhne der Athener Bürger in die Schule, sofern der Vater dies bezahlen konnte. Eine wichtige Rolle im Bildungswesen spielte der Unterricht in der Redekunst (griech. Rhetorik). Mädchen aus reichem Haus erhielten daheim Unterricht in Lesen und Schreiben. Zudem wurden die Mädchen auf die Aufgaben im eigenen Haushalt vorbereitet. Sie heirateten oft schon mit 12–14 Jahren. Ihre Ehemänner waren manchmal doppelt so alt wie sie.

A

M2 Aus einem Lexikonartikel (1979):
Es gab Spiele mit Abzählversen, mit Puppen. Man spielte außer „Mutter und Kind" oft „Priesterin und Göttin", Reifen, Kreisel, Ball, es gab Huckepack, Verstecken und Hüpfen auf einem Bein, als Spielzeug dienten Steckenpferd und Peitsche, Wägelchen, Tiere, Schaukel, Drehscheiben („Jojo"), Wippe, kleines Geschirr usw.

Der Kleine Pauly. Lexikon der Antike, hg. v. Konrat Ziegler/Walther Sontheimer/Hans Gärtner, Bd. 5, München (dtv © Alfred Druckenmüller Verlag) 1979, S. 310. Bearb. v. Verf.

1 Betrachte die Abbildung M1 und arbeite heraus, was die Abbildung über die Kindheit in Griechenland verrät.

2 Verfasse einen kurzen Schülerzeitungsartikel, in dem du erklärst, wie die Kindheit in Griechenland aussah. Nutze hierfür den Darstellungstext, M1 und M2.

M1 *Eine Dienerin bringt einen Säugling zur Mutter. Vasenmalerei aus Athen, um 450 v. Chr.*

B

M 3

Der Grieche Isomachos zum Philosophen Sokrates über seine Frau (5. Jh. v. Chr.):
Sie war doch noch nicht fünfzehn Jahre alt, als ich sie heiratete. Die Zeit vorher hatte man fürsorglich auf sie aufgepasst, dass sie möglichst wenig sah, hörte und fragte. Ich war schon damit zufrieden, dass sie bei ihrem Kommen bereits verstand, mit Wolle umzugehen und ein Gewand anzufertigen, und dass sie auch schon bei der Spinnarbeit der Dienerinnen zugesehen hatte. Außerdem war sie in der Magenfrage ganz vorzüglich erzogen, mein lieber Sokrates, was mir bei Mann und Frau die wichtigste Erziehungsfrage zu sein scheint.

Xenophon, Die Hauswirtschaftslehre 7,5, in: Die sokratischen Schriften, hg. und übers. v. Ernst Bux, Stuttgart (Kröner) 1956, S. 259.

M 4

Ein tanzendes Mädchen und eine Flötenspielerin, Vasenmalerei aus Athen, um 425 v. Chr.

1 Beschreibe anhand von M3 und M4, welche Rolle junge Mädchen aus Sicht der Männer einnehmen sollten.

2 Die Ehefrau des Isomachos erzählt über sich als 14-Jährige. Schreibe diesen Text in der Ich-Form. Nutze dabei deine Erkenntnisse aus Aufgabe 1.

C

M 5

Ein Athener Pädagoge zu dem Vater eines Schülers:
Ich möchte meinen, dass du in den ersten zwanzig Jahren nicht die Freiheit hattest, dich ohne deinen Pädagogen auch nur einen Finger breit vom Hause zu entfernen. Kamst du nicht schon vor Sonnenaufgang in die Palästra[1], verhängte der Vorsteher des Gymnasions[2] eine nicht geringe Strafe über dich ... Sie übten sich dort im Laufen, im Ringen, im Speerwurf, im Diskusschleudern und Faustkampf, mit dem Ball, im Sprung ... Dort verbrachten sie ihre Jugendzeit und nicht in Schlupfwinkeln. Wenn du dann von der Reitbahn oder dem Sportplatz nach Hause kamst, dann setztest du dich, ordentlich gegürtet, auf einen Stuhl zum Erzieher, und machtest du beim Lesen im Buch auch nur bei einer Silbe einen Fehler, wurde dir die Haut [durch Schläge] so fleckig wie das Kleid der Amme*. Aber heutzutage, bevor einer sieben Jahre ist, wenn man ihn als Pädagoge nur mit der Hand berührt, dann wirft der Junge einem gleich die Schreibtafel an den Kopf.

Plautus, Bacchides III/3, übers. v. Susanne Tschirner, in: Praxis Geschichte, H. 6., 1989, S. 17.

[1] *Trainingsplatz für Kampfsportler* [2] *Sportplatz*

(der) Pädagoge
Der Pädagoge (griech. pais = Kind und ago = führen) war ursprünglich ein Versklavter, der das Kind auf dem Schulweg begleitete. Da der Pädagoge die Aufgabe hatte, das Kind zu beaufsichtigen und ihm gutes Benehmen beizubringen, erhielt der Begriff schon im alten Griechenland die Bedeutung „Erzieher". In diesem Sinne verwenden wir das Wort noch heute.

1 Arbeite aus M5 heraus, in welchen Fächern Jungen Unterricht erhielten. Nutze dazu auch den Darstellungstext.

2 Erkläre, worüber sich der Pädagoge (M5) beschwert. ▸ Hilfe

3 Stelle Verhaltensregeln für junge Griechen zusammen. Beginne wie folgt: „1. Gehe nie ohne deinen Pädagogen aus dem Haus!"

Sparta: Ganz anders als Athen?

Athen war eine Polis, die über große Macht und Einfluss verfügte. Sie hatte aber einen mächtigen Konkurrenten: das Königtum Sparta mit zwei Königen an der Spitze. Beide Stadtstaaten führten mehrfach Kriege gegeneinander.
- ***Vergleiche das Leben in der Polis Sparta mit dem in Athen und finde Unterschiede und Gemeinsamkeiten heraus.***

M 1

Soldaten in Sparta, Vasenmalerei, 640 v. Chr.

(die) Phalanx
Im 7. Jahrhundert v. Chr. entwickelten die Spartaner eine neue Kampftaktik, die Phalanx („Walze"). Die Soldaten standen in mehreren Schlachtreihen dicht hintereinander. Der linke Teil des Schutzschildes schützte die rechte Seite des Nebenmannes, so wurde die Reihe für den Gegner fast undurchdringlich. Wurde ein Soldat in der ersten Reihe tödlich verwundet, sprang ein neuer aus der Reihe dahinter an seinen Platz. Alle trugen einen langen Stoßspeer.

Eroberung statt Auswanderung
Viele griechische Poleis suchten durch die Kolonisation einen Ausweg aus wirtschaftlicher und sozialer Not. Die Polis Sparta bevorzugte die Ausbreitung durch Krieg und Unterwerfung. So machten die Spartaner im 8. Jh. v. Chr. die Bewohner des fruchtbaren Gebietes am Fluss Eurotas zu Versklavten. Als die Bevölkerung zunahm und das Ackerland knapp wurde, eroberten die Spartaner nach schweren Kämpfen im 8. und 7. Jahrhundert v. Chr. die Nachbargebiete Lakonien und Messenien. Dabei erfanden sie die neue Kriegstaktik der Phalanx (siehe M1). Durch die Eroberungen stieg die Zahl der Unterworfenen so sehr an, dass die Spartaner in ständiger Angst vor einem Aufstand lebten.

Die Gesellschaft Spartas
Im 8. Jahrhundert besaßen etwa 8000 Einwohner Spartas das Bürgerrecht. Sie durften an der Volksversammlung teilnehmen und bildeten die Führungsschicht („Spartiaten"). Die Zahl der Spartiaten* nahm durch die ständigen Kriege immer weiter ab. Um 450 v. Chr. lebten nur noch 6000 Spartiaten in der Polis.
Damit sich die Bürger Spartas ganz auf Kampf und Krieg konzentrieren konnten, war ihnen jede Tätigkeit in Handwerk, Landwirtschaft und Handel verboten. Ihre Äcker waren kein Privateigentum, sondern wurden regelmäßig neu verlost.
Die zweite Bevölkerungsschicht waren die Periöken, das bedeutet „Drumherum-Wohner". Sie besaßen eigene Äcker an den Berghängen außerhalb Spartas, die wenig Ertrag brachten. Die Periöken durften Handel innerhalb der Polis treiben und zum Schutz gegen Aufstände der Unterworfenen leichte Waffen wie zum Beispiel Messer tragen.
Die dritte und größte Gruppe waren die Heloten*. Sie waren die gefangenen Einwohner der von Sparta er-

Wortschatz: jemanden unterwerfen • Menschen versklaven • sich gegen jemanden erheben • Kriegsdienst leisten • die Erziehung auf etwas ausrichten • zu ... erzogen werden • eine Phalanx bilden • die Führungsschicht bilden • ein Gebiet erobern oberten Gebiete, besaßen keine Rechte und gehörten dem Staat. Heloten bewirtschafteten die Felder und arbeiteten für die Spartaner. Sie wurden wie versklavte Menschen in Athen behandelt, duften aber nicht verkauft werden. Die Spartaner hielten sich ständig kampfbereit, um ihre Herrschaft zu bewahren.

Bereits im Kindesalter wurden die Spartaner auf den Kampf vorbereitet, ihre gesamte Erziehung war darauf ausgerichtet. Dafür lebten die Jungen und Männer ab dem 7. Lebensjahr in festen Gruppen zusammen und verbrachten ihren Alltag mit sportlichen und militärischen Übungen. Dabei wurde ein strenger Gehorsam gegenüber den Anführern eingefordert, die auch scharfe Strafen verhängten. Sie schliefen in Gruppenunterkünften auf harten Liegen, bekamen nur die allernötigste Kleidung und besaßen auch sonst keine persönlichen Dinge. Erst ab dem 30. Lebensjahr durften sie eine eigene Familie gründen und in einem eigenen Haus wohnen. Doch auch dann aßen sie weiterhin gemeinsam in ihrer Ausbildungsgruppe außerhalb des eigenen Hauses. Diese Gruppen stellten dann auch im Kampf eine Phalanx und kämpften nebeneinander.

M2

Die Gesellschaft in Sparta

M3

Der Grieche Libanios machte sich im 4. Jahrhundert n. Chr. Gedanken über die Gesellschaft Spartas:

Aus Misstrauen gegen die Heloten geht der Spartaner immer mit dem Speer in der Hand herum. Er meint, dadurch dem Heloten überlegen zu sein. Die Spartaner haben auch einen Türverschluss erfunden, der Einbrüche von Heloten abwehren soll.

Wie können denn Menschen ihre Freiheit beim Frühstücken, beim Schlafen oder jeder Beschäftigung genießen, wenn sie die Furcht vor den Heloten dazu zwingt, immer bewaffnet zu sein?

*Libanios, 25. Rede, 63 f. Zit. nach Walther Kranz, Die Kultur der Griechen, Wiesbaden (Dieterich) 1947, S. 139.**

1 **a)** Übertrage das Schaubild M2 in dein Heft. Ergänze die Rechte und Pflichten, die jede Bevölkerungsgruppe hatte (Darstellungstext).
b) Ergänze dein Schaubild durch die Begriffe „volle politische Rechte" und „ohne politische Rechte".
c) Arbeite aus dem Darstellungstext Informationen über die Frauen der Spartiaten heraus und vervollständige damit das Schaubild.

2 **Wähle eine Aufgabe aus:**
a) Erkläre mithilfe von M1 und des Begriffskastens „Phalanx", wie sich die Angst vor Aufständen auf die Kampftechnik der Spartaner auswirkte.
b) Erkläre mithilfe von M3, wie sich die Angst vor Aufständen auf den Alltag der Spartaner auswirkte.

Zusatzaufgabe → S. 185.

Das griechische Theater – mehr als Unterhaltung?

cornelsen.de/webcodes
Code: dumuya
Die griechische Tragödie

Athen im März 458 v. Chr. Alt und Jung, Einheimische und Fremde – alle streben zum Dionysos-Theater am Fuße des Burgbergs Akropolis. Es finden die Feiern und Festspiele zu Ehren des Gottes Dionysos statt, die „Großen Dionysien". Heute werden wieder den ganzen Tag Theaterstücke aufgeführt. Ausgerüstet mit Süßigkeiten, getrocknetem Obst und verdünntem Wein, suchen sich die Zuschauer einen Platz im Freilichttheater. Noch unterhalten sich alle lautstark, da beginnt schon das erste Stück: „Agamemnon" des Dichters Aischylos …

M 1 *Maske, die einen versklavten Menschen darstellt, 4. Jh. v. Chr.*

M 2 *Das Dionysos-Theater in Athen entstand im 6. Jh. v. Chr. und gilt als das älteste Theater der griechischen Antike. Es hatte 15 000 Plätze und war bekannt für seine ausgezeichnete Akustik, da die Schauspieler überall gut zu verstehen waren.*

Die Schauspieler und ihre Bühne

Die Schauspieler im Theater wurden aus der Staatskasse bezahlt. Sie übernahmen teilweise mehrere Rollen; dazu wechselten sie Kleidung und Masken. Auch weibliche Rollen wurden von Männern gespielt, denn Frauen durften auf der Bühne nicht auftreten. Die Schauspieler trugen bei jedem Stück Masken mit Mundöffnungen.

Die Spielfläche des Theaters wurde durch ein Bühnengebäude (Skenê) mit einem Bühnenbild im Hintergrund begrenzt. Dort traten die Schauspieler auf.

Bühnentechnik

Die Bühnentechnik war aufwändig. Es gab Spezialeffekte wie Feuer, Rauch und Donnergetöse. Für besondere Spielszenen wurde eine Plattform aus dem Bühnenhaus gefahren. Sogar echte Tiere traten auf: In dem Schauspiel „Agamemnon" zog der Held zu Beginn mit Pferd und Wagen ein. Seine spätere Ermordung wurde nicht direkt dargestellt. Allerdings rollte man eine in Tücher gehüllte Puppe als Leiche an den Bühnenrand. Ein Kran ermöglichte das Herabschweben von Göttern am Schluss des Theaterstücks.

Wortschatz: auf die Bühne treten • eine Rolle übernehmen • die Handlung kommentieren • eine Pflicht erfüllen • das Preisgeld erhalten • finanzieren • etwas vermitteln

Der griechische Theaterchor

Der Chor war während der ganzen Aufführung vor dem Bühnenhaus auf der halbrunden Spielfläche (Orchéstra) anwesend. Er sang, sprach und tanzte, begleitet von Flötenmusik, und kommentierte die Handlung. In der Tragödie* „Agamemnon" erzählte er zum Beispiel die Vorgeschichte. In Athen konnte sich jeder Bürger für den Chor bewerben. Die Ausgewählten erhielten Verpflegung und Geld für den Verdienstausfall.

Die Preisverleihung

Der Theaterbesuch war für die Bürger eine politische und religiöse Pflicht. Ob Frauen in dem ansteigenden Zuschauerraum (Théatron) dabei sein durften, ist unklar. Seit Perikles bekamen bedürftige Bürger einen Zuschuss zum Eintrittsgeld.
Zehn aus dem Publikum ausgeloste Preisrichter entschieden am Ende, welcher Dichter das beste Stück geschrieben hatte. Dieser erhielt ein hohes Preisgeld. Geehrt wurde auch der Bürger, der die Aufführung finanziert hatte. Die Finanzierung verbesserte seine Chancen, bei den Wahlen in der Volksversammlung ein wichtiges Amt zu erhalten.

M 3

Ablauf der „Großen Dionysien" in Athen:
1. Festtag: Feierliche Prozession durch die Stadt, die vor dem Dionysos-Tempel endete, Darbringung von Opfern und Gang ins benachbarte Theater, wo politische Ehrungen vorgenommen wurden. Aufführungen von Männer- und Knabenchören am Nachmittag.
2. Festtag: Wettbewerb von fünf Komödien*, die jeweils etwa zwei Stunden dauerten.
3.–5. Festtag: Wettbewerb der Tragödien*. Jeder der drei Tragödiendichter hatte einen ganzen Tag zur Verfügung, an dem drei bis vier Stücke von ihm zur Aufführung kamen, die insgesamt bis zu sieben Stunden dauern konnten.

*Ute Preuße-Hüther, Das griechische Theater, in: Geschichte lernen. Sammelband Antike, Seelze (Friedrich Verlag) 1996, S. 37.***

(das) Theater

Das Wort Theater leitet sich vom griechischen Wort für „schauen" ab. Es bezeichnet den Raum, in dem ein Theaterstück aufgeführt wird, aber auch das aufgeführte Schauspiel selbst. Man unterscheidet dabei die ernsthafte Tragödie* von der eher lustigen Komödie*. Athen gilt als Geburtsstätte des Theaters.

Aischylos (525–456 v. Chr.)

Aischylos war der erste bedeutende Tragödiendichter Athens. Bei den Großen Dionysien gewann er oft den ersten Preis, auch für die dreiteilige „Orestie". Im ersten Teil wird das Schicksal des Königs Agamemnon dargestellt. Er kommt als Sieger aus dem Trojanischen Krieg* zurück und wird von seiner Frau und ihrem Geliebten ermordet. Die beiden folgenden Teile handeln von seinem Sohn Orest, der seinen Vater rächt, indem er die Mutter ermordet. Daraufhin verfolgen ihn die Rachegöttinnen.

1 Erstelle mithilfe aller Materialien eine Mind-Map (→ S. 197) zum griechischen Theater.
2 Wähle eine Figur aus der Zeichnung aus und schreibe die Erzählung aus dem Moderationstext auf S. 120 oben aus deren Sicht weiter. Verwende dabei die Ich-Form. Nimm den **Wortschatz** zu Hilfe.
3 Beurteile: Bot das griechische Theater mehr als nur Unterhaltung? ▸ Hilfe

Zusatzaufgabe → S. 185.

Der Beginn von Naturwissenschaften und Philosophie

In Blitz und Donner entlud sich der Zorn von Zeus. Poseidon wühlte das Meer auf und sandte Stürme. So erklärten sich die Griechen Naturerscheinungen. Irgendwann begannen die Menschen im antiken Griechenland die Erklärungen der Göttergeschichten anzuzweifeln und suchten nach überzeugenderen Begründungen für diese Erscheinungen. Dazu erforschten sie die Natur. Die Anhänger dieses neuen Denkens nannten sich „Philosophen".

- ***Finde heraus, wie sich die neue Art zu denken im antiken Griechenland entwickelte.***

M 1

Zeus mit Herrschaftsstab (Zepter) in seiner rechten und Blitzbündel in seiner linken Hand, griechische Vasenmalerei, ca. 470–480 v. Chr.

Götterwelt und mythisches Weltbild

Schon immer haben sich die Menschen Gedanken gemacht, wie die Welt entstanden ist oder warum es Unwetter und Erdbeben gibt. Bei einem Gewitter erzählten die Griechen, dass es ein Wutausbruch des Göttervaters Zeus sei und er Blitze auf die Erde schleudere. Den Donner deuteten sie als Antwort seiner Frau Hera. Eine solche Erklärung aus den Göttergeschichten heißt Mythos*. Die Erklärung der Welt durch das Handeln der Götter bezeichnet man als mythisches Weltbild.

Erforschung der Natur und logisches Denken

In den griechischen Kolonien lebten um 600 v. Chr. Menschen unterschiedlichster Herkunft. Sie glaubten an unterschiedliche Götter. Immer mehr Gelehrte begannen, an den Erklärungen der alten Göttersagen zu zweifeln. Sie wollten die Vorgänge in der Natur logisch erklären. Die beiden Naturforscher Anaximander und Anaximenes versuchten, Blitz und Donner als Kräfte der Natur zu beschreiben und glaubten, dass sich Gewitter durch Winde entwickeln. Die beiden nahmen an, dass Donner entstehe, wenn Luft durch und gegen die Wolken gepresst werde, und dass sich dabei Blitze entzünden würden. Sie hatten zunächst die Natur genau beobachtet und mithilfe logischer Schlüsse Überlegungen angestellt, wie ein Gewitter entsteht. Neu daran war, dass sie das Naturereignis erklärten, ohne sich auf die Götter zu beziehen. Die beiden Forscher waren Schüler des Thales von Milet. Er sagte eine Sonnenfinsternis voraus und entwickelte eine Erklärung für Erdbeben. Thales ging davon aus, dass in der Natur verschiedene Kräfte nach immer gleichen Gesetzen, den Naturgesetzen, wirken. So begann sich das naturwissenschaftliche, von der Vernunft geleitete logische Denken durchzusetzen. Der Logos* löste zunehmend den Mythos und das naturwissenschaftliche das mythische Weltbild ab.

Philosophie – die „Liebe zur Weisheit"

Im 5. Jahrhundert v. Chr. begann mit Sokrates, Platon und Aristoteles in Athen die große Zeit der Philosophie*. Philosophie bedeutet übersetzt „Liebe zur Weisheit". Sokrates interessierte sich weniger für die Natur, sondern für den Menschen. Er verwickelte Menschen in Gespräche und stellte ihnen schwierige Fragen. Er wollte die Menschen zum Nachdenken bringen, damit sie ihr alltägliches Handeln hinterfragen und vielleicht sogar ihr Leben ändern. Sokrates wurde von vielen Menschen bewundert, aber einigen Athenern gefiel sein Auftreten nicht. Seine Fragen waren ihnen oft zu unbequem. Sokrates wurde später zum Tode verurteilt.

Wortschatz: einen Mythos erzählen • eine Entwicklung vom mythischen zum logischen Denken/Weltbild • etwas naturwissenschaftlich erklären • philosophische Fragen stellen • jemanden in ein Gespräch verwickeln • jemanden zum Nachdenken anregen

M 2

Der Philosoph Pythagoras von Samos (etwa 570–510 v. Chr.) mit Herrschaftsstab (Zepter) in der linken Hand, mit der rechten Hand auf eine Weltkugel zeigend, Münze, 3. Jh. n. Chr.

(der) Mythos

Ein Mythos (Plural: die Mythen) ist eine Erzählung, die das menschliche Leben erklärt und in einen religiösen Zusammenhang stellt. Oft handelt es sich um eine Göttergeschichte, in der bestimmte Ereignisse durch das Wirken der Götter erklärt werden.

M 3

Der Philosoph Platon (etwa 428–348 v. Chr.) über Thales von Milet:

So erzählt man sich von Thales, er sei, während er sich mit dem Himmelsgewölbe beschäftigte und nach oben blickte, in einen Brunnen gefallen. Darüber habe ihn eine ... Dienstmagd[1] ausgelacht und gesagt, er wolle ... mit aller Leidenschaft die Dinge am Himmel zu wissen bekommen, während ihm doch schon das, was ihm vor ... den Füßen läge, verborgen bleibe ... Derselbe Spott aber passt auf alle diejenigen, die sich mit der Philosophie einlassen.

*Platon, Theaitetos (174a–b), in der Übersetzung v. Martin Heidegger, Die Frage nach dem Ding, Tübingen (Max Niemeyer) 1962, S. 2.**

[1] *eine weibliche Person, die im Haushalt hilft*

M 4

Der Historiker Plutarch (etwa 45–125 n. Chr.) über eine Begegnung zwischen dem Philosophen Diogenes und König Alexander dem Großen (356–323 v. Chr.):

Die Griechen versammelten sich ... und fassten den Beschluss, mit Alexander den Feldzug gegen die Perser[1] zu unternehmen, und wählten ihn zum obersten Befehlshaber. Daraufhin kamen viele Politiker und Philosophen zu ihm und gratulierten ihm, und Alexander nahm an, auch Diogenes von Sinope ... werde das Gleiche tun. Da dieser aber überhaupt keine Notiz von Alexander nahm, ... ging er selber zu ihm. Als er kam, lag Diogenes gerade in der Sonne. Er setzte sich nur ein wenig auf, als eine solche Menge von Leuten erschien, und blickte Alexander an. Dieser begrüßte ihn und fragte, ob er eine Bitte an ihn habe. Darauf entgegnete Diogenes: „Geh mir nur ein wenig aus der Sonne!“ Alexander soll davon sehr beeindruckt gewesen sein und den Stolz und die Größe des Mannes, der ihn mit solcher Nichtachtung behandelt hatte, so sehr bewundert haben, dass er, während seine Begleiter beim Weggehen lachten und spotteten, sagte: „Wahrhaftig, wenn ich nicht Alexander wäre, dann möchte ich wohl Diogenes sein!“

*Plutarch, Alexander. Übers. und hg. v. Marion Giebel, Stuttgart (Reclam) 2014, S. 17 f.**

[1] *Das Perserreich war zu dieser Zeit das größte Reich.*

1 Untersuche, wie in den Bildquellen M1 und M2 das Verhältnis der abgebildeten Figuren zur Natur und zur Welt gestaltet ist.

2 **Wähle eine Aufgabe aus:**

a) Stelle mithilfe des Darstellungstextes die Merkmale des naturwissenschaftlichen Weltbildes dar. Berücksichtige die Entstehungsursachen und Unterschiede zum mythischen Weltbild. Nutze den **Wortschatz**. ▸ Hilfe

b) Fasse mithilfe des Darstellungstextes in einer Mind-Map die Merkmale und die Entstehungsursachen des naturwissenschaftlichen Weltbildes sowie die Unterschiede zum mythischen Weltbild zusammen. Nutze den **Wortschatz**. ▸ Hilfe

3 Erkläre, warum sich die Magd (M3) über den Philosophen lustig macht.

4 Viele Griechen standen den Philosophen zunächst kritisch gegenüber. Erläutere am Beispiel von M4, wie sich diese Einstellung später änderte.

5 Diskutiere die Folgen der Entstehung des naturwissenschaftlichen Weltbildes für unser heutiges Leben.

Kartenanimation: *Alexander der Große: Feldzüge*

900 v. Chr. | 800 v. Chr. | 700 v. Chr. | 600 v. Chr.

um 900–700
Bildung von griechischen Stadtstaaten (Poleis)

776 v. Chr.
erste nachweisbare Olympische Spiele

8. Jahrhundert
Sparta eroberte Lakonien und Messenien

um 750–500 v. Chr.
Gründung von griechischen Kolonien rund um das Mittelmeer und am Schwarzen Meer

Leben im antiken Griechenland

cornelsen.de/webcodes
Code: devaco
Vorlage Begriffskarte

Zusammenleben im Stadtstaat

Die Art der Landschaft beeinflusst das Zusammenleben der Menschen und ihren Alltag. Du hast dies am Beispiel des Niltals in Ägypten kennengelernt. Typisch für die griechische Landschaft sind hohe Gebirgsketten und ein unregelmäßiger Küstenverlauf. Es gibt viele Buchten und Inseln. Das Land war zersplittert in Inseln und Siedlungen in Gebirgen und Tälern. Daher entstanden viele selbstständige Herrschaftsgebiete in Form von **Stadtstaaten (Poleis, Singular: Polis)**. In Griechenland entstand kein zusammenhängendes Staatsgebiet.
Die Griechen setzten sich aus verschiedenen Volksgruppen zusammen. Dennoch fühlten sie sich vereint durch eine gemeinsame Sprache und Schrift. Auch die großen Versdichtungen von Homer, die „Ilias“ und die „Odyssee“, prägten die Vorstellung der Griechen von ihren **Göttern**. Zur Verehrung der Götter trafen die Griechen an für sie heiligen Orten zusammen: In Olympia führten sie alle vier Jahre Wettkämpfe zu Ehren des Zeus durch, die **Olympischen Spiele**.
Vom 8. bis zum 6. Jahrhundert v. Chr. gründeten die Griechen viele Stadtstaaten an den Küsten des Mittelmeeres und Schwarzen Meeres. Diese als **Kolonien** bezeichneten Städte entwickelten sich nach dem Vorbild ihrer Mutterstädte, waren aber unabhängige Stadtstaaten. Die **griechische Sprache und Kultur** verbreiteten sich durch die Kolonisation im ganzen Mittelmeerraum.

Athenische Demokratie und Gesellschaft

Zu den bekanntesten Stadtstaaten gehörte Athen. Ursprünglich herrschten dort Könige (Monarchie), später Adlige (Aristokratie). Ausgelöst durch Krisen führten mehrere Reformen zur **Demokratie (Volksherrschaft)**, einer völlig neuen Herrschaftsform. Wichtige Anstöße dazu gingen von den Adligen Solon, Kleisthenes und schließlich von Perikles aus. Um 450 v. Chr. war die Demokratie vollendet. In der athenischen Demokratie verfügten alle männlichen Bürger über die gleichen Mitspracherechte. Sie trafen in der **Volksversammlung** politische Entscheidungen, und jeder Bürger hatte Zugang zu politischen Ämtern. Die meisten Ämter wurden im **Losverfahren** vergeben. Tagegelder sorgten dafür, dass sich auch ärmere Bürger an der Politik beteiligen konnten. Mit dem **Scherbengericht** konnten Bürger deren Streben nach Macht einschränken.
Frauen, Fremde (Metöken) und Versklavte hatten keine politischen Rechte. Sie bildeten die Mehrheit der Bevölkerung. Frauen lebten meist unter der Bevormundung ihres Ehemannes zurückgezogen im Haus. Metöken bestimmten als Händler oder Handwerker das wirtschaftliche Leben. Versklavte waren oft im Haushalt oder in Wirtschaftsbetrieben tätig.

Die Gesellschaft Spartas

Die Polis Sparta eroberte im 8. und 7. Jahrhundert v. Chr. die umliegenden Landschaften Lakonien und Messenien auf der Halbinsel Peloponnes. Etwa 9000 Spartaner (**Spartiaten**) besaßen das Bürgerrecht. Sie teilten das Land unter sich auf, arbeiteten aber nicht selbst in der Landwirtschaft. Den Boden bewirtschafteten 140 000 bis 200 000 Kriegsgefangene (**Heloten**). Die Heloten waren Eigentum der gesamten Polis. Außer den Spartiaten und den Heloten siedelten in Sparta 40 000 bis 60 000 Periöken („Umwohner“). Sie waren freie Bauern und Handwerker.
Besonders bei der **Erziehung** der Jugendlichen unterschied sich Sparta von Athen. Die Männer in Sparta sollten sich ganz und gar dem Kriegsdienst widmen. In Zeltlagern wurden sie entsprechend erzogen. Die Mädchen wurden zwar nicht für den Kriegsdienst ausgebildet, sie waren aber wie die Jungen von Kindheit an damit beschäftigt, ihren Körper zu trainieren.

Theater und Philosophie

Im antiken Griechenland führten männliche Schauspieler Stücke zu Ehren der Götter auf. Die Griechen erklärten sich die Welt auch logisch, statt an die Göttermythen zu glauben. So entstanden die Naturwissenschaften, der Mythos wurde zunehmend vom Logos* abgelöst. Mit Sokrates, Platon und Aristoteles entwickelte sich die Philosophie.

500 v. Chr. | 400 v. Chr. | 300 v. Chr. | 200 v. Chr.

5. und 4. Jahrhundert v. Chr.
Demokratie in Athen

M1 **Beispiel für eine Begriffskarte zum Fachbegriff „Polis“**

(die) Polis

Erklärung:

selbstständiger Stadtstaat im antiken Griechenland

Merkmale:

- städtischer Kern
- umgeben von landwirtschaftlichen Flächen
- politisch und wirtschaftlich eigenständig

Beispiele:

Athen, Sparta, Milet

Gegenbeispiele:

Siedlungen in der Jungsteinzeit
Pharaonenreich im alten Ägypten

Darüber sprechen/schreiben:

die Polis (Singular) – die Poleis (Plural)
eine Polis gründen
die Entstehung der Poleis
Merkmale aller Poleis waren ...

M2 **So erstellst du eine Begriffskarte:**

1. Zeichne die Begriffskarte M1 in dein Heft. Verwende dazu etwa die Hälfte einer Heftseite. Mithilfe des Webcodes kannst du dir auch eine Vorlage herunterladen.
2. Notiere den Fachbegriff in dem Feld in der Mitte (gib auch den Artikel an).
3. Fülle die vier Felder deiner Begriffskarte aus. Sollte es keine Gegenbeispiele für deinen Begriff geben, kannst du sie weglassen.
4. Stelle deine Begriffskarte in einem Kurzvortrag (→ S. 196) vor.

1 Entwickle mithilfe von M2 Begriffskarten zu den folgenden Begriffen: Demokratie, Mythos, Kolonisation.

Im Kapitel konntest du folgendes Fachwissen und folgende Kompetenzen erwerben:

- den Zusammenhang zwischen der Landschaft und der Entstehung von Stadtstaaten erklären
- die Olympischen Spiele und die Götterwelt hinsichtlich ihrer Bedeutung für die Griechen analysieren
- die Entstehung und Funktion der Demokratie in Athen erläutern
- die Möglichkeiten der politischen Beteiligung in der athenischen Demokratie bewerten
- den Einfluss der griechischen Kultur auf die heutige Welt beurteilen
- die Politik und Lebensweise der Spartaner charakterisieren und mit der Athens vergleichen
- **Medien und Methoden:** Eine Geschichtskarte auswerten
- **Medien und Methoden:** Eine schriftliche Quelle untersuchen

M 1

Die Akropolis in Athen heute, Foto, o. J. Auf der Akropolis ist der größte Tempel, der Parthenontempel (1), gut zu erkennen. Er war der Göttin Athene geweiht. Den Eingang der Akropolis bilden die Propyläen, eine Torhalle (2). Unten ein Theater aus römischer Zeit (3).

M 2

Die Gesellschaft der Polis Athen um 430 v. Chr.

M 3

Herakleides, ein Tourist aus dem 3. Jh. v. Chr., beschreibt seine Eindrücke von Athen:
Der Weg [dorthin] ist angenehm, führt ganz durch angebautes Land und bietet herzerfreuenden Ausblick. Die Stadt ist ganz trocken, gar nicht gut mit Wasser versehen, von winkligen Straßen unschön durchschnitten, da in alter Zeit erbaut. Die meisten Häuser sind geringwertig, nur wenige höheren Anforderungen entsprechend; kaum dürfte ein Fremder beim ersten Anblick glauben, dass dies die „Stadt der Athener" sei; nach kurzer Zeit aber wird er es wohl glauben. So ist dort das Schönste auf Erden: ein Theater, der Beachtung wert, groß und bewunderungswürdig; ein prachtvolles Heiligtum der Athena, der Welt entrückt, sehenswert, der Parthenon, über dem Theater gelegen. Großen Eindruck macht er auf die Beschauer.

Die Reisebilder des Herakleides, I,1, hg. und übers. v. Friedrich Pfister, Wien (Rudolf M. Rohrer) 1951, S. 73.

M 4

Ordne richtig zu:

1 Oikos
2 Demokratie
3 Kolonisation
4 Bürger
5 Versklavte
6 Volksversammlung
7 Polis
8 Scherbengericht
9 Aristokratie

a Stadtstaat
b rechtlose Menschen
c Bauernhof mit Bewohnern
d beschließt Gesetze
e Herrschaft des Adels
f Herrschaft des Volkes
g Männer mit Grundbesitz und politischen Rechten
h Gründung neuer Siedlungen
i schriftliche Abstimmung über die Verbannung von Bürgern

Sachkompetenz

1 Erkläre ausgehend von M1 die Bedeutung der Akropolis für die Polis Athen und nenne weitere äußere Merkmale einer Polis.

2 **a)** Ordne die Begriffe aus M4 den richtigen Erklärungen zu.
b) Wähle drei Begriffe aus und erkläre diese genauer.

3 Erläutere den Aufbau der Gesellschaft der Polis Athen mithilfe von M2.

4 Beschreibe das antike Athen, indem du eine eigene Reisebeschreibung dafür verfasst. Nutze dazu M3.

cornelsen.de/webcodes
Code: memuku
Selbsteinschätzungsbogen

Methodenkompetenz

5 Stelle in einer Mindmap alle Bereiche zusammen, in denen wir heute von der griechischen Antike beeinflusst sind.

Urteilskompetenz

6 **Wähle eine Aufgabe aus:**
Beurteile die Herrschaftsform der athenischen Demokratie
a) im Vergleich zu anderen Herrschaftsformen damals (Ägypten, Griechenland),
b) im Vergleich zur heutigen Herrschaftsform in Deutschland (Wahlen, Volksversammlung).

7 Beurteile: Unser heutiger Alltag ist stark durch die griechische Antike geprägt. Formuliere dazu eine Meinung und führe Argumente an.

Check

6

Das Römische Reich

Eine Gruppe Männer marschiert verkleidet als römische Soldaten in die Arena des Archäologischen Parks Xanten ein. In diesem ehemaligen römischen Lager am Rhein findet alle zwei Jahre das größte Römerfest in Deutschland statt. Es zieht Zehntausende Besucher an. Rund 450 Mitwirkende aus vielen europäischen Ländern zeigen ihre Kenntnisse in römischer Lebensart beim Handwerk, im Gladiatorenkampf, beim Kochen oder Musizieren. Archäologen und Historiker helfen bei der Vorbereitung.

Nenne mögliche Gründe, warum sich so viele Menschen für Römerfeste interessieren. Eventuell hast du auch schon einmal ein Römerfest besucht. Fasse deine Eindrücke zusammen.

alle Darstellungstexte zum Anhören

mexayi

Römerfest in Xanten. Foto, 2014

800 v. Chr.	700 v. Chr.	600 v. Chr.	500 v. Chr.	400 v. Chr.	300 v. Chr.	200 v. Chr.

753 v. Chr. Gründung Roms der Sage nach

ca. 500 v. Chr. Rom wird Republik

264–133 v. Chr. Rom wird durch Eroberungen zur Großmacht

221 v. Chr. Gründung Chinesisches Reich

508/507–322 v. Chr. Demokratie in Athen

Das Römische Reich

cornelsen.de/webcodes
Code: dunave
Vorschläge zum Besuch eines außerschulischen Lernortes

Rom war lange Zeit ein kleiner Stadtstaat, vergleichbar mit einer griechischen Polis. Doch anders als in Griechenland wurde aus der anfangs kleinen und unbedeutenden Bauernsiedlung schließlich das Zentrum eines riesigen Reichs. Nur in Ostasien entstand zur gleichen Zeit mit dem Kaiserreich China ein ähnlich mächtiges Reich.

Das Römische Reich hat bis heute Spuren hinterlassen. Römische Lebensart und Kultur begegnen uns noch immer: Einige von euch lernen die Sprache der Römer im Unterrichtsfach Latein. Wir schreiben mit lateinischen und nicht mit griechischen Buchstaben. Unsere Monatsnamen und unser Kalender sind römischen Ursprungs. Auch lassen sich im heutigen Gerichtswesen und in der politischen Sprache viele Begriffe aus der römischen Zeit finden. Selbst römische Straßen, Brücken und Gebäude sind teils heute noch sicht- und nutzbar – und das nicht nur in Rom: Auch in Deutschland ist dies z. B. in Städten wie Köln, Mainz oder Trier der Fall, denn diese wurden von den Römern gegründet. Noch heute kannst du in diesen Städten zahlreiche Überreste aus der Zeit der Römer entdecken.

In diesem Kapitel untersuchst du folgende Fragen:

- Wie entstanden Rom und das Römische Reich?
- Wie konnte es den Römern gelingen, ihre Stadt zum Zentrum eines Weltreichs zu machen?
- Welche Folgen hatte die Ausdehnung der römischen Macht für die Menschen?
- Wie lebten die Menschen in Rom und im römischen Reich? Wie sah ihr Alltag aus?
- Wie gestaltete sich das Zusammenleben so vieler verschiedener Gruppen in einem „Weltreich"?
- War das Römische Reich das einzige Großreich in der Antike?

M 1

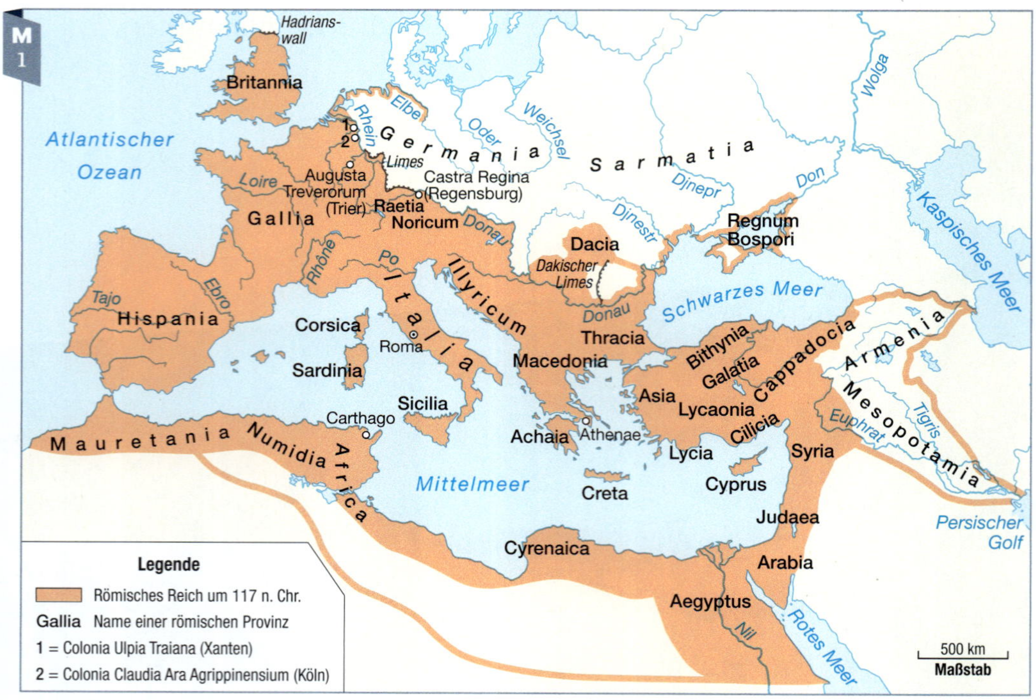

Größte Ausdehnung des Römischen Reichs um 117 n. Chr.

100 v. Chr.	Christi Geburt	100 n. Chr.	200 n. Chr.	300 n. Chr.	400 n. Chr.	500 n. Chr.

44 v. Chr.
Ermordung Caesars

2. Jh. n. Chr.
größte Ausdehnung des Römischen Reichs unter Kaiser Trajan

27 v. Chr.–14 n. Chr.
Kaiser Augustus – Rom wird zum Kaiserreich

391
Christentum wird Staatsreligion im Römischen Reich

M 2

Restaurierung des Dionysosmosaiks im Römisch-Germanischen Museum in Köln nach einem Sturm, Foto, 2007. Das 70 m² große Mosaik wurde in einem ehemaligen römischen Wohnhaus in Köln entdeckt und besteht aus 1,5 Millionen kleinen Steinen. Das Römisch-Germanische Museum steht heute dort, wo früher dieses Haus stand. Dionysos war der griechische Gott des Weines. Den Römern war er aber unter dem Namen Bacchus bekannt.*

M 3

Amphitheater der römischen Stadt Thysdrus (heute El Djem, Tunesien), 3. Jh. n. Chr. Es war mit 35 000 Plätzen das drittgrößte Amphitheater des Römischen Reichs.

M 4

Rekonstruktion eines Wachturms am Limes, einer römischen Grenzbefestigung, nördlich von Wiesbaden im heutigen Bundesland Hessen. Foto, 2010

1 Betrachte die Karte M1. Liste auf, auf welchen Erdteilen und auf dem Gebiet welcher moderner Staaten das Römische Reich in der Antike existierte.

2 Miss mithilfe des Maßstabes die Größe des Römischen Reichs im 1. Jahrhundert n. Chr.

Zusatzaufgabe → S. 185.

cornelsen.de/webcodes
Code: weguqe
Das Römische Reich

Wie ist Rom entstanden?

„Sieben-fünf-drei – Rom schlüpft aus dem Ei“ – Dieser Spruch wird gern genutzt, um sich das Gründungsjahr der Stadt Rom zu merken. Doch ist dies wirklich das korrekte Datum?

- ***Finde heraus, welche Sage sich die Römer über die Gründung ihrer Stadt erzählten, und überlege, warum sie dies taten. Untersuche dann, wie Wissenschaftler heute die Gründung der Stadt Rom erklären.***

M 1

So sah die Gegend aus, in der Rom entstand. Nach heutigen Funden siedelten auf den beiden Hügeln die ersten Bewohner. Rekonstruktionszeichnung, 2014

Roms Entstehung der Sage nach

In Rom erzählte man sich die Sage über die Gründung der Stadt im Jahr 753 v. Chr., wie du sie auf der gegenüberliegenden Seite nachlesen kannst (M2). Die Erzählung von einem gemeinsamen Ursprung und der Zusammengehörigkeit einer bestimmten Gruppe nennen wir einen Gründungsmythos*. Sie gab den Römern eine Vorstellung davon, wie die Stadt entstanden sein könnte. Gleichzeitig gaben sich die Römer mit der Sage einen göttlichen Ursprung, indem sie den Kriegsgott Mars als ihren Stammvater betrachteten. Dies sollte nicht zuletzt auch eine Wirkung auf die Nachbarn und Feinde Roms haben.

Um besondere Bedeutung in der Stadt zu erlangen, führten adlige Familien ihre Herkunft auf berühmte Helden der Vergangenheit oder auf Göttinnen und Götter zurück. Das erscheint uns heute merkwürdig, aber im Altertum hielten es die Menschen für möglich, göttliche Vorfahren zu haben.

Die Erklärung der Wissenschaft für die Entstehung Roms

Um 1000 v. Chr. siedelten an der Stelle der späteren Stadt Rom die Völker der Sabiner und Latiner. Sie waren Hirten und Bauern. Der Boden war fruchtbar und der Tiber ließ sich leicht durchqueren. Auf einem Handelsweg am Flussufer wurde kostbares Salz vom Mittelmeer ins Hinterland transportiert. Allmählich entwickelte sich die Siedlung zu einem beliebten Handelsplatz, der durch einen Graben und einen einfachen Wall geschützt wurde. Zwischen 800 und 700 v. Chr. wanderte das Volk der Etrusker ein, brachte eine an-

Wortschatz: eine andere Lebensweise mit sich bringen • ein Gebiet trocken legen • in Streit geraten • Anspruch auf den Thron haben • Kinder aufziehen • um die Vorherrschaft streiten • über das Gebiet herrschen • Handelsweg • Handelsplatz • Gründungsmythos • Sage • Stammvater • eine Wirkung haben dere Lebensweise mit und sprach eine ganz andere Sprache. Die Einwanderer bauten Häuser aus Stein und Ziegeln. Sie bauten auch Dämme gegen Überflutungen. Die Etrusker brachten Kunstgegenstände aus Ägypten sowie aus Griechenland mit und beherrschten neue Verfahren der Metallverarbeitung. Um 600 v. Chr. legten die Etrusker die tiefer gelegenen Gebiete am Tiber trocken und bauten ein Forum*, einen Marktplatz, als Stadtmittelpunkt. Sie schützten die Stadt durch eine neue Mauer. Aus einer kleinen Siedlung von Hirten und Bauern hatte sich eine befestigte Stadt entwickelt: Rom.

M 2

Eine mögliche Erzählung der Gründungssage der Stadt Rom:

Unser Stammvater[1] ist Äneas, einer der berühmten Helden Trojas[2]. Sein Vater war Anchises, seine Mutter die Göttin Aphrodite. Hier in Italien nennen wir sie Venus. Als Troja dem Untergang nahe war, floh Äneas mit seinem Vater aus der Stadt. Schließlich landeten Äneas und Anchises in Italien – ziemlich genau da, wo sich heute der Hafen unserer Stadt Rom befindet. Dort lebte damals das Volk der Latiner. Ihr Gebiet nannten sie Latium. Äneas heiratete eine Tochter des Königs, und ihre Nachkommen herrschten lange Zeit über Latium. Eines Tages gerieten zwei Königssöhne in Streit, wer der neue König werden sollte. Der Sohn ohne Anspruch auf den Thron vertrieb seinen Bruder und dessen Tochter Rea Silvia. Er bestimmte, dass Rea Silvia Priesterin werden solle und damit unverheiratet und kinderlos bliebe. Da schritt Mars ein, der Gott der Landwirtschaft und des Krieges. Er zeugte mit Rea die Zwillinge Romulus und Remus. Als der unrechtmäßige König davon erfuhr, ließ er die Zwillinge in einem Korb auf dem Tiber aussetzen. Doch der Korb wurde in Rom am Fuß des Hügels Palatin angeschwemmt. Vom Geschrei angelockt, trug eine Wölfin die Kleinen weg und stillte sie, bis ein Hirte die Jungen fand und aufzog. Als Romulus und Remus Jahre später von ihrer Herkunft erfuhren, töteten sie den unrechtmäßigen König und gründeten auf dem Palatin eine Stadt. Bald stritten auch Romulus und Remus um die Vorherrschaft. Romulus ließ eine Mauer um das Stadtgebiet errichten, die Remus lachend übersprang, um seinen Bruder zu ärgern. Voller Wut tötete Romulus seinen Bruder und schrie: „So soll es jedem ergehen, der über die Mauern dieser Stadt steigt." Also wurde Romulus zum Gründer und Namensgeber unserer Hauptstadt.

Verfassertext

[1] *Vorfahre/Begründer einer Familie oder eines gesamten Volkes*

[2] *Eine sagenumwobene Stadt der alten Griechen, die an der Westküste der heutigen Türkei lag.*

1 Nenne anhand der Rekonstruktionszeichnung M1 Gründe für einen Siedlungsplatz an dieser Stelle.

2 **Wähle eine Aufgabe aus:**

a) Stelle die Gründungssage als Bildergeschichte dar. ▸ Hilfe

b) Stelle den mythischen Ursprung der Römer als Stammbaum dar (M2). ▸ Hilfe

c) Stelle den angeblichen Verlauf der Gründung Roms (M2) in einem „Ereignis-Diagramm" dar. Beginne wie hier vorgeschlagen und setze dann selbstständig fort: Troja war dem Untergang nahe.
→ Äneas floh vor seinem Vater aus der Stadt.
→ (...) ▸ Hilfe

3 Erkläre, warum die Römer eine Gründungssage hatten und überlege, welche Wirkung diese auf sie selbst, aber auch auf andere haben sollte.

4 Stelle der Gründungssage der Stadt Rom die Ergebnisse der Grabungen der Archäologen gegenüber. Verwende den **Wortschatz**. **Tipp** → S. 191. ▸ Hilfe

5 Beurteile mithilfe des Darstellungstextes, ob der Merkspruch „Sieben-fünf-drei – Rom schlüpft aus dem Ei" auf die Erkenntnisse der Archäologen zutrifft. ▸ Hilfe

cornelsen.de/webcodes
Code: zefaxa
Wie ist Rom entstanden?

Üben

Politik – eine Angelegenheit für alle?

Nach der Vertreibung des letzten etruskischen Königs beginnt in der römischen Geschichte die Zeit der Republik. Der lateinische Ausdruck dafür lautet „res publica“ – zu Deutsch „eine öffentliche Angelegenheit“. Doch war die Politik tatsächlich eine Angelegenheit für alle?

- ***Untersuche, wer die Macht tatsächlich ausübte und zu welchen Konflikten es kam.***

M 1

Adliger Römer, Statue, 1. Jh. v. Chr. In seinen Händen hält er die Nachbildungen der Köpfe seines Vaters und Großvaters.

Das Gemeinschaftsgefühl der Römer

Die Römer waren überzeugt, dass die Tüchtigkeit ihrer Vorfahren sie groß und bedeutend gemacht hatte. In der Frühzeit Roms waren alle Einwohner Bauern. Sie mussten hart arbeiten und sparsam wirtschaften. Der vornehme wie der einfache Römer sollte von der Landwirtschaft leben. Handel und Geldgeschäfte galten als unehrenhaft. Selbst als viele Römerinnen und Römer in späteren Jahrhunderten sehr reich wurden, betonten Politiker immer noch das Vorbild der einfachen und sparsamen Lebensweise aus der Frühzeit Roms.

Kämpfe zwischen Patriziern und Plebejern

Um 500 v. Chr. teilten die adligen Römer, auch Patrizier* genannt, den Besitz unter sich auf und besetzten die hohen Ämter in Staat, Religion und Militär. Ihre Herrschaftsform bezeichneten sie als Republik. Die römische Republik hatte um 500 v. Chr. rund 35 000 erwachsene männliche Bewohner.

Die nichtadligen Plebejer* waren meist Handwerker, Händler und freie Bauern. Sie trugen durch ihre Arbeit zum Wohlstand der römischen Gesellschaft bei, hatten aber kaum politische Mitspracherechte.

Einer der ständigen Streitpunkte zwischen Patriziern und den Plebejern war der Kriegsdienst. Während die Patrizier Waffen und Pferde besaßen, mussten sich die Plebejer als Soldaten zu Fuß auf den Weg machen. Außerdem waren sie gezwungen, ihre Waffen selbst herzustellen oder zu kaufen und ihre Höfe und Werkstätten im Krieg zurückzulassen. Dadurch verarmten sie immer mehr und gerieten in Schuldknechtschaft. Erst als im 5. Jahrhundert v. Chr. die römischen Gesetze im „Zwölftafelgesetz“ (siehe M4) aufgeschrieben wurden, verbesserte sich die Situation der Plebejer.

(die) Republik

Als Republik (von lateinisch res publica = öffentliche Sache) bezeichneten die Römer ihren Staat nach dem Ende der Monarchie (= Königsherrschaft). Sie machten mit diesem Begriff deutlich, dass die Macht nicht von einem König, sondern von Teilen des Volkes ausgeübt wurde.

Auch wir leben in Deutschland in einer Republik. Anders als in Rom zur Zeit der Republik können sich bei uns alle Bürger gleichwertig an politischen Entscheidungen z. B. über Wahlen beteiligen. Wir nennen dieses System Demokratie, ein Begriff, den du bereits aus dem antiken Griechenland kennst.

Wortschatz: die Politik als öffentliche Angelegenheit • die Tüchtigkeit der Vorfahren • das Gemeinschaftsgefühl • zum Wohlstand beitragen • einen Streit austragen • die Patrizier und die Plebejer • die Republik • in Schuldknechtschaft geraten • politische Mitspracherechte

M 2

Münze mit der Göttin Concordia (= Eintracht), 42 v. Chr.

M 3

Die Beziehungen zwischen Patriziern und Plebejern:
Zwischen 490 und 287 v. Chr. erkämpften sich die Plebejer schrittweise folgende Rechte:

um 490 v. Chr.	Recht zur Abhaltung eigener Versammlungen
um 450 v. Chr.	mehr Rechtssicherheit durch das „Zwölftafelgesetz" (M4), auf das sich Plebejer berufen konnten
445 v. Chr.	Hochzeiten zwischen Patriziern und Plebejern werden erlaubt
366 v. Chr.	Recht, bestimmte Ämter ausüben zu dürfen (darunter das Konsulat), sowie das Recht auf eigenen Landbesitz
326 v. Chr.	Verbot der Schuldknechtschaft, allerdings kein Erlass von Schulden
287 v. Chr.	Beschlüsse der Plebejerversammlung haben die gleiche Gültigkeit wie die der Patrizierversammlung

Vom Verfasser zusammengestellt.

M 4

Aus dem Zwölftafelgesetz (um 450 v. Chr.):
Die Gesetzessammlung bestand aus zwölf Tafeln und wurde auf dem Forum Romanum ausgestellt, damit jeder sie sehen konnte.*

- Wer vor das Gericht gerufen wird, der muss hingehen ... Wenn er nicht geht, Ausflüchte macht oder fliehen will, soll er verhaftet werden.
- Wenn jemand eine Darlehensverpflichtung [= wenn sich jemand Geld leiht] und ein Kaufgeschäft vornimmt, so soll das rechtens sein, was mündlich beschlossen wurde.
- Wenn jemand ein Körperteil verstümmelt, soll der Täter das Gleiche erleiden oder sich mit dem Verletzten einigen.
- Hat jemand nachts einen Diebstahl begangen und wurde der Dieb dabei getötet, dann war das rechtens.
- Hat das Gericht eine Geldschuld festgesetzt, hat der Schuldner 30 Tage Zeit zur Tilgung seiner Schuld.
- Zahlt der Schuldner seine Schuld nicht, kann derjenige, der dem Schuldner Geld geliehen hat, ihn mit einem Strick fesseln und Fußfesseln mit 15 Pfund Gewicht anhängen.

*Das Zwölftafelgesetz, Tafel 1 und 3. Zit. nach Rudolf Düll (Hg.), Das Zwölftafelgesetz, 3. Auflage, München (Heimeran) 1959. Übers. v. Rudolf Düll.***

1 Arbeite mithilfe des Darstellungstextes und M1 die Bedeutung der Vorfahren für die Römer heraus.

2 Stelle anhand von M3 dar, wie sich die Situation der Plebejer ab 490 v. Chr. schrittweise im Rahmen der Ständekämpfe verbessert. Erkläre die Bedeutung der einzelnen Schritte und nutze dabei den **Wortschatz**.

3 Beschreibe die Münze in M2. Erkläre, warum die Göttin Concordia und ein Handschlag abgebildet wurden.

4 **Wähle eine Aufgabe aus:**

a) Entwickle ein Gespräch zwischen einem Patrizier und einem Plebejer, in dem ihr die Frage diskutiert, ob Politik in Rom eine Angelegenheit für alle ist. Das Gespräch findet 287 v. Chr. statt und blickt zurück auf die schrittweise Veränderung der Situation der Plebejer. ▸ Hilfe

b) Formuliere auf Basis deiner bisherigen Ergebnisse eine schriftliche Antwort auf die Frage aus der Überschrift.

Zusatzaufgabe → S. 186.

Üben

Schaubilder verstehen

cornelsen.de/webcodes
Code: yayoqa
Kopiervorlage Methodentabelle

In fast allen Staaten regelt heute eine Verfassung das Zusammenleben der Menschen. Auch im Römischen Reich gab es eine solche Ordnung. Um die durch die Verfassung geregelte Ordnung eines Staates darzustellen, können Schaubilder hilfreich sein. Wie du ein solches Schaubild richtig entschlüsselst, erfährst du hier. Am Ende kannst du folgende Fragen beantworten:
- ***Wie wurde die römische Republik regiert und verwaltet?***
- ***Wie war die Macht in Rom verteilt?***

Der Senat

Der Senat war das Zentrum der politischen Ordnung, denn hier wurde über die Grundzüge der Politik sowie über Krieg und Frieden entschieden. Tagungsort des Senates war die „Curia" am Rande des Forum Romanum*. Im Senat saßen 300 (später 600) Männer der einflussreichen Patrizierfamilien. Ab 300 v. Chr. durften auch wohlhabende Plebejer Senatoren* werden.

Die Magistrate

Die römischen Beamten hießen Magistrate. Damit sie ihre Macht nicht missbrauchen konnten, blieben sie immer nur für ein Jahr im Amt (Prinzip der Annuität). Jedes Amt wurde mit mindestens zwei Männern besetzt (Prinzip der Kollegialität). Zwei Konsuln standen an der Spitze des Staates. Hinzu kamen weitere Beamte: Sie waren für das Gerichtswesen (Prätoren), die öffentliche Ordnung (Ädile) und die Finanzen (Quästoren) zuständig. Zensoren überwachten die Sitten und die Steuereinnahmen. Schied ein Beamter aus seinem Amt aus, wurde er Senator. Nur reiche Römer konnten sich die Tätigkeit als Beamte leisten, denn es waren Ehrenämter ohne Bezahlung. Um in ein hohes Amt gewählt zu werden, mussten römische Männer tief in die Tasche greifen: Bestechung war an der Tagesordnung.

Welche Aufgabe hatten die Volkstribune?

Die zehn Volkstribune wurden von der Versammlung der Plebejer gewählt. Sie schützten die Rechte der Plebejer. Die Volkstribune konnten alle Entscheidungen des Senats und der Magistrate blockieren. Dazu genügte es, das Wort „Veto" (= ich verbiete) auszusprechen.

Die Volksversammlung

In der Volksversammlung kamen alle wehrfähigen Männer Roms zusammen, Patrizier wie Plebejer. Ausgeschlossen waren Frauen und Versklavte. Voraussetzung für den Zugang zur Volksversammlung war das römische Bürgerrecht*. In der Volksversammlung wurde aber nicht wie in Athen nach Personen abgestimmt, sondern nach Vermögen. Daher hatten reiche Bürger viel mehr Einfluss als arme. Auch bei der Abstimmung nach Wohnbezirken waren die reichen Bürger im Vorteil. Jeder der 35 Wohnbezirke hatte eine Stimme. Der größte Teil der einfachen Bevölkerung lebte in der Stadt, aber es gab nur vier städtische Wohnbezirke. Die anderen 31 Bezirke lagen auf dem Land, und ärmere Römer dort konnten sich die Anreise in die Stadt nicht leisten. Daher gaben nur die vermögenden Bürger vom Land ihre Stimme ab.
In einer Sache waren sich Patrizier und Plebejer aber einig: Sie lehnten jede Form von Alleinherrschaft ab. Nur in Zeiten großer Gefahr für den Staat, etwa durch Bedrohung von außen, konnte ein Diktator für die Dauer von höchstens sechs Monaten bestimmt werden.

M1

Anzahl stimmberechtigter Römer mit römischem Bürgerrecht (Italien vom Fluss Po bis zur Südspitze):

um 300 v. Chr.:	35 000 (Schätzung)
130 v. Chr.:	300 000 (Schätzung)
69 v. Chr.:	910 000 (Volkszählung)

Zahlen nach Robin Lane Fox, Die klassische Welt, Stuttgart (Klett) Sonderausgabe 2013, S. 137, 139 und 383.

1 **Partnerarbeit:** Notiert in einer Tabelle die wichtigsten Institutionen der römischen Republik und die dazugehörige Aufgabe.

2 Werte M2 mithilfe der Arbeitsschritte in der Tabelle aus. Die Lösungshinweise, die du in der rechten Spalte findest, helfen dir dabei.

Zusatzaufgaben → S. 186.

M 2

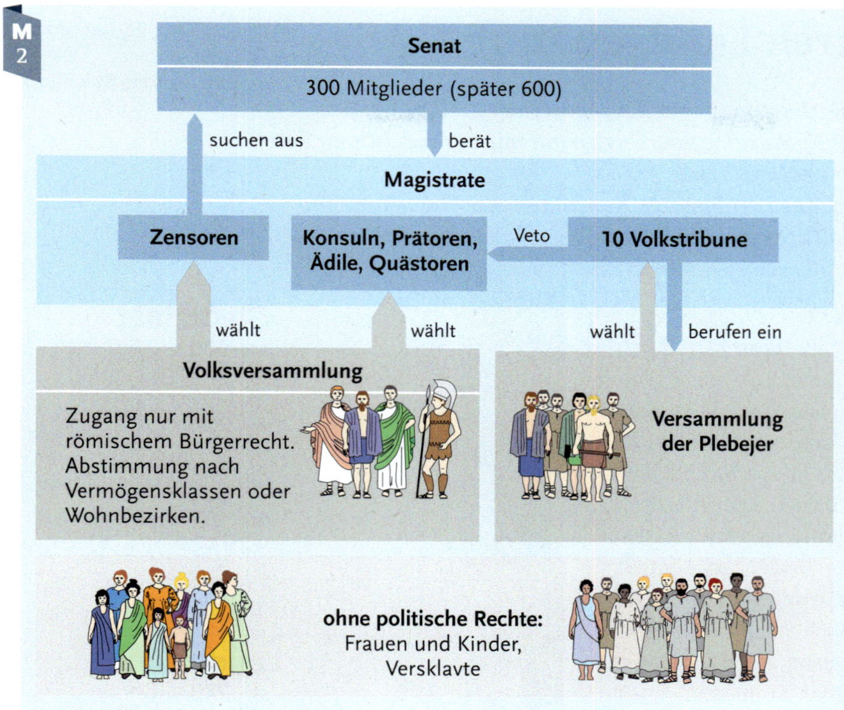

Die Verfassung der römischen Republik

Arbeitsschritte „Schaubilder verstehen“

Einzelne Elemente des Schaubildes erfassen	**Lösungshinweise zu M2**
1. Welche Fachbegriffe werden verwendet und müssen geklärt werden?	• *z. B. Magistrat, Senat, Zensor ...*
Aufbau des Schaubildes untersuchen und beschreiben	
2. Wie ist das Schaubild zu lesen?	• *Das Schaubild lässt sich am besten von unten nach oben lesen, weil ...*
3. Welche Versammlungen und Ämter gab es?	• *Es gab die Volksversammlung und ...* • *Zu den Ämtern der römischen Republik gehörten ...*
Inhalt vertiefen	
4. In den Schritten 2 und 3 hast du die Versammlungen und Ämter benannt. Erkläre nun ihre Funktion.	• *Die ... waren zuständig für ...* • *Die Volksversammlung wählte ...*
5. Wie war die Macht im Staat verteilt?	• *Ohne politische Rechte waren ...* • *Zur Volksversammlung zählten ...* • *Die Volksversammlung wählte ...* • *Die Plebejer waren in der ... vertreten.* • *Die Plebejer wählten ...* • *Die Zensoren suchen ... aus.* • *Der Senat berät ...* • *In der Verfassung steht der Senat ...*

Zusatzaufgaben → S. 186.

Mehr Macht durch Landgewinn?

cornelsen.de/webcodes
Code: samefu
Vom Dorf zur Weltmacht

Die Römer befanden sich viele Jahrhunderte lang im Krieg. Zu den längsten Kriegen der Römer gehörten die Auseinandersetzungen mit der mächtigen See- und Handelsmacht Karthago in Nordafrika.

- ***Untersuche die Ursache und den Anlass des Konfliktes zwischen Rom und Karthago sowie die Folgen für beide Städte.***

Wer beherrscht das Mittelmeer?

Bis 272 v. Chr. weitete Rom seine Herrschaft durch Kriege aus und wurde zu einem Konkurrenten der damals mächtigsten Stadt im westlichen Mittelmeer: Karthago. Zwischen beiden Städten kam es in der Folge zu drei Kriegen um die Vorherrschaft im westlichen Mittelmeer. Erster Schauplatz war Sizilien – im Altertum ein wichtiges Getreideanbaugebiet sowie ein Brückenkopf zwischen Afrika und Europa. Beide Städte hatten deshalb ein machtpolitisches Interesse an der Insel. Der Konflikt entzündete sich schließlich an einem Konflikt um die griechische Kolonie Messana auf Sizilien. Als Landmacht war Rom gezwungen, in diesem Krieg (264–241 v. Chr.) Kriegsschiffe zu bauen, mit denen der entscheidende Sieg gelang. Die Karthager mussten Sizilien verlassen und auch Sardinien und Korsika an die Römer abgeben. Sizilien wurde zur ersten römischen Provinz*.

Hannibals Zug über die Alpen und die Zerstörung Karthagos

Die Karthager eroberten in den Folgejahren große Teile der iberischen Halbinsel*. Erneut kam es zum Krieg gegen Rom (218–201 v. Chr.), als der karthagische Feldherr Hannibal mit einem großen Heer aus Soldaten, Reitern und Kriegselefanten über die Alpen zog. Drei Jahre zog das Heer durch Italien, zerstörte zahlreiche Städte und tötete tausende Menschen, ohne jedoch Rom direkt anzugreifen. Trotzdem gelang es den Römern schließlich, Hannibal zu besiegen. Karthago musste alle Schiffe abgeben, eine riesige Summe Silber als Entschädigung zahlen und Spanien wurde römische Provinz. Im dritten Krieg (149–146 v. Chr.) zerstörten die Römer Karthago, als die Stadt versuchte, wieder an Macht zu gewinnen. Die Bevölkerung wurde versklavt. Das Land der Karthager wurde zur römischen Provinz Africa. Rom war nun stärkste Macht im westlichen Mittelmeer. Die drei punischen* Kriege waren eine wichtige Etappe für Rom auf dem Weg zur Weltmacht.

M1
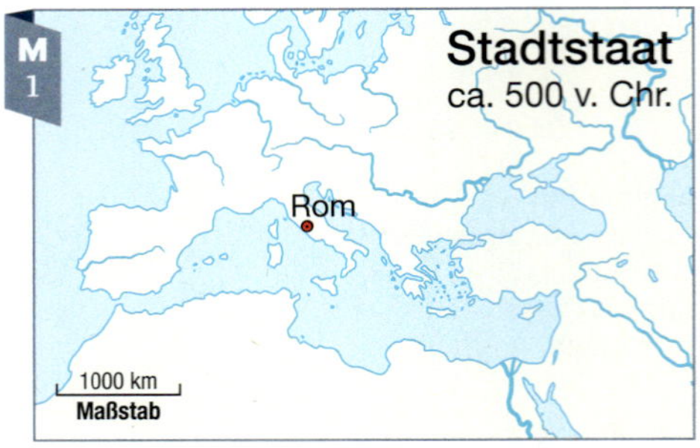

M2
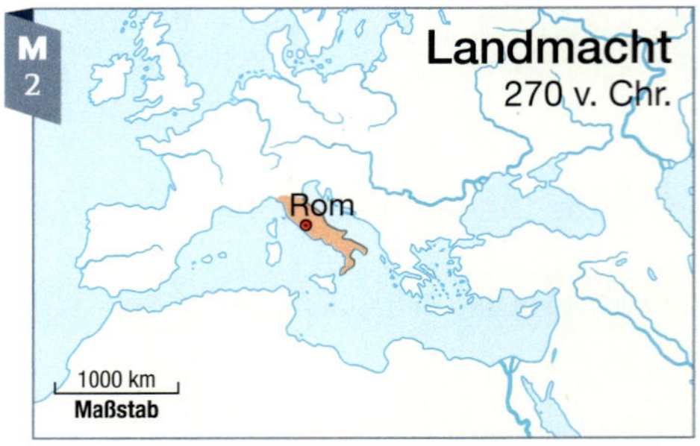

M3
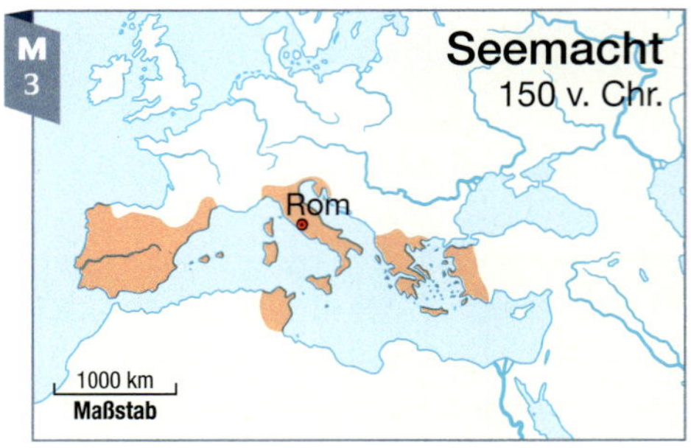

M4
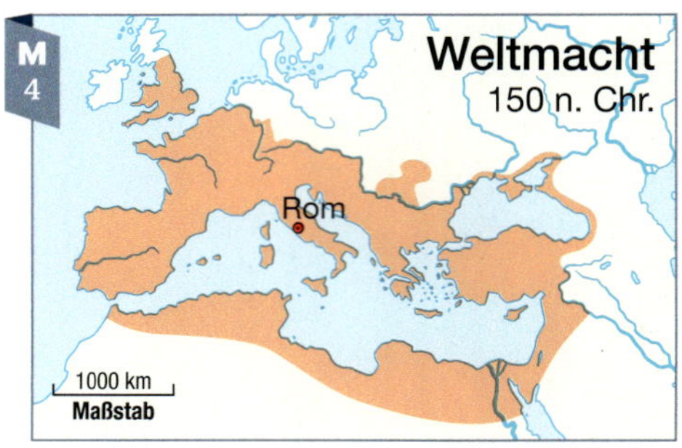

M 5

Die Ausdehnung des Römischen Reichs. Limes wird die Grenzbefestigung zwischen dem Römischen Reich und der Germania genannt.

(das) Imperium Romanum
(von lat. imperare = befehlen) Unter Imperium verstanden die Römer ursprünglich das Recht ihrer Beamten und Konsuln, Befehle zu erteilen und ausführen zu lassen. Allmählich wurde „Imperium Romanum" zur Bezeichnung des von der Stadt Rom aus regierten Herrschaftsgebiets:

- Bis 272 v. Chr. besiegten und unterwarfen die Römer ihre Nachbarvölker. Italien stand damit bis zum Fluss Po unter römischer Herrschaft.
- Zwischen 264 und 146 v. Chr. ging es in drei Kriegen gegen die See- und Handelsmacht Karthago im heutigen Tunesien um die Vorherrschaft in Sizilien und Nordafrika.
- Ab dem 3. Jahrhundert v. Chr. eroberten die Römer die reichen Nachfolgestaaten Alexanders des Großen im östlichen Mittelmeerraum.

Wortschatz: die Ursache eines Konfliktes • der Anlass für einen Krieg • eine Entschädigung zahlen • Einfluss verlieren • durch ein Land ziehen • jemanden versklaven • etwas zur Schau stellen • die Ausdehnung beschreiben • eine Entwicklung darstellen • ein anderes Volk besiegen und unterwerfen • unter römischer Herrschaft stehen

1 Begründe, welche der Karten (M1 bis M5) einen Zustand und welche einen Verlauf zeigen.

2 **Methode:** Untersuche die Karte M5 mithilfe der Arbeitsschritte auf S. 103. Beziehe den Darstellungstext sowie M1 bis M4 mit ein. Die in der Karte verwendeten Farben heißen Violett ■, Orange ■, Dunkelgelb ■, Hellgelb ■ und Grün ■. ▸ Hilfe

3 **Wähle eine Aufgabe aus:**
a) Benenne die drei Phasen der Entstehung des Imperium Romanum und ordne ihnen jeweils M1 bis M4 zu. Liste die Provinzen auf, die in jeder Phase neue Teile des Imperiums wurden.
b) Stelle die römische Ausbreitung mithilfe einer Schemazeichnung in Stufen dar. Trage in jede Stufe die Namen der römischen Provinzen ein, die in den eroberten Gebieten entstanden (M5).
Tipp → S. 191.

4 Zeige, wo in der Karte M5 ungefähr heute Deutschland, Frankreich, Spanien, Italien, Ägypten, die Türkei, Syrien und Tunesien liegen. **Tipp** → S. 191.

5 Untersuche mithilfe von M1 bis M5, ob es einen Zeitraum gab, in dem sich das Imperium Romanum besonders schnell ausgebreitet hat.

6 **Partnerarbeit:** Erörtert, ob der Begriff „Weltreich" für das Römische Reich passend ist.
Nutze den **Wortschatz**. ▸ Hilfe

Können aus Feinden Römer werden?

Mit der Ausdehnung des Römischen Reichs seit dem 3. Jahrhundert v. Chr. standen die Römer vor der Aufgabe, ihre Herrschaft in den eroberten Gebieten zu sichern.
- ***Arbeite heraus, wie die Römer mit besiegten Gegnern umgegangen sind.***

M 1

Triumphbogen zu Ehren des römischen Kaisers Septimius Severus auf dem Forum Romanum zum Sieg gegen die Parther, 203 n. Chr.

M 2

Ein Ausschnitt aus dem Triumphbogen zeigt römische Soldaten und gefangene Parther, 203 n. Chr.

Die Gallier – erst besiegt, dann integriert

Gallien (heutiges Frankreich) wurde 58 bis 51 v. Chr. von Julius Caesar für Rom erobert (siehe zu Julius Caesar auch S. 144). Gallien war reich an Bodenschätzen und Holz – einem an den Küsten Südeuropas knapper werdenden Rohstoff. Durch die gewaltsame Eroberung starben über eine Million Menschen. Der Anführer der Gallier, Vercingetorix, kam als Gefangener nach Rom und wurde hingerichtet. Mit der Eingliederung Galliens als Provinz erhielten Mitglieder der gallischen Oberschicht das römische Bürgerrecht*.

Warum war das römische Bürgerrecht begehrt?

Das römische Bürgerrecht war für Unterworfene aus allen neuen Gebieten des Reichs ein begehrtes Ziel. Es ermöglichte die Heirat mit einem Mitglied einer römischen Familie. Wer das Bürgerrecht besaß, durfte ein Testament verfassen und Geschäftsverträge abschließen. Zudem mussten Bürger bestimmte Gemeindesteuern nicht bezahlen und erlangten das Wahlrecht in der Volksversammlung. Römische Bürger durften nicht gefoltert oder zur Todesstrafe verurteilt werden. Das Bürgerrecht konnte an einzelne Personen, Städte oder ganze Provinzen verliehen werden. In der Zeit der Republik erhielten als Erste die Verbündeten in Italien das Bürgerrecht, da sie für Rom kämpften. Die Verleihung war uneinheitlich geregelt und oft mit Einschränkungen für die neuen Bürger versehen. Erst 212 n. Chr. erhielten alle frei geborenen Einwohner des Reichs das Bürgerrecht.

Die Parther – unbesiegter Gegner im Osten

Das Reich der Parther bestand von 247 v. Chr. bis 224 n. Chr. und war der große Rivale Roms im Vorderen Orient, wo sich heute die Staaten Iran und Irak befinden. Römer und Parther führten immer wieder Kriege um die Herrschaft über Handelswege, Rohstoffvorkommen und Land. Erfolgreiche Feldzüge gegen die Parther bedeuteten für römische Heerführer, mehr Einfluss in Rom zu erlangen. Die Parther erwiesen sich als harte Gegner, die kein Interesse daran hatten, sich Rom unterzuordnen.

Wortschatz: das römische Bürgerrecht erhalten • jemanden ausgrenzen • die Integration • jemanden integrieren • das römische Bürgerrecht besitzen • einen Vertrag abschließen • vor Willkür geschützt werden • an Einfluss gewinnen • der Triumphbogen • der Triumph

M 3

Triumphrelief Schapurs I., König der Sassaniden (Nachfolger der Parther), in Naksch-e Rostam (Iran) nach einem Sieg über die Römer, ca. 260 n. Chr. Schapur hält den römischen Kaiser Valerian zum Zeichen der Gefangennahme am Arm fest. Kaiser Valerian geriet während eines Feldzuges gegen die Sassaniden in Gefangenschaft und starb dort.

M 4

Aus einer Rede von Kaiser Claudius (48 n. Chr.):
Was wurde denn den Spartanern und Athenern trotz ihrer militärischen Übermacht zum Verhängnis? Sie grenzten die Besiegten aus. Da besaß doch der Gründer unseres Staates, Romulus, mehr Weisheit. Die meisten der besiegten Völker wurden an ein und demselben Tag zuerst als Feinde und dann als Bürger behandelt ... Wenn man in der Rückschau auf unsere Kriege blickt, dann wurde keiner schneller beendet als der gegen die Gallier. Seitdem herrscht ohne Unterbrechung ein sicherer Frieden. Da die gallischen Oberen mit uns durch gleiche Sitten, Bildung und Heirat verbunden sind, sollen sie doch ihr Gold und ihre Schätze lieber zu uns bringen, als sie für sich zu behalten. Alles, Senatoren, was man heute für uralt hält, ist einmal neu gewesen: Plebejische Beamte folgten patrizischen Beamten, latinische auf die plebejischen, Beamte aus anderen Völkern Italiens auf die latinischen. Auch diese neue Regel wird sich einbürgern[1].

*Tacitus, Annales 11,24. Zit. nach http://www.thelatinlibrary.com/tacitus/tac.ann11.shtml (12. 2. 2019). Übers. d. Verf.**

[1] *Diese neue Regel wird zur Normalität werden.*

M 5

Der Historiker Uwe Walter schrieb 2012:
Zu den gängigen, aber falschen Auffassungen über das Römische Reich gehört, dieses habe allein oder im Wesentlichen auf den Schwertern und pila (Speeren) seiner Legionen geruht. Wäre dem so gewesen, hätte es keine zwei Generationen lang existiert. Das Geheimnis des römischen Erfolgs bestand vielmehr in der Bereitschaft und Kraft zur Integration[1]. Spannend ist nun, dass die Römer diese Tatsache bereits in ihren Gründungsmythos eingeschrieben hatten. Aeneas war ein Flüchtling aus Troja. Und als Romulus daranging, die Stadt Rom zu gründen, mangelte es an Bewohnern. Romulus richtete daher am Rande des Kapitols ein Asyl[2] ein, wo sich Männer einfinden konnten, die nicht nach ihrer Herkunft gefragt werden wollten: Flüchtlinge, Verbannte, Enteignete, vagabundierende Krieger. Zum Selbstverständnis der Römer gehörte es, „Zugereiste" zu sein und nicht schon immer einen Platz besiedelt zu haben. Rom ist ein Ergebnis von Immigration[3] und Integration.

*Uwe Walter, Wachstum durch Integration: das Imperium Romanum. Eine Anregung für den Unterricht, in: Geschichte für heute 1/2012, S. 44.**

[1] *Eingliederung – Menschen die Möglichkeit geben, sich in eine neue Gesellschaft einfügen zu können*
[2] *Zufluchtsort, Notunterkunft;* [3] *Einwanderung*

1 Betrachte M1–M5 und entscheide, ob es sich hier um Quellen oder Darstellungen handelt. Begründe deine Wahl.
2 Nenne mögliche Erklärungen dafür, warum Herrscher die Bauwerke in Auftrag gaben.
3 Beurteile, ob es sich allein um ein Phänomen der Antike handelt. ▸ Hilfe
4 Erläutere anhand von Beispielen, warum für Unterworfene des Römischen Reichs das Bürgerrecht ein begehrtes Ziel war (Darstellungstext). Nutze dafür auch den **Wortschatz**.
5 Arbeite aus M4 die Gründe heraus, die Kaiser Claudius für eine Eingliederung der gallischen Oberen angibt.
6 Gib M5 in eigenen Worten wieder. Erläutere anschließend, worin der Verfasser das „Geheimnis des römischen Erfolgs" (Z. 6 f.) sah. ▸ Hilfe

Zusatzaufgabe → S. 186.

Großmacht nach außen – Krise im Innern

In den Krieg zu ziehen war für die römischen Bauern, die sich dafür selbst ausrüsten mussten, ein selbstverständlicher Teil ihres Lebens. Als Rom begann, Kriege außerhalb Italiens zu führen, blieben die Soldaten oft Jahre weg oder starben in der Fremde.

- *Untersuche die Auswirkungen der Ausdehnung (= Expansion) des Römischen Reichs auf Politik sowie Gesellschaft und finde heraus, wie versucht wurde, die Verhältnisse zu verbessern.*

M 1

Öffentliche Getreideverteilung an arme Stadtbewohner, römisches Mosaik, 2. Jh. v. Chr. Mit ihrer Wohltätigkeit erkauften sich reiche Römer Anhänger für ihre politischen Ziele.

Die Wohlhabenden werden noch reicher

Durch die Kriege Roms kamen hunderttausende Kriegsgefangene als Versklavte nach Italien – Männer, Frauen und Kinder. Auf Märkten wurden sie als billige Arbeitskräfte verkauft (siehe S. 158/159). Wohlhabende Römer besetzten und nutzten große Flächen des Staatslandes, die zu einem Teil ihrer ausgedehnten Landgüter wurden. Sie kauften hunderte oder gar tausende versklavte Menschen und ließen sie auf ihren Landgütern Getreide, Wein, Oliven und Früchte anbauen. Auch durch die Viehzucht erwirtschafteten sie hohe Gewinne. Von der Ausdehnung des Reichs profitierte auch der neue Stand der Ritter. Die Ritter waren nichtadlige Bürger, die durch Handwerk oder durch den Handel von Waren reich wurden. Viele Ritter machten auch als Transport- oder Bauunternehmer Karriere. Durch die Gewinne aus den Kriegen und die Steuereinnahmen aus den Provinzen konnten Aufträge zum Bau von Brücken, Straßen, Wasserleitungen, Villen und Tempeln vergeben werden.

Aus Bauern werden „Proletarier"

Die Last der Kriege trugen vor allem die einfachen Bauern und ihre Familien. Wenn sie durch den Kriegsdienst zu lange von ihren Höfen fernblieben, konnten sie den Besitz nicht halten. Sie mussten oft ihr Land an Großgrundbesitzer verkaufen und als Tagelöhner arbeiten. Versklavte waren aber noch billiger als Tagelöhner, und so blieb vielen landlosen Familien nur der Umzug in die Städte. Dort versuchten sie mit Gelegenheitsarbeiten zu überleben. Diese Menschen nannte man „Proletarier" (von proles = Nachkommen), da die meisten viele Kinder hatten. Ein anderer Begriff lautete „plebs" – das einfache Volk.

Die Reformversuche der Gracchen

Obwohl das Römische Reich im 2. Jahrhundert v. Chr. große Gewinne erzielte, konnte die Armut der Menschen nicht ausgeglichen werden. Armut, Entvölkerung und der daraus folgende Mangel an Soldaten führten zu einer Staatskrise. Der Volkstribun Tiberius Gracchus beantragte daher 134 v. Chr., die Höchstmenge an besetztem Staatsland pro Großgrundbesitzer zu begrenzen. Um die Lage der landlosen Bauern zu verbessern, sollten sie aus den frei werdenden Feldern sieben Hektar (das entspricht ungefähr einer Fläche von zehn Fußballfeldern) zur eigenen Bewirtschaftung und etwas Startkapital erhalten. Auch sollten Bedürftige billiges Getreide erhalten. Diese „Ackergesetze" stießen auf erbitterten Widerstand vieler Senatoren und Ritter. Bei einer Versammlung wurde Tiberius Gracchus von Gegnern erschlagen. Seinem Bruder Gaius Gracchus gelang es später zwar noch, einige der Reformen durchzusetzen. Diese wurden dann in den folgenden Jahren jedoch nach und nach wieder aufgehoben. Die Probleme Roms waren somit nicht gelöst.

Wortschatz: eine Auswirkung haben auf • den Auftrag vergeben • die Last tragen • auf Widerstand stoßen • die Reform durchführen/durchsetzen • das Gesetz aufheben • den Sold erhalten • sich für das Heer verpflichten

Eine Heeresreform als Mittel gegen die Krise

Der Einfall germanischer Stammesverbände (siehe S. 162/163) nach Italien zeigte die Verwundbarkeit des Römischen Reichs. Es gab nicht mehr genug Soldaten für die Verteidigung. Daher führte Konsul Gaius Marius (158 bis 86 v. Chr.) eine Reform der Armee durch. Es konnte sich jeder Römer als Legionär für eine Dauer von 20 Jahren gegen Zahlung eines festen Soldes zum Heer verpflichten. Die Ausrüstung wurde fortan vom Staat gezahlt. Wer das Ende seiner Dienstzeit erlebte, der erhielt einen Hof mit Ackerland. Durch diese Reform entspannte sich die Lage in den Städten, da viele landlos gewordene Bauern Berufssoldaten wurden. Die neuen Legionäre unterstanden nur noch dem Kommando ihres Feldherrn, dem sie bald mehr vertrauten als den Entscheidungen der führenden Politiker in Rom.

M 2

Römischer Legionär mit Marschgepäck, Rekonstruktionszeichnung. Das Gepäck war etwa 48 Kilogramm schwer und bestand unter anderem aus Grundnahrungsmitteln, die für ein bis drei Tage reichen mussten, sowie aus Trinkwasser in Feldflaschen. Zusätzlich trug ein Legionär: A Wurflanzen; B Helm; C Kurzschwert; D Schild; E Spaten; F Zeltplane/Ersatzkleidung; G Sichel; H Spitzhacke

M 3

Tiberius Gracchus berichtete 134 v. Chr. über die Lage der römischen Soldaten:

Die wilden Tiere, die in Italien hausen, haben ihre Höhle. Jedes weiß, wo es sich hinlegen und verkriechen kann. Die Männer aber, die für Rom kämpfen und sterben, sie haben nichts außer Luft und Licht. Heimatlos und gehetzt irren sie mit Frau und Kind durch das Land. Die Feldherren lügen, wenn sie vor der Schlacht die Soldaten aufrufen, für ihre Gräber und Heiligtümer gegen den Feind zu kämpfen. Denn keiner von diesen römischen Soldaten besitzt einen Altar, den er vom Vater geerbt hat, und keiner ein Grab, in dem seine Vorfahren ruhen. Vielmehr kämpfen und sterben sie für das Luxusleben und den Reichtum von anderen. Herren der Welt werden sie genannt, aber sie besitzen noch nicht einmal ein eigenes Stück Land.

*Plutarch, Tiberius Gracchus 9. Zit. nach Konrat Ziegler (Hg.), Große Griechen und Römer, Bd. 3, Zürich/München (Artemis) 1955. Übers. v. Konrat Ziegler.***

1 Stelle in einer Mind-Map (→ S. 198) die Auswirkungen der Ausweitung des Römischen Reichs auf die römische Gesellschaft dar (M1 und Darstellungstext). ▸ Hilfe

2 Erkläre mithilfe des Darstellungstextes, welche Hoffnungen sich Kleinbauern bezüglich der Reformen der Gracchen machten.

3 Erkläre mithilfe von M1 und M3 sowie des Darstellungstextes, welche Hoffnungen ein landlos gewordener Bauer mit der Heeresreform des Gaius Marius verband. Nutze den **Wortschatz**.

4 **Wähle eine Aufgabe aus:**
Die Ausrüstung der Legionäre und ihre Funktion:
a) Fertige eine Tabelle an. Notiere in der linken Spalte einen Bestandteil der Ausrüstung und nenne in der rechten Zeile die (vermutete) Funktion.
b) Erkläre in einem Text, wofür Legionäre die Ausrüstungsgegenstände (vermutlich) brauchten (M2).
c) **Partnerarbeit:** Führe ein Interview mit einem römischen Legionär, indem du ihn nach seiner Ausrüstung und seinem Alltag befragst. Arbeite mit einem Partner und schreibt euren Dialog auf.

Zusatzaufgaben → S. 186.

Üben

Caesar – Verteidiger der Republik oder neuer König?

Gaius Julius Caesar (100–44 v. Chr.) ist der vermutlich berühmteste Römer, sogar einer unserer Kalendermonate ist nach ihm benannt. Heute sind sein Leben und sein politisches Handeln oft eine Vorlage für Filme und Comics.

- *Gehe der Frage nach, welche Rolle Caesar in der römischen Politik spielte und welche Ziele er verfolgte.*

M 1

Der Schauspieler Alain Delon als Caesar in dem Film „Asterix bei den Olympischen Spielen", 2008

Machtkämpfe und Bürgerkrieg

Nach den Reformversuchen der Gracchen spaltete sich die politische Führung Roms in zwei Lager:

- Die Popularen* wollten mithilfe der Volksversammlung und der Volkstribune durch Reformen die soziale Lage der Plebs verbessern.
- Die Optimaten* lehnten dies ab. Die Optimaten vertraten die Interessen der Großgrundbesitzer und verteidigten die Vorherrschaft des Senats.

Nach außen wurde zwar die Einheit der Republik vorgetäuscht. In Wirklichkeit wurden aber Beamtenstellen, Senats- und Volksversammlungen von Politikern immer öfter dazu verwendet, um selbst mehr Macht zu erlangen. Dabei wurden persönliche Interessen als die des Staates ausgegeben. Es kam zu Bürgerkriegen, in denen sich Popularen und Optimaten bekämpften. Während des gemeinsamen Konsulats von Gnaeus Pompeius und Licinius Crassus konnten sich die Popularen im Jahre 70 v. Chr. durchsetzen. Zehn Jahre später gingen die beiden ein Bündnis mit Gaius Julius Caesar ein. Im Triumvirat* bildeten sie eine Dreierherrschaft, in der sie die Macht unter sich aufteilten. Sie führten neue Gesetze ein und schalteten den Senat weitgehend aus.

Aufstieg und Fall Caesars

Zwischen 58 und 51 v. Chr. eroberte Caesar fast ganz Gallien (Teile des heutigen Frankreichs). Caesar nahm dadurch viel Geld ein und erlangte durch die militärischen Erfolge großen politischen Einfluss in Rom. Nachdem Licinius Crassus gestorben war, wurde Caesars ehemaliger Verbündeter, Gnaeus Pompeius, zu dessen größtem Rivalen. Pompeius trat für die Rechte des Senats ein. Es kam zu einem Bürgerkrieg zwischen Pompeius und Caesar, in dem Pompeius besiegt und getötet wurde.
Der im Volk sehr beliebte Caesar herrschte nun allein. 46 v. Chr. ließ er sich zum Diktator* für zehn Jahre und später zum Diktator auf Lebenszeit ernennen. Außerdem besetzte er alle wichtigen Posten im Staat mit eigenen Anhängern. In der Öffentlichkeit zeigte er sich wie nach einem Triumphzug mit einem goldenen Lorbeerkranz, bei Staatsbanketten trug er das Purpurgewand des Triumphators. Aufgrund seines Auftretens unterstellten ihm seine Gegner im Senat, dass er die verbotene Monarchie wieder einführen wolle. Am 15. März 44 v. Chr. schlossen sich daher 60 Senatoren gegen Caesar zusammen und ermordeten ihn während einer Senatssitzung mit 23 Dolchstichen.

Wortschatz: sich in zwei politische Lager spalten • ein Gesetz verkünden • die Macht aufteilen • den Senat (politisch) ausschalten • die Monarchie einführen • wichtige Posten mit eigenen Anhängern besetzen • ein Bündnis eingehen • das Triumvirat • der Alleinherrscher • der Diktator • der Triumphator

M 2

Caesar, römische Silbermünze (Denar), 44 v. Chr. (vor Caesars Tod). Die Umschrift lautet: Caesar Dict(ator) Quart(um) = zum vierten Mal Diktator. Der Kranz aus Gold ist der Schmuck Jupiters (= oberste Gottheit der römischen Religion), Auszeichnung des Triumphators und Herrschaftszeichen des etruskischen Königs. Porträts lebender Personen auf Münzen hat es davor in Rom nicht gegeben.

M 3

Gaius Julius Caesar (100 v. Chr.–44 v. Chr.), römischer Staatsmann, Feldherr und Autor, Marmorbüste, 1. Jh. v. Chr.

M 4

Ein erfundenes Gespräch zwischen zwei Römern

Das folgende Gespräch zwischen Secundus (S) und Tertius (T) spielt in einer Druckerwerkstatt, in der neue Denare mit dem Bildnis von Caesar hergestellt werden (siehe M2). Der Dialog ist erfunden, gibt aber einen Einblick in die Stimmung, die in Rom zu Beginn des Jahres 44 v. Chr. herrschte:

S: Schau dir diesen Caesar an, jetzt ist er größenwahnsinnig geworden: Diktator auf Lebenszeit! Er muss doch wissen, dass der Senat das nicht mitmacht.

T: Warum denn? In den Senat hat er doch erst neulich seine Gefolgsleute gesetzt.

S: Aber die alten Senatoren wissen doch, dass Konsuln wie andere Beamte nur für ein Jahr gewählt werden dürfen – und nun das: lebenslänglich!

T: Vielleicht will er damit zeigen, dass er das Prinzip der Annuität nicht mehr für zeitgemäß hält. Denn wie soll auch ein Konsul einen Feldzug gegen unsere Feinde weit im Norden und Osten vorbereiten und durchführen, wenn er nach wenigen Monaten zurückkehren muss, weil die Amtszeit zu Ende geht?

S: Hm ...

T: Überlege, was Caesar in acht Jahren in Gallien erreicht hat. Da gibt's jetzt Straßen und blühende Städte!

S: Gibt es eigentlich noch einen Unterschied zwischen seiner Stellung und der eines Königs?

T: Glaube ich nicht. Vielleicht will er ja tatsächlich ein König werden? Schau dir nur den Goldkranz an. Vielleicht meint er, erst noch einen Sieg erringen zu müssen, damit seine Herrschaft auch voll akzeptiert wird.

S: Man munkelt, er wolle im Osten einen Feldzug gegen die Parther durchführen ...

T: Und wenn er wiederkommt, ordnet er alles neu.

S: Meinst du, er würde dann alle Senatoren umbringen und die Alleinherrschaft anstreben?

T: Glaube ich nicht. Es ist doch egal, ob es 300, 600 oder 900 Senatoren gibt – er und seine Berater machen einfach die bessere Politik. Und wenn er einen Feldzug siegreich beendet und mit reicher Beute nach Hause kommt – wer fragt da schon nach?

S: Und wenn man ihn gar nicht erst zu diesem Krieg aufbrechen lässt?

T: Wie willst du ihn daran hindern?

Verfassertext

1 Arbeite heraus, welche Rolle Caesar in der Bürgerkriegsphase der Republik spielte. Nutze dazu den Darstellungstext und den **Wortschatz**.

2 Erkläre anhand von M2 und des Darstellungstextes, warum die Rolle Caesars von einigen Senatoren als Angriff auf die Republik gesehen wurde.

3 Charakterisiere mithilfe von M4 die politische Stimmung in Rom kurz vor der Ermordung Caesars.

4 Nenne mithilfe des Darstellungstextes Gründe, warum die Senatoren Caesar ermordeten.

5 **Wähle eine Aufgabe aus:**

a) Im Internet soll eine Seite, die vor allem Kinder nutzen, über Caesar informieren. Verfasse dafür eine kurze Biografie von Caesar. Nimm M2, M3 und den Darstellungstext zu Hilfe.

b) Recherchiere ausgehend von M1, wie Caesar im Film „Asterix und Obelix" und/oder in Comics dargestellt wird. Stelle dem Caesar im Film bzw. Comic den historischen Caesar gegenüber und versuche, die Unterschiede zu erklären. Nutze den **Wortschatz**.

Zusatzaufgabe → S. 186.

Üben   Audio: *Mord an Caesar*

Wie wurde Augustus Alleinherrscher?

Auf Caesar folgte Augustus, der als Kaiser einer der bekanntesten Herrscher der Antike wurde. Er lebte von 63 v. Chr. bis 14 n. Chr. Mit Augustus endete die römische Republik, denn er errichtete eine neue Form der Herrschaft: das Prinzipat*.

- ***Arbeite die Kennzeichen und Folgen dieser neuen Herrschaftsform heraus.***

Octavian verfolgt Caesars Mörder

Nach Caesars Tod 44 v. Chr. kam es erneut zu Machtkämpfen, die einen Bürgerkrieg auslösten. Aus ihnen ging Octavian, der Adoptivsohn Caesars, als Sieger hervor. Er hatte die Befehlsgewalt über Caesars Soldaten übernommen und verfolgte nun dessen Mörder. Anfangs tötete Octavian seine Hauptgegner, mächtige Feldherren und einflussreiche Senatoren, dann ging er taktisch geschickter vor. Er versuchte immer wieder seine Gegner davon zu überzeugen, dass er keine Monarchie anstrebe, sondern nur zum Wohle des Römischen Reichs handele. Daher lehnte er die Diktatur auf Lebenszeit ab und verzichtete 27 v. Chr. auf alle Sonderrechte, die ihm der Senat nach Caesars Tod übertragen hatte.

Aus Octavian wird Caesar Augustus

Nach außen hin hatte Augustus die Republik wiederhergestellt, weil es so aussah, als könnten die Senatoren wieder frei entscheiden. Allerdings waren viele Senatoren auf Befehl von Augustus umgebracht worden. Im Senat saßen daher vor allem Octavians Anhänger. Aber auch sie hatten Angst vor einem Wiederaufflammen des Bürgerkrieges und baten Octavian, weiterhin die Herrschaft auszuüben. Er erhielt von den Senatoren den Ehrennamen Augustus. Der Senat verlieh ihm den Oberbefehl über die Grenzlegionen und ernannte ihn schließlich zum Konsul auf Lebenszeit. Augustus besaß damit die wichtigsten Ämter in Rom.

Augustus nannte sich nicht „rex“ (König), sondern „princeps“, d. h. der erste Bürger im Staat. Daher bezeichnen Historiker seine Herrschaftsform auch als „Prinzipat“. Octavian sammelte auf geschickte Weise weitere Titel. Am Ende seiner Herrschaftszeit hieß er „Caesar Augustus“. Der Titel „Caesar“ ist in viele Sprachen übergegangen, zum Beispiel als „Kaiser“ ins Deutsche oder „Zar“ ins Russische. Den Titel „Caesar Augustus“ trugen nach ihm alle römischen Kaiser.

M 1

Statue des Augustus mit einer Höhe von 2,03 m, 1. Jh. v. Chr. Die Figuren auf dem Brustpanzer zeigen Parther, die den Römern Truppenabzeichen zurückgeben, die sie in einem früheren Krieg erbeutet haben. Darüber schweben Himmelsgötter. Die kleine Figur am Fuß könnte der Gott Amor sein. Die Statue ist barfüßig, um die gottähnliche Stellung des Kaisers zu zeigen.

Wortschatz: aus dem Machtkampf als Sieger hervorgehen • die Befehlsgewalt übernehmen • den Oberbefehl über das Heer verliehen bekommen • einen Ehrennamen tragen • Machtbefugnisse erhalten • das Amt übertragen

M2

Augustus als Friedensfürst, Schmuckanhänger, um 10 n. Chr. 1 Augustus thront neben der Göttin Roma. Dargestellt als Personen sind 2 das Meer, 3 die Erde und 4 die Städte des Reichs. 5 Eine Figur hält Augustus die römische Bürgerkrone (eine der höchsten militärischen Auszeichnungen) über das Haupt. 6 Das Füllhorn rechts ist ein Zeichen der Fruchtbarkeit. 7 Der erfolgreiche Feldherr Tiberius, ein Stiefsohn des Augustus. 8 Römische Soldaten errichten ein Siegeszeichen. 9 Besiegte Gegner liegen am Boden.

Die Verwaltung des Reichs

Mit Augustus endeten die Eroberungen des Römischen Reichs. In der Politik beteiligte Augustus die Senatoren und einflussreichen Römer an der Macht. Es gab Provinzen, die dem Kaiser gehörten, und Provinzen, deren Einnahmen dem Senat zustanden. Angehörige der Führungsschicht durften als Statthalter* die Provinzen verwalten und Steuern einsammeln lassen. An den Rändern des Reichs sicherten Legionen die Grenzen. Unterstützt wurden die römischen Soldaten von Hilfstruppen aus nichtrömischen Bewohnern der eroberten Provinzen. Sie sicherten die „Pax Romana", so wird die Friedenszeit unter Augustus bezeichnet.

M3

Der römische Konsul Cassius Dio berichtete im 3. Jahrhundert n. Chr. über den Ausbau der Macht durch Octavian:

In Wirklichkeit war es so, dass Octavian selbst alles wie ein Alleinherrscher bestimmte, da er ja auch über die Finanzen bestimmte und dazu war er Herr über das Heer. Zwar verlangte es ihn sehr danach, „Romulus" genannt zu werden, als er aber merken musste, er gerate dadurch in den Verdacht, nach der Königsherrschaft zu streben, bestand er nicht mehr darauf, sondern ließ sich Augustus, der Erhabene, nennen. Auf diese Weise ging nun die ganze Gewalt in die Hände von Augustus über und mit ihm begann auch eine wirkliche Monarchie. Zwar werden die Ämter, die es den Gesetzen nach gibt, zwar heute noch besetzt, aber alles wird ohne Unterschied so vollzogen und verwaltet, wie es der jeweilige Herrscher will. Die Bezeichnung „Imperator"[1] anstelle des Titels König oder Diktator legte er sich nicht zu, da letztere Titel von den Bürgern abgelehnt wurden. Daraus wird das Recht abgeleitet, die Soldaten einzuberufen, Steuern einzuziehen, Krieg zu beginnen, Frieden zu schließen und über Fremde wie Bürger ... die Herrschaft auszuüben, ebenso wie alle anderen Rechte, die den Konsuln und den übrigen Beamten jemals zustanden.

*Cassius Dio, 53, 11 f. Zit. nach Leonhard Tafel, Cassius Dios Römische Geschichte, Stuttgart 1831.***

[1] *siegreicher Feldherr mit großer Amtsgewalt*

1 **Wähle eine Aufgabe aus:**
  a) Stelle mithilfe des Darstellungstextes dar, wie Augustus seine Macht errang und sicherte.
  b) Arbeite aus M3 und dem Darstellungstext heraus, welche Machtbefugnisse es Augustus ermöglichten, eine Alleinherrschaft zu errichten. Nimm den **Wortschatz** zu Hilfe.

2 **Partnerarbeit:** Bearbeitet einzeln a) und b):
  a) Beschreibe die Statue des Augustus (M1). **Tipp** → S. 191.
  b) Beschreibe M2 und nenne mindestens drei Eigenschaften, die Augustus auf dem Schmuckstück zugeschrieben werden.
  c) Vergleicht eure Ergebnisse und charakterisiert den Herrscher Augustus.

3 Erkläre, wie Augustus den Frieden nach außen und nach innen sicherte (Darstellungstext).

4 Nimm Stellung: Hat Augustus einen „blutigen Frieden" eingeführt? ▸ Hilfe

5 Weise nach, dass es sich beim „Prinzipat" um eine neue Form der Herrschaft handelte.

Üben

Schriftliche Quellen vergleichen

cornelsen.de/webcodes
Code: yonagi
Kopiervorlage Methodentabelle

Wer kennt das nicht – zwei Menschen erleben und sehen dasselbe und berichten vollkommen unterschiedlich von dem Ereignis. Wem können wir in einem solchen Fall glauben? Noch schwieriger ist es, wenn das Ereignis, über das berichtet wird, mehrere hundert oder gar tausend Jahre zurückliegt. Hier findest du zwei schriftliche Quellen darüber, wie Augustus seine Macht in Rom durchsetzte. Mithilfe der Arbeitsschritte kannst du beide Quellen vergleichen und dir eine eigene Meinung bilden.

M1

Aus dem Tatenbericht des Augustus

Im Jahr 13 n. Chr. verfasste der 76-jährige Augustus einen Tatenbericht („Res gestae"). Darin stellte er sein politisches Lebenswerk dar. Den Bericht ließ er in Stein meißeln und öffentlich aufstellen:

Mit 19 Jahren [44 v. Chr.] habe ich aus privater Initiative und aus eigenen Mitteln ein Heer aufgestellt, mit dem ich dem Staatswesen, das durch die Gewaltherrschaft einer politischen Machtgruppe unterdrückt wurde, die Freiheit wiedergab. Um dessentwillen hat mich der Senat ... in seine Körperschaft aufgenommen [43 v. Chr.] ... und mir die militärische Befehlsgewalt übertragen ... Diejenigen, die meinen Vater ermordet haben, trieb ich in die Verbannung und rächte durch gesetzmäßige Gerichtsurteile ihr Verbrechen ... Die Diktatur, die mir ... vom Volk wie auch vom Senat ... angetragen wurde, habe ich zurückgewiesen. Als ... der Senat und das römische Volk einmütig beantragten, dass ich als Einzelner mit höchster Machtbefugnis zum Wahrer von Gesetz und Sitte ernannt werden soll, habe ich dies ebenso wenig angenommen wie irgendein anderes mir angetragenes Amt, das gegen den Brauch der Vorfahren verstieß.

Res gestae 1 ff. Zit. nach Marion Giebel (Hg.), Augustus, Res gestae, Tatenbericht, Stuttgart (Reclam) 2007. Übers. v. Marion Giebel, bearb. v. Verf.

M2

Der Historiker Tacitus über Augustus

Tacitus (um 55–120 n. Chr.) schrieb in seinem Geschichtswerk (Annales = lat. „Jahrbücher") über die Zeit ab Augustus. Darin gibt er die Meinungen von Zeitgenossen über Augustus wieder:

Dagegen sagten nun die anderen: Die Anhänglichkeit gegen seinen Vater und die allgemeine Lage habe er bloß zum Vorwande genommen. Im Grunde sei es Herrschsucht gewesen, wenn er als junger Mensch ohne Amt die Veteranen[1] durch freigebige Spenden an sich zog, ein Heer aufstellte, die Legionen des Konsuls bestach ... Er habe vom Senat das Konsulat erzwungen und das Heer ... gegen den Staat geführt ... Dann ist allerdings Friede geworden, aber ein blutiger: Lollius und Varus sind geschlagen worden, in Rom sind Varro, Egnatius und Jullus hingerichtet worden ... Für die Götterverehrung hat er keinen Raum mehr gelassen: Er wollte selber Tempel haben und von ... Priestern als Gott angebetet werden. Er hat auch Tiberius nicht aus Liebe ... zu seinem Nachfolger bestimmt; nein, er hat dessen anmaßende und grausame Natur wohl erkannt und darauf gerechnet, dass der Vergleich mit einem solchen Scheusal seinem Ruhm zugute kommen werde.

Tacitus, Annalen 1, 9 f. Zit. nach August Horneffer (Hg.), Tacitus, Annalen, Stuttgart (Kröner) 1957. Übers. v. August Horneffer, bearb. v. Verf.

[1] *ehemalige Kriegsteilnehmer*

M3

Römisches Schreibwerkzeug, 1. Jh. n. Chr.

Tipp: Wörter, die du nicht verstehst, kannst du im Lexikon dieses Buches nachlesen. Solltest du das Wort dort nicht finden, schlägst du in einem Wörterbuch nach.

Arbeitsschritte „Schriftliche Quellen vergleichen“

Ersten Eindruck festhalten	**Lösungshinweise zu M1 und M2**
1. Wie ist dein Eindruck nach dem ersten Lesen? Handelt es sich um eine Quelle oder um eine Darstellung?	• *Das Material … stellt Augustus eher positiv/negativ dar …* • *Das Material ist eine Quelle/Darstellung, weil …*
Informationen zum Verfasser und zum Text sammeln	
2. Wann sind die Texte geschrieben worden?	*Finde Informationen zur Quelle und zum Verfasser:* • *Augustus schreibt rückblickend über sich selbst. Er hat möglicherweise die Absicht …* • *Tacitus' Text ist fast 100 Jahre später entstanden. Seine Informationen hat er von …*
3. Wie groß ist der zeitliche Abstand zwischen Ereignis und Bericht?	
4. Waren die Autoren Augenzeugen? Wenn nicht: Wen geben sie als Informanten an?	
Inhalt vergleichen	
5. Gib die Hauptaussagen und Schlüsselbegriffe der Texte wieder.	*Folgende Inhaltspunkte könntest du bei diesen Texten vergleichen:* • *Augustus stellt sein eigenes Heer auf, weil …* • *Gegenüber seinen Feinden verhält er sich …* • *Nach seinem Sieg war die Macht des Kaisers …* • *Der Religion gegenüber …*
6. Finde nun die Gemeinsamkeiten zwischen beiden Materialien.	
7. Finde nun die Unterschiede. Gibt es Einzelheiten, die nicht in den Texten erscheinen bzw. unterschiedlich wiedergegeben werden?	
8. Was wird berichtet, ist es logisch oder enthält es Unstimmigkeiten?	
9. Ist ein Urteil oder eine Meinung des Verfassers zu erkennen?	
Weitere Informationen sammeln	
10. Ziehe weitere Informationen hinzu, z. B. aus Sachbüchern, dem Schulbuch oder dem Internet.	
Ergebnisse formulieren	
11. Vergleiche die Notizen aus den einzelnen Arbeitsschritten miteinander. Formuliere ein Ergebnis, das die Gemeinsamkeiten und Unterschiede berücksichtigt.	• *Die Materialien ähneln/unterscheiden sich in den folgenden Punkten: …* • *Die Sichtweise in Material … ist glaubwürdiger, weil …*

1 Lege eine Tabelle an, mit deren Hilfe du die beiden Materialien vergleichen kannst. Gliedere die Tabelle nach den Arbeitsschritten, die du oben siehst.

2 Untersuche die Quellen M1 und M2 mithilfe der Arbeitsschritte. Ergänze die Lösungshinweise und trage deine Ergebnisse in die Tabelle ein.

3 Vergleiche deine Ergebnisse mit den Ergebnissen deiner Sitznachbarin oder deines Sitznachbarn.

4 **Partnerarbeit:**

a) Begründet, warum die Materialien sich so stark unterscheiden, und entscheidet, welches Material / welcher Autor glaubwürdiger ist.

b) Sammelt Aspekte, die wichtig für den Umgang mit schriftlichen Materialien sind.

Ist eine „familia" eine Familie?

Heute wird unter einer Familie die Gemeinschaft und die Beziehung zwischen Eltern und Kindern verstanden. Auch in der antiken römischen Gesellschaft lebten Eltern und Kinder in einer „familia" unter einem Dach, jedoch wurde diese Gemeinschaft noch durch andere Personen erweitert.

- ***Finde heraus, was eine römische „familia" von heutigen Formen der Familie unterschied.***

M 1

Szenen aus dem Leben eines römischen Kindes, Relief, um 150 n. Chr.

Die Bedeutung des pater familias

Der wichtigste Bereich im Zusammenleben war bei den Römern die Hausgemeinschaft der „familia". Darin besaß der Familienvater (pater familias) eine herausragende Stellung. Der pater familias herrschte über alle Dinge und Personen seiner „familia", einschließlich seiner Ehefrau. Auch für die religiöse Erziehung und die Opfer für die Götter war er verantwortlich. Kein Gesetz schränkte seine Gewalt ein. Wer den Entscheidungen des pater familias widersprach, der verstieß gegen die Sitten der Vorväter. Nach dem Tod des Vaters wurde der älteste Sohn zum Familienoberhaupt.

Wer gehörte zur römischen „familia"?

Zur „familia" zählten neben Vater, Mutter und Kindern auch Versklavte und Klienten*. Versklavte arbeiteten in den Haushalten oder in der Landwirtschaft. Ein pater familias konnte seine Versklavten freilassen. Klienten waren von der „familia" abhängige Menschen wie Handwerker und andere Arbeiter. Sie lebten außerhalb des Hauses. Der Hausherr sicherte den Lebensunterhalt der Klienten und lieh ihnen in Notlagen Geld oder Lebensmittel. Bei Streitigkeiten vertrat der pater familias seine Klienten vor Gericht. Er war ihr Beschützer (Patron). Als Gegenleistung stimmten die Klienten bei Abstimmungen in der Stadt für ihren pater familias. Je mehr Klienten ein Hausherr im alten Rom besaß, desto höher war sein gesellschaftliches Ansehen.

Das Leben der Kinder in der römischen „familia"

Kam ein Kind zur Welt, legte die Geburtshelferin (Hebamme) das Neugeborene auf den Boden. Wenn der pater familias das Neugeborene auf den Arm nahm, erkannte er es als Mitglied der „familia" an. Ein missgebildetes Kind konnte ausgesetzt oder getötet werden. Die Kinder unterstanden lebenslänglich der Hausgewalt des Vaters. Solange er lebte, hatten die Söhne keinen Anspruch auf eigenen Besitz. Er bestimmte über die Erziehung, die Berufswahl und die Eheschließung seiner Kinder. Zudem musste er für den militärischen Schutz der Mitglieder seiner „familia" sorgen. Bei schweren Vergehen durfte der pater familias Angehörige mit dem Tode bestrafen. Das musste er gegenüber den anderen Verwandten in einem Hausgericht rechtfertigen. Söhne und Töchter konnten nur vom Vater aus der Hausgemeinschaft entlassen werden. Dieser Akt hieß „emancipatio" (= aus der väterlichen Hand entlassen).

Wortschatz: die Gewalt über jemanden einschränken • der Entscheidung widersprechen • gegen die Sitten verstoßen • einen Klienten besitzen • jemanden aus der Hausgemeinschaft entlassen • die Mitgift erhalten

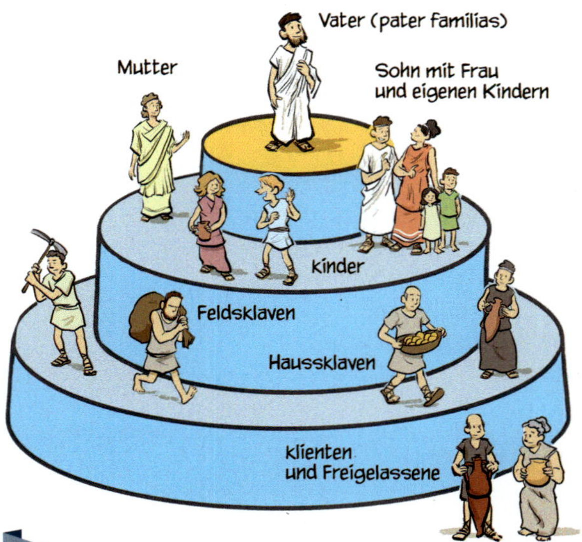

M 2 *Der Aufbau einer römischen „familia"*

M 3 *Zwei Kinder von heute unterhalten sich über die römische „familia", Comic, 2019*

M 4 **Quintus, ein (erfundener) römischer Junge, stellt sich vor:**

Ich bin Quintus und zwölf Jahre alt. Meine Geschwister sind schon ausgezogen. Mein Bruder Lucius ist 17. Er war ein Jahr bei meinem Großvater Gaius Aemilius, das ist der Vater meiner Mutter. Großvater hat Lucius in die Politik Roms eingeführt. Bald wird Lucius seinen Wehrdienst beginnen. Wenn Großvater etwas von den Taten unserer Vorfahren erzählt, höre ich gerne zu. Auch mit meinem Hauslehrer würde ich gerne solche Erzählungen lesen. Doch der hat mir Texte über Viehzucht vorgelegt, ausgesucht vom Vater. So etwas Langweiliges! Aber gegen Vaters Hausgewalt kommt halt keiner an. Wenn ich doch bloß schon so alt wäre wie Lucius. Vor zwei Jahren durfte er am Altar, der unseren Familiengottheiten geweiht ist, seine Kindertoga ablegen. Meine Schwestern Romilia und Claudia sind schon verheiratet. Meine dritte Schwester Caecilia ist Priesterin im Tempel und darf daher nicht heiraten.

Verfassertext

M 5 **Cornelia, eine (erfundene) Römerin, stellt sich vor:**

Seit zwanzig Jahren bin ich mit Marcus Romilius verheiratet. Mein Vater, Gaius Aemilius, hatte mit seinem Vater die neue Form der Eheschließung vereinbart. Deshalb unterstehe ich nicht der Verfügung meines Mannes, sondern der meines Vaters. So kann ich meine schöne Mitgift – das Vermögen, das ich von meinen Eltern für die Ehe erhalten habe – zurückverlangen, wenn Marcus und ich uns trennen sollten. Im Haus gibt es für mich viel zu tun, obwohl nur noch Quintus, der Jüngste, bei uns lebt. Ich bin für den Speisezettel verantwortlich und beaufsichtige die Köchin beim Brotbacken. Von meiner Mutter habe ich gelernt, wie man webt und spinnt. Hätte ich doch nur nicht so viel Arbeit damit, die Vorräte der Gutswirtschaft zu verwalten! Jupiter sei gedankt, dass Marcus mir nicht viel hineinredet. Nur sparsam muss ich sein. Aus dem Haus gehe ich nicht so oft wie mein Mann.

Verfassertext

1 Zeichne das Schaubild M2 in dein Heft ab. Trage mithilfe des Darstellungstextes Pfeile und Stichworte ein, die die Rechte und Pflichten der Mitglieder der „familia" zeigen.

2 Beschreibe mithilfe von M1 und M4 die Erziehung der Kinder in der römischen „familia".

3 Erläutere die Stellung der Cornelia (M5) in der römischen „familia". Vergleiche sie mit der des pater familias (M2 und M5). Nutze den **Wortschatz**.

Zusatzaufgabe → S. 187.

Frauen der römischen Oberschicht – ohne Einfluss?

cornelsen.de/webcodes
Code: pahovo
Römische Kosmetik und Frisuren

Du kennst bereits den Aufbau einer römischen „familia" und weißt, dass die Männer als pater familias eine sehr bestimmende Rolle hatten. Die Ehefrauen standen in der „familia" unter dem Ehemann. Frauen der römischen Oberschicht erlangten durch ihre Familien dennoch oftmals großen Reichtum und Einfluss.

- ***Untersuche, wie Frauen der römischen Oberschicht lebten und in welchen Bereichen der Gesellschaft sie Einfluss ausüben konnten.***

M 1

Römisches Hochzeitsritual. Marmorrelief, ca. 2. Jh. n. Chr.

M 2

Porträt eines römischen Mädchens, Fresko, 1. Jh. n. Chr.

Ein Leben in Abhängigkeit?

Das Leben vieler Frauen der römischen Oberschicht war von dem Willen der Eltern bestimmt. Die Eltern verheirateten ihre Töchter früh mit Männern aus wohlhabenden und politisch wichtigen Familien. Die Mädchen waren da oft gerade zwölf Jahre alt. Die Heirat sollte der Familie gesellschaftliche und finanzielle Vorteile bringen. Die Frauen erzogen die Kinder und bestimmten im Haushalt das Geschehen. Römische Mädchen lernten deshalb früh bei ihren Müttern, einen Haushalt zu führen. Trotz ihrer Verantwortung für die „familia" hatten Frauen nicht die gleichen Rechte wie Männer. Ihre Situation verbesserte sich aber zum Ende der Republik und in der Kaiserzeit: Die Frauen wurden selbstständiger. Zudem wurden sie in rechtlichen und finanziellen Dingen unabhängiger von ihren männlichen Verwandten. Auch die Ehe wandelte sich: War die Frau mit ihrem Vermögen dem Ehemann lange untergeordnet gewesen, konnte sie gegen Ende der Republik bei einer Trennung ihr Vermögen behalten.

Das gesellschaftliche Ansehen von Frauen

Die Römerinnen der Oberschicht zeigten ihren Reichtum durch teure Kleidung und kostbaren Schmuck. Ihre Männer versuchten ihrerseits, ihr eigenes Ansehen durch den Glanz ihrer Frauen zu steigern. Frauen aus der römischen Oberschicht waren oft hochgebildet. Anders als die Frauen in Athen durften sie am öffentlichen Leben teilhaben. Sie traten zum Beispiel als Rednerinnen auf und durften ihre Ehemänner zu Gastmählern begleiten, bei denen häufig über Politik gesprochen wurde. Römische Frauen verfolgten die Angelegenheiten des Staates mit großem Interesse. Sie durften zwar keine Ämter übernehmen, an der Volksversammlung

Wortschatz: von etwas abhängig sein • der Oberschicht/Unterschicht angehören • Ansehen genießen • eine Aufgabe wahrnehmen • für jemanden/etwas verantwortlich sein • einen (Ehe-)Vertrag schließen oder an Wahlen teilnehmen, aber sie konnten Anträge beim römischen Senat einreichen und als Vermittlerinnen bei politischen Konflikten auftreten. Viele Bauwerke und Statuen in Rom wurden zu Ehren von Frauen errichtet. Sie zeigen das gesellschaftliche Ansehen, das reiche Römerinnen besaßen.

M 3 *Römische Abendgesellschaft, Rekonstruktionszeichnung von Peter Connolly, 2001*

M 4

Agrippina die Jüngere (15–59 n. Chr.), Marmorbüste, 1. Jh. n. Chr. Sie war die erste römische Kaiserin und mächtigste Frau ihrer Zeit und wurde wie eine Göttin verehrt.

M 5 **Der römische Geschichtsschreiber Livius (59 v. Chr.–17 n. Chr.) überlieferte eine Rede des Volkstribuns Valerius:**

Öffentliche Auftritte von römischen Frauen gehören zu den Ruhmestaten unserer Geschichte. Haben sich die Frauen nicht tapfer dazwischen geworfen, als Römer und Sabiner sich mitten in Rom eine Schlacht lieferten? Sind sie nicht hinausgezogen vor die Stadt und haben die feindlichen Volsker ... zum Abzug bewogen? Und als die Gallier Rom erobert hatten, gaben die Frauen einmütig all ihren Schmuck, um das Lösegeld aufzubringen ... Sollen die Männer Purpurgewänder tragen, sollen fremde Frauen in Rom mit dem Wagen fahren dürfen und unsere Frauen nicht? Sie wollen ja gar keine Rechtlosigkeit – ihr sollt durchaus eure Stellung in der Familie behalten, aber ihr solltet auch die Interessen der Frauen vertreten, sie nicht in Abhängigkeit halten und lieber Väter und Ehegatten heißen wollen als Herren. Je stärker ihr seid, desto maßvoller müsst ihr eure Macht ausüben.

*Titus Livius. Zit. nach Hans-Jürgen Hillen (Hg.), Römische Geschichte, Buch XXXI–XXXIV, München (Heimeran) 1978. Übers. von Hans-Jürgen Hillen.**

1 **Wähle eine Aufgabe aus:**
 a) Analysiere die beiden Bilder M1 und M2 hinsichtlich ihrer Aussage über das Leben der Frauen der römischen Oberschicht.
 b) Charakterisiere mithilfe des Darstellungstextes das Leben der Frauen der römischen Oberschicht. Verwende auch den **Wortschatz**.

2 Weise nach, dass die junge Frau in dem Wandbild (M2) zur römischen Oberschicht gehörte. Nimm den Darstellungstext zu Hilfe.

3 **Recherche:** Recherchiere im Internet zu Agrippina der Jüngeren (M4) und der Entstehung der Stadt Köln. Nutze die Arbeitsschritte auf S. 93. ▸ Hilfe

4 Erörtere, ob Mädchen und Frauen der römischen Oberschicht Einfluss auf die Gesellschaft hatten. Gestalte einen Kurzvortrag (→ S. 198) zu dieser Frage, indem du mithilfe der Materialien M1 bis M5 Argumente dafür (pro) und dagegen (contra) sammelst.

Zusatzaufgabe → S. 187

Der Beruf schafft Ansehen – auch im antiken Rom?

Heutzutage gibt es Berufe wie zum Beispiel Polizisten und Feuerwehrleute, die in der Gesellschaft ein hohes Ansehen genießen – es sind ehrenhafte Berufe. Wenn du die antiken römischen Abbildungen auf dieser Seite betrachtest, wirst du vielleicht überrascht sein, dass es viele der damaligen Berufe auch heute noch gibt.

- *Untersuche, welche Berufe es im antiken Rom gab und welche als ehrenhaft galten.*

M 1

M 2

Vom Ansehen der Berufe

Im Römischen Reich gab es angesehene und weniger angesehene Berufe. Als ehrenhaft galten die Tätigkeiten des Politikers, des Kriegers und die selbstständige Arbeit der Bauern in der Landwirtschaft. Ebenso galt die Verwaltung von Besitz als ehrenhafte Arbeit. Jede Arbeit, die von Aufträgen und Anweisungen abhängig war, wurde als unwürdig angesehen.
Als sich spezialisierte Handwerksberufe herausbildeten, veränderten sich diese Vorstellungen: Wer technisch und künstlerisch hochwertige Produkte wie Schmuck und Kleidung herstellte, konnte das Ansehen seines Berufs steigern. Das sehen wir auf Darstellungen von Handwerkern und Produkten auf Grabsteinen.

Welche Berufe übten römische Frauen aus?

In den Quellen werden selten berufliche Tätigkeiten von verheirateten Frauen außerhalb des Hauses genannt. Trotzdem gab es verheiratete Frauen, die außerhalb des Hauses tätig waren. Über die Geschäftsfrau Eumachia aus Pompeji ist bekannt, dass sie in ihrem Namen und dem ihres Sohnes ein Gebäude, die Wollbörse, finanzierte und gestaltete. Dort wurden große Mengen Wolle verkauft. Über Freigelassene und Versklavte wissen wir, dass sie als Kellnerinnen, Buchhalterinnen* und Hausangestellte, Bibliothekarinnen und Vorleserinnen arbeiteten. Ebenso waren sie in wenig angesehenen Bereichen tätig: als Flötenspielerin, Wirtin, Tänzerin und Schauspielerin. Viele Frauen waren auch als Hebammen, Ärztinnen und Erzieherinnen tätig. Für den Handwerksbereich liegen nur Belege für Weberinnen vor. Keine Belege gibt es für Frauenarbeit in der Holz-, Metall-, Ton- und Lederverarbeitung.
Nachweisbar ist, dass Frauen oft in den Handwerksbetrieben ihrer Ehemänner mitarbeiteten, meist übernahmen sie den Verkauf.

Wortschatz: einem ehrenhaften Beruf nachgehen • erwerbstätig sein • den Beruf ausüben • der Tätigkeit nachgehen • etwas wertschätzen • sich auf eine Tätigkeit spezialisieren • das Gewerbe betreiben

M 3

M 4

M 5

Der römische Philosoph Cicero (106–43 v. Chr.) über die Anerkennung der Berufe:

Als unedel und unsauber gilt ... der Erwerb aller ungelernten Tagelöhner[1] ... Alle Handwerker fallen auch unter diese unsaubere Zunft[2]; was kann schon eine Werkstatt Edles an sich haben? ... Am allerwenigsten kann man sich einverstanden erklären mit Berufen, die nur sinnlichen Genüssen dienen: Fischhändler, Fleischer, Köche, Hühnermäster, Fischer ..., Tänzer und das ganze leicht bekleidete Schauspiel. Diejenigen Berufszweige aber, die eine tiefere Vorbildung verlangen und höheren Nutzen anstreben, wie die Heilkunde, die Baukunst, der Unterricht in den edlen Wissenschaften, sind anständig ... Der Kleinhandel aber ist zu den unsauberen Geschäften zu rechnen, während der ... Großhandel, der die Verbrauchsgüter aus aller Welt heranschafft und den Massen zugute kommen lässt, nicht ganz zu tadeln ist ... Von allen Erwerbsarten ist die Landwirtschaft die beste, die ergiebigste[3] und angenehmste, die des freien Mannes würdigste.

*Cicero, De officiis 1, 150. Zit. nach Karl Atzert (Hg.), Cicero, Vom pflichtgemäßen Handeln, München (Goldmann) 1959. Übers. v. Karl Atzert.***

[1] *Arbeiter ohne feste Arbeitsstelle, meist Landarbeiter*
[2] *hier: Berufsgruppe*
[3] *ertragreichste*

1 Ordne die Bildunterschriften den Darstellungen der Berufe in M1 bis M4 zu: *Gastwirtschaft (Relief aus einem Grabmal bei Trier), Kleinhandel (Relief eines Ladenschildes in Ostia), Schlosserwerkstatt (Relief aus einem Grabmal bei Aquileia), Großbäckerei (Relief aus einem Grabmal in Rom).* Begründe deine Auswahl.

2 **Wähle eine Aufgabe aus:**
a) Arbeite aus M5 heraus, welche Berufe Cicero für besonders wertvoll hielt.
b) Erkläre mithilfe des Darstellungstextes, warum einige Menschen in Rom ihren Beruf in ihre Grabinschrift aufgenommen haben.

3 Erläutere mithilfe des Darstellungstextes, warum Berufe in der Landwirtschaft und später auch im Handwerk hoch angesehen waren. Nutze den **Wortschatz**.

4 **a)** Nenne mithilfe des Darstellungstextes die Berufe, die römische Frauen ausüben konnten.
b) Beurteile anhand des Darstellungstextes und deiner Ergebnisse aus Aufgabe 4a) die Stellung der Frauen in der römischen Arbeitswelt.

5 **Partnerarbeit:** Vergleicht die Situation im antiken Rom mit der heutigen Arbeitswelt. Berücksichtigt Gemeinsamkeiten und Unterschiede. **Tipp** → S. 191.

Wie wohnten die Römer?

Die meisten Bewohner Roms wohnten in großen Mietshäusern (lat. insulae), die oft sechs Stockwerke hoch waren. Dort lebten bis zu 400 Bewohnerinnen und Bewohner. In den Häusern gab es keine Heizung, keine Toiletten und kein fließendes Wasser. Reiche Römer wohnten in prächtigen Stadtvillen mit privater Wasserversorgung, während die Ärmsten häufig auf der Straße lebten.

- *Erforsche auf dieser Doppelseite das Leben in einer „insula“.*

M 1

Wortschatz: eine Wohnung beziehen • Im Erdgeschoss/Obergeschoss befinden sich … • Auf der Vorderseite/auf der Rückseite des Hauses liegt/liegen … • einsturzgefährdet sein

1 = Ein Straßenhändler; 2 = Ein Hausaltar für die Hausgötter der Familie; 3 = Versklavte servieren das Essen; 4 = Müllentsorgung; 5 = Ein Maurer repariert das Gebäude. Einsturzgefährdete Mauern werden mit Balken abgestützt; 6 = Unter dem Dach wohnen ärmere Menschen; 7 = Eine Straße aus gestampftem Lehm. In ihrer Mitte fließt Schmutzwasser ab; 8 = Öllampen; 9 = Ein Barbier schneidet das Haar und rasiert; 10 = Ein Brunnen, in den Mehrfamilienhäusern gibt es kein fließendes Wasser; 11 = Kohlebecken beheizen die Zimmer; 12 = Ein Korbflechter; 13 = In der Bäckerei gibt es neben Brot auch eine Art Pizza zu kaufen; 14 = Vorratskammer für Lebensmittel; 15 = Die Latrinen. Für die Benutzung der öffentlichen Toiletten muss man bezahlen; 16 = In den mittleren Stockwerken wohnen wohlhabendere Menschen.

Römisches Mietshaus, Rekonstruktionszeichnung, 2006. Über die Wohnbedingungen gibt es unterschiedliche zeitgenössische Berichte. In den Wohnungen gab es wegen der Brandgefahr keinen Herd. Die Bewohner versorgten sich oft in öffentlichen Küchen mit warmem Essen.

M 2

Der römische Dichter Juvenal (60–140 n. Chr.) klagte über das Leben in Rom:

Wir wohnen in einer Stadt, die zum großen Teil auf schwachen Stützbalken ruht. Wenn der Hausverwalter die Risse ausgebessert hat, sagt er uns, wir könnten beruhigt schlafen, während die ganze Zeit das Haus einzustürzen droht. Dort sollte man wohnen, wo es keine Brände gibt, wo man sich nicht fürchten muss ... Hier sterben viele, weil Schlaflosigkeit sie krank gemacht hat, denn in welcher Mietwohnung kann man schlafen? Sehr reich muss man sein, um in Rom schlafen zu können. Das ist die Hauptursache allen Übels: Wagen biegen nachts um die Straßenecken, die Treiber schimpfen laut, wenn ihre Herde nicht weiter kann – all das würde sogar einem Meerkalb den Schlaf nehmen ...

*Juvenal, 3. Satire. Zit. nach Harry C. Schnur (Hg.), Juvenal, Satiren, Stuttgart (Reclam) 2015, S. 34 ff. Übers. v. Harry C. Schnur.***

1 **Vorschlag für eine Gruppenarbeit:** Teilt euch in fünf Gruppen ein und gestaltet mithilfe von M1 und M2 eine der fünf vorgeschlagenen Situationen. Verwendet neben den Erläuterungen zu M1 auch den **Wortschatz**. Stellt anschließend eure Ergebnisse vor.
I Wohnungsanzeige: Der Hausbesitzer bietet seine Wohnungen zur Vermietung an.
II Quellenbericht: Ein heute lebender Historiker berichtet über das Leben in einer insula.
III Einschätzung von Sicherheitsbeamten: Das Gebäude wird hinsichtlich seiner Sicherheit beurteilt.
IV Liste mit Forderungen: Die Mieter einer insula wollen ihre Wohnsituation verbessern.
V Reisebericht: Ein Besucher aus Athen sieht eine insula und das Treiben auf den Straßen. Er berichtet zu Hause über die Wohnbedingungen in Rom.

2 Eine heutige Historikerin bezeichnet das Leben in Rom vor 2000 Jahren als „Wunder und Albtraum zugleich". Erkläre diese Einschätzung.

3 Erkläre, was sich grundlegend zwischen den damaligen und heutigen Wohnverhältnissen verändert hat.

cornelsen.de/webcodes
Code: vewumu
Wohnen in Rom

Video: *Wie wohnten die Römer?*

Versklavte Menschen im antiken Rom

Menschen als Handelsware und als Sache, die nach Belieben getötet, misshandelt, verkauft oder verschenkt werden kann? Menschen ohne Rechte? Im Römischen Reich bestand etwa ein Drittel der Bevölkerung aus Versklavten.

- ***Lies den Darstellungstext und wähle ein Material (A, B oder C) aus.***

Aufgabe für alle:
Versklavte als Lehrer oder Ärzte der Römer? Diskutiert mithilfe der Kugellager-Methode (→ S. 198), ob das aus eurer Sicht einen Widerspruch darstellt. ▸ Hilfe

Versklavung im antiken Rom

Nach jedem gewonnenen Krieg der Römer wurden Tausende oder gar Zehntausende von Besiegten zu Versklavten. Sie wurden als Sacheigentum behandelt und hatten keine persönlichen Rechte. Viele Versklavte wurden schon unfrei, als Kinder von Versklavten, geboren. Die Versklavung war im antiken Rom eine wichtige Säule der Wirtschaft. Im 2. Jahrhundert beruhten die Erträge der römischen Landwirtschaft vor allem auf der Ausbeutung der Arbeitskraft von Versklavten. Versklavte aus Griechenland oder dem östlichen Mittelmeerraum brachten aus ihrer Heimat oft sehr gute Kenntnisse und Fähigkeiten mit. Deshalb konnten sie auch als Lehrer oder Arzt arbeiten. Versklavte Frauen arbeiteten auch als Ammen, das waren Frauen, die die Kinder anderer Frauen stillten, oder als Kindermädchen.

Mancher vornehme Römer besaß mehr Versklavte als nötig. Da war es oft vorteilhafter, sie freizulassen. Wenn Versklavte freigelassen wurden, gelang es vielen von ihnen, als Bäcker, Schneider oder Kaufmann zu Wohlstand zu kommen. In der Kaiserzeit lagen Teile von Handel, Handwerk, Theater, das Gesundheitswesen und Teile der Staatsverwaltung in den Händen von freigelassenen Versklavten. Erst ihre Kinder wurden römische Bürger mit allen Rechten. Im Römischen Reich kam es immer wieder zu Aufständen der Versklavten. Der bekannteste ist der des Spartacus (73 bis 71 v. Chr.).

A

M 1

Ein versklavter Junge in einer römischen Küche, vermutlich in Pompeji, römisches Mosaik, undatiert

M 2

Der römische Geschichtsschreiber Plutarch (um 46–um 120 n. Chr.) über den römischen Politiker Cato (234–149 v. Chr.):

Cato hielt eine große Menge Sklaven, die er aus den Kriegsgefangenen kaufte, am liebsten solche, die noch klein waren und sich wie junge Hunde oder Fohlen nach seiner Art bilden und ziehen ließen ... Wenn er seinen Freunden und Amtsgenossen ein Gastmahl gab, ließ er gleich nach dem Essen die Sklaven, die beim Auftragen oder Zubereiten der Speisen nachlässig gewesen waren, auspeitschen. Diejenigen, die ein todeswürdiges Verbrechen begangen zu haben schienen, ließ er dann, wenn sie von sämtlichen Sklaven in einem Gericht für schuldig befunden worden waren, hinrichten.

*Plutarch, Marcus Cato der Ältere, 21. Zit. nach Konrat Ziegler (Hg.), Große Griechen und Römer, Bd. 1, München (Artemis) 1954. Übers. v. Konrat Ziegler.**

1 Beschreibe das Leben von Versklavten, wie es in M1 und M2 dargestellt wird. Beginne so: *„In den Häusern der vornehmen Römer lebten und arbeiteten … Zu ihren Aufgaben gehörte …"*

2 Fasse mithilfe von M2 in eigenen Worten zusammen, welche Haltung Cato gegenüber seinen versklavten Menschen einnimmt.

3 Erkläre Catos Haltung mithilfe des Darstellungstextes.

B

M 3

Markt für Versklavte im alten Rom, Zeichnung, 20. Jahrhundert. Die Versklavten wurden auf großen Märkten verkauft. Der größte dieser Märkte war in der griechischen Hafenstadt Delos. An manchen Tagen wurden dort bis zu 10 000 Menschen verkauft. Für jeden Versklavten wurde ein Kaufvertrag abgeschlossen, in dem unter anderem die Qualität der Versklavten garantiert und der Kaufpreis festgehalten wurde.

M 4

Halsband eines Versklavten und seine Besitzmarke, undatiert. Auf der Marke steht: „Ich bin entflohen, halte mich! Wenn du mich meinem Herrn Zoninus zurückbringst, erhältst du ein Goldstück!“

1 Beschreibe mithilfe von M3 den antiken Markt der Versklavten.
2 Erläutere mithilfe von M3, welche Bedeutung diese Märkte für das Leben der Versklavten hatten.
3 Erkläre die Bedeutung von M4 aus der Sicht eines römischen Versklavten. Gestalte den Text in der Ich-Form. Nutze auch den Darstellungstext.

C

M 5

Versklavte kämpften als Gladiatoren gegen andere Gladiatoren oder gegen wilde Tiere. Bei großen Spielen kämpften sie dabei um ihr Leben, manchmal aber auch um ihre Freiheit. Römisches Mosaik, 4. Jh. n. Chr.

1 Beschreibe das Leben von Versklavten, wie es in M5 und M6 dargestellt wird.
2 Erläutere, welchen Wert Versklavte für ihre Besitzer und die Öffentlichkeit hatten (M5, M6).
3 Erkläre das römische Zitat „Es gibt ebenso viele Feinde wie Versklavte“ mithilfe von M5 und des Darstellungstextes.

M 6

Der Grieche Diodorus (um 80 v. Chr. bis um 29 n. Chr.) über versklavte Menschen in den Bergwerken in den spanischen Provinzen:

Die mit der Arbeit in den Bergwerken beschäftigten Sklaven liefern ihren Herren unglaublich hohe Einkünfte, sie selbst aber, die in den Gruben unter der Erde ihre Körper Tag und Nacht aufreiben müssen, sterben in großer Zahl unter dem außerordentlich harten Einsatz; denn ihnen wird bei ihrer Tätigkeit keine Erholung oder Pause gewährt, sie müssen vielmehr unter den Schlägen ihrer Aufseher, die sie zwingen, ihre fürchterliche Lage zu ertragen, auf solch elende Weise ihr Leben opfern, wobei freilich einige dank ihrer Körperkraft und Seelenstärke im Stande sind, derartige Strapazen über einen langen Zeitraum hin auszuhalten. Der Tod ist jedenfalls wegen der Größe ihrer Leiden ersehnenswerter als das Leben.

Diodor, Griechische Weltgeschichte V 36, 3–4, 38. Zit. nach Otto Veh (Hg.), Diodoros, Griechische Weltgeschichte, Stuttgart (Hiersemann) 1993. Übers. v. Otto Veh.

Wie wurden Wirtschaft und Handel im Römischen Reich möglich?

cornelsen.de/webcodes
Code: tuhuhi
Handel und Wirtschaft

Gut ausgebaute Fernstraßen und eine große Handelsflotte erlaubten den Austausch verschiedenster Produkte innerhalb des Römischen Reichs. Durch den Warenhandel kamen die Römer auch mit anderen Völkern in Kontakt.

- ***Arbeite heraus, welche Erzeugnisse und Waren getauscht wurden.***

M 1

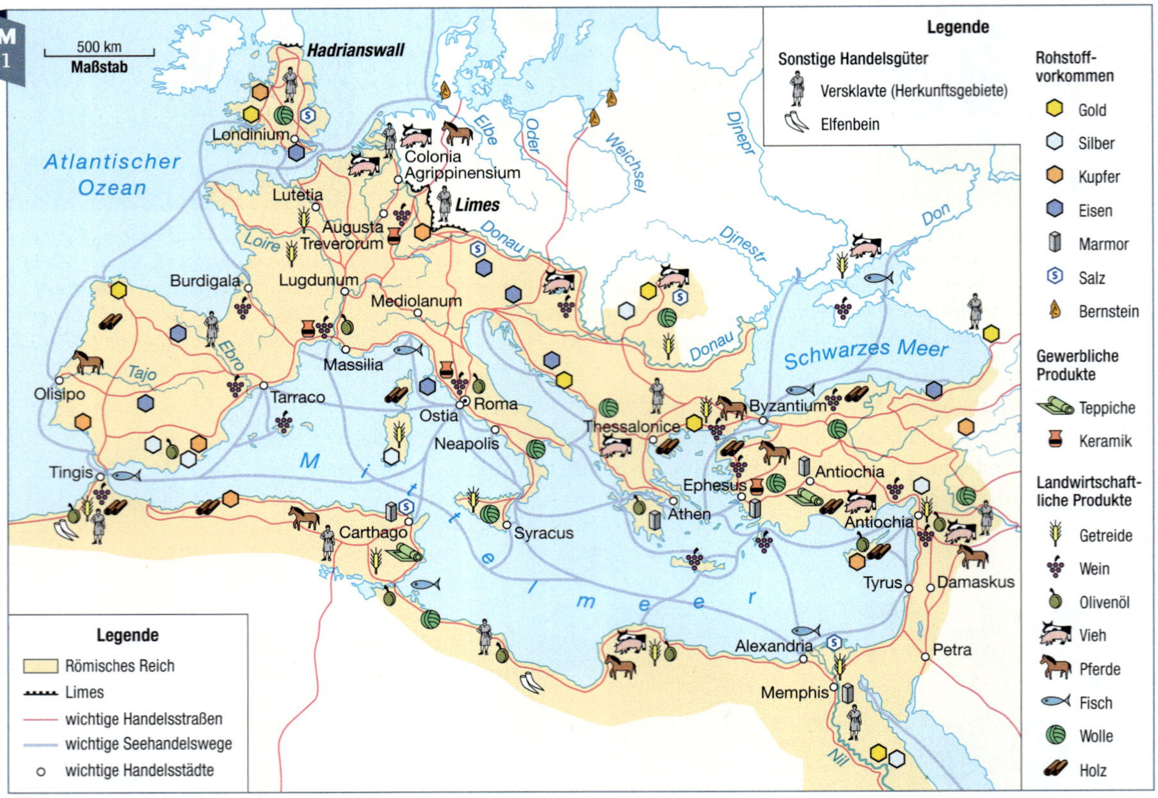

Wirtschaft und Handel im Römischen Reich im 2. Jahrhundert n. Chr.

Die Versorgung der Hauptstadt Rom

Unter Augustus entwickelte sich Rom zu einer Millionenstadt. Um die Bevölkerung zu ernähren, mussten riesige Mengen Lebensmittel herangeschafft werden. Diese wurden vorwiegend auf den von Versklavten bewirtschafteten Gütern der Großgrundbesitzer produziert. Ein besonderes Ereignis für die Einwohner Roms war das Eintreffen der ersten Getreideschiffe aus Ägypten im Frühling. Zwar waren die römischen Lastschiffe größer als die griechischen und verfügten über einen zweiten Mast, doch das offene Meer abseits der Küsten wurde nur zwischen Mitte April und Mitte Oktober befahren. Von Rom nach Alexandria dauerte die Schiffsreise bei bestem Wind neun Tage. In umgekehrter Richtung mussten die schwer beladenen Schiffe gegen den Wind kreuzen und benötigten rund drei Wochen. Aus heutiger Sicht scheinen viele Handelswege des Römischen Reichs große Umwege zu sein. Das hängt damit zusammen, dass der Transport zur See und auf Flüssen billiger und schneller war als auf dem Landweg. Nach Rom kamen hochwertige Waren aus aller Welt. Die Hauptstadt wurde reich durch die Ausfuhr kostbarer Waren aus Italien in alle Provinzen des Reichs.

Wortschatz: die Amphore • eine Amphore mit ... füllen • Lebensmittel heranschaffen • Bodenschätze in Bergwerken abbauen • das Schiff mit Waren beladen • mit Waren handeln • die Waren auf einem Fluss transportieren

M 2

Arbeiten an Verkehrswegen in der Römerzeit, Rekonstruktionszeichnung, 21. Jh.

Handel auf dem Rhein

Auf dem Rhein transportierten riesige Handels- und Transportschiffe Waren und Güter aus aller Welt in die römischen Städte entlang des Flusses. Die heutige Stadt Köln, deren römischen Namen du auf der Karte ermitteln kannst, war ein wichtiger Umschlagplatz für Waren mit einem großen Hafen. Die Schiffe waren bis zu 40 m lang und konnten über vier Tonnen Waren laden. Auf dem Fluss transportierten die Römer unter anderem Marmorplatten und Kalksteinblöcke aus Italien, Olivenöl aus Spanien, Gewürze aus dem Orient oder auch Austern, das sind essbare Muscheln, aus der Mittelmeerregion. Diese Waren wurden auf den Schiffen bis nach Köln transportiert, denn dort gab es einen großen Hafen.

Die Stadt war aber nicht nur auf dem Seeweg zu erreichen. Köln war auch Ausgangsort und das Ziel vieler wichtiger römischer Fernstraßen, die die Stadt mit allen wichtigen römischen Provinzen des Römischen Reichs sowie mit Italien und Rom verbanden.

M 3

Die Via Appia, die älteste gepflasterte Fernstraße in Italien. Foto, 21. Jh.

1 **Methode:** Werte die Karte M1 mithilfe der Arbeitsschritte S. 103 aus. Folgende Formulierungen könnten dir dabei helfen: *„Die Überschrift lautet …“, „Die Karte gibt Auskunft über die Wirtschaft und den Handel im Römischen Reich im …“, „Die Symbole stehen für …“, „Die Rohstoffe und Erzeugnisse wie … werden für … benötigt.“, „Es wurde mit … gehandelt“.* Nutze auch den **Wortschatz**.
▸ Hilfe

2 Miss auf der Karte M1 mithilfe des Maßstabes die Ausdehnung des Römischen Reichs
a) von Nord nach Süd (vom Limes des Kaisers Hadrian im Norden Britanniens bis Carthago),
b) von West nach Ost (von Olisipo bis Damaskus).

3 Beschreibe mithilfe des Darstellungstextes und M1 den Handel auf dem Rhein.

4 **a)** Beschreibe die Bauweise römischer Straßen.
b) Erkläre anhand von M2, warum das Straßennetz wichtig für den Handel im Römischen Reich war.
c) Vergleiche mithilfe von M2 und M3 die Bauweise von römischen Straßen mit heutigen Straßen. Welche Probleme könnten römische Händler beim Transport durch diese Bauweise gehabt haben?
▸ Hilfe

Zusatzaufgabe → S. 187.

Was wissen wir über die Germanen?

Viele Jahrhunderte standen Römer und germanische Gruppen miteinander in Kontakt. Zwischen Römern und Germanen gab es Kriege und Handelsbeziehungen. Für die Römer waren die Germanen „Barbaren" ohne Kultur. Schriftliche Quellen gibt es nur aus römischer Perspektive.

- ***Untersuche, wie glaubwürdig die römischen Quellen sind.***

M 1

Germanisches Hofgebäude, um 200 n. Chr. Rekonstruktionszeichnung. 1 = Wohnteil, 2 = Herd, 3 = Strohdach, 4 = Stall, 5 = Fußboden aus gestampftem Lehm, 6 = Wand aus Weidengeflecht mit Lehmbewurf, 7 = Getreidespeicher, 8 = Brunnen.

Germanische Dörfer bestanden aus bis zu zwölf Höfen. Dort lebten etwa 200 Einwohner. Menschen und Tiere lebten alle unter einem Dach. Viele Männer leisteten Dienst im römischen Heer und kehrten nach ihrer Dienstzeit nicht ins Dorf zurück, sondern blieben im Römischen Reich.

Wer waren „die Germanen"?

Rhein und Donau bildeten eine natürliche Grenze zwischen dem Römischen Reich und den germanischen Gruppen im Norden und Osten. Die Germanen lebten in Mitteleuropa und im südlichen Skandinavien in größeren und kleineren Gruppen von wenigen Tausend bis rund 20 000 Menschen zusammen. Der Tapferste und Klügste war auserwählt, seine Krieger zu führen. Die einzelnen germanischen Gruppen hatten wenig miteinander zu tun. Jede herrschte über ein bestimmtes Gebiet, ohne dass es ein Gefühl der Zusammengehörigkeit oder eine gemeinsame Identität zwischen den Gruppen gab. Stattdessen kam es neben friedlichen Begegnungen immer wieder auch zu Kriegen zwischen den einzelnen Gruppen oder Verbänden.

Die Darstellung der Germanen als einheitlicher Stamm oder als Volk ist der Fantasie römischer Geschichtsschreiber entsprungen, widerspricht aber den Ergebnissen der neueren Geschichtswissenschaft.

Wechselhafte Begegnungen

Nach mehreren Kriegen konnten die Römer im 2. Jahrhundert v. Chr. die germanischen Kimbern und Teutonen besiegen. Diese waren zuvor ins Römische Reich eingedrungen. Zurück blieb die Angst der Römer vor den „wilden Barbaren".

Unter Augustus überschritten römische Truppen mehrmals den Rhein und drangen bis zur Elbe vor. Dabei stießen die Römer auf Widerstand germanischer Gruppen. Der cheruskische Adlige Arminius besiegte im Jahre 9 n. Chr. drei römische Legionen in der Nähe von Kalkriese im heutigen Niedersachsen. Weitere Feldzüge der Römer endeten mit Niederlagen. Zum Schutz ihrer Grenze bauten die Römer den Limes (S. 168/169). Zur Grenzsicherung wurden Soldaten aus anderen Teilen des Reichs an den Limes verlegt.

Neben diesen gewaltsamen Zusammenstößen zwischen Römern und Germanen gab es aber auch friedliche Begegnungen. Funde von Archäologen auf dem Gebiet

Wortschatz: einen Feldzug unternehmen • in ein (feindliches) Gebiet eindringen • einen Vorstoß wagen • den Rhein überschreiten • auf Widerstand stoßen • über ein Gebiet herrschen • in eine Falle gelockt werden des nicht von den Römern beherrschten Germanien zeigen, dass es einen regen Handel zwischen Römern und germanischen Gruppen gegeben haben muss. Technische Errungenschaften der Römer, aber auch Luxusgüter entfalteten auch außerhalb der Grenzen des Römischen Reichs ihre Anziehungskraft.

Das Problem der Quellenlage

Die Germanen hatten keine eigene Geschichtsschreibung. Fast alle schriftlichen Quellen über die Germanen wurden von römischen Schriftstellern verfasst. Manche Angaben der Quellen können durch archäologische Funde bestätigt werden.

M 2

Der römische Geschichtsschreiber Tacitus (um 55–115 n. Chr.):

Tacitus hat Germanien nie besucht, beschreibt jedoch das Gebiet in seinem Werk „Germania":

Die äußere Erscheinung ist trotz der großen Zahl von Menschen bei allen dieselbe: wild blickende Augen, rötliches Haar und große Gestalten, die allerdings nur zum Angriff taugen. Für Strapazen und Mühen bringen sie nicht dieselbe Ausdauer auf, und am wenigsten vertragen sie Durst und Hitze. Wohl aber sind sie durch Klima und Bodenbeschaffenheit gegen Kälte und Hunger abgehärtet. Das Land ... macht mit seinen Wäldern einen schaurigen, mit seinen Sümpfen einen widerwärtigen Eindruck ... Wenn sie nicht zu Felde ziehen, verbringen sie viel Zeit mit Jagen, mehr noch mit Nichtstun, dem Schlafen und Essen ... Die Sorge für Haus, Hof und Feld bleibt den Frauen, den alten Leuten und allen Schwachen ... überlassen ... Dass die ... Germanen keine Städte bewohnen, ist hinreichend bekannt, ja dass sie noch nicht einmal zusammenhängende Siedlungen dulden. Sie hausen einzeln und gesondert, gerade wie ... es ihnen zusagt. Ihre Dörfer legen sie nicht in unserer Weise an, ... jeder umgibt sein Haus mit freiem Raum, sei es zum Schutz gegen Feuersgefahr, sei es aus Unkenntnis im Bauen.

*Tacitus, Germania 4–16. Zit. nach Manfred Fuhrmann (Hg.), P. Cornelius Tacitus, Germania. Lateinisch/Deutsch, Stuttgart (Reclam) 2016, S. 9, 25. Übers. v. Manfred Fuhrmann.**

M 3

Kopf eines Germanen, Foto, ca. 1. Jh. n. Chr. Der Kopf wurde in einem Moor in Schleswig-Holstein gefunden. Der Haarknoten war das Erkennungssymbol des germanischen Stammes der Sueben.

1 **a)** Beschreibe das Hofgebäude M1.
b) Vergleiche M1 mit dem römischen Mietshaus auf S. 156/157.

2 Fasse die Ursachen für die Begegnungen zwischen Römern und Germanen zusammen und stelle dar, wo diese stattfanden und wie diese sich gestalteten. Nutze den **Wortschatz**.

3 **a)** **Methode:** Untersuche M2 mithilfe der Arbeitsschritte „Eine schriftliche Quelle untersuchen" auf S. 113. ▸ Hilfe
b) Arbeite heraus, welches Bild von den Germanen Tacitus zeichnet. ▸ Hilfe
c) Beurteile die Glaubwürdigkeit der Darstellung der Germanen in M2. Nutze den **Wortschatz**.

Zusatzaufgabe → S. 187.

Üben

Warum wurde Niedersachsen keine römische Provinz?

Um Raubzüge germanischer Personenverbände zu verhindern, war es das Ziel von Kaiser Augustus, die germanischen Gruppen bis zur Elbe zu unterwerfen und die Grenze des Römischen Reichs vom Rhein bis an die Elbe als natürliche Grenze vorzuschieben. Große Teile des Gebiets des heutigen Niedersachen wären damit eine römische Provinz geworden.

- *Warum kam es nicht dazu?*

M 1

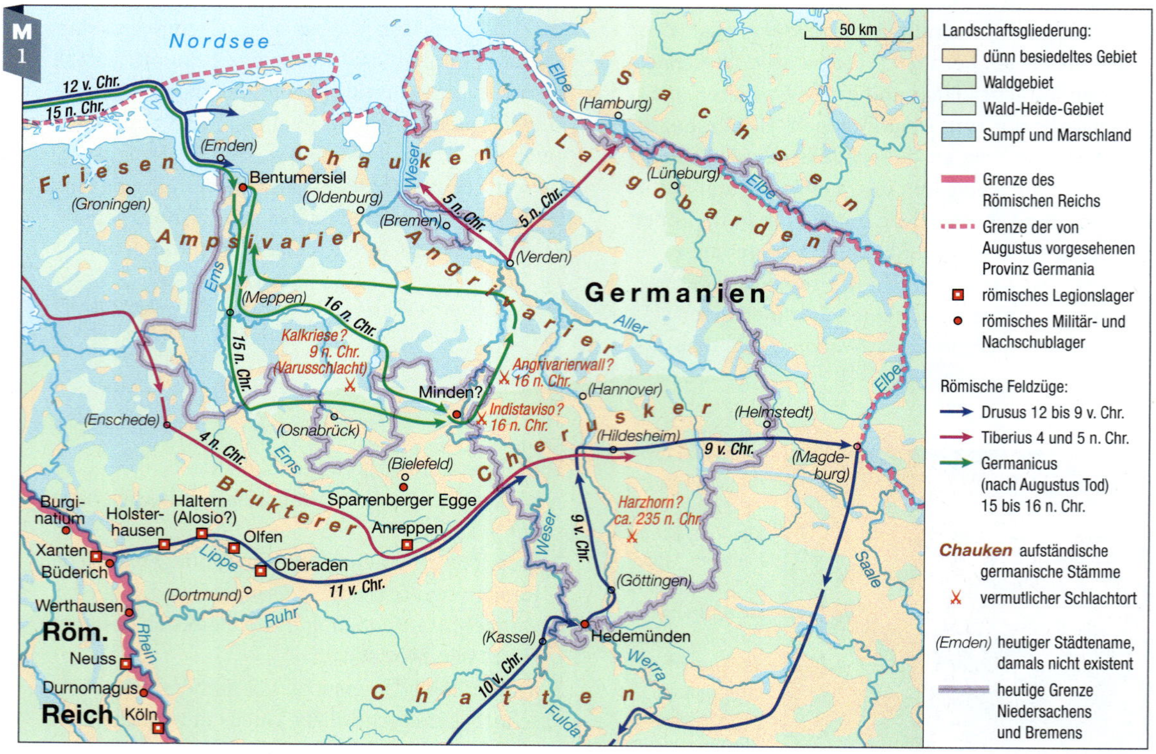

Norddeutschland zur Römerzeit

Die Germanen in Norddeutschland

Wie du am Beispiel der Schilderung des Tacitus gesehen hast, war das Gebiet des freien Germaniens und somit auch das Gebiet des heutigen Niedersachsens um Christi Geburt eine Landschaft mit ausgedehnten Sumpfgebieten und undurchdringlichen Wäldern. Bei uns im Norden lebten germanische Gruppen wie die Friesen, Chauken, Langobarden und Cherusker. Über ihre Lebensweise weiß man fast nur, was Tacitus in seiner alles anderen als neutralen Schrift „Germania" berichtete. Somit sind wir vor allem auf archäologische Funde angewiesen. Demnach waren die Germanen östlich und nördlich von Rhein und Weser ein Volk von Bauern und Kriegern. Sie siedelten überwiegend in verstreuten Einzelgehöften und kleinen Dörfern, lebten in Großfamilien und Sippenverbänden, die sich zu losen Personenverbänden zusammenschlossen. Sie wohnten in strohbedeckten Häusern, in denen Menschen und Vieh unter einem Dach lebten. An heiligen Kultstätten verehrten sie ihre Naturgötter. An der

Wortschatz: Lebensweise • siedeln • Sippenverband • Stammesverband • Kultstätte • Gefolgschaften • Recht sprechen • eine Provinzorganisation aufbauen • römisches Recht einführen • Steuern erheben • Tributzahlungen • der Hinterhalt • einen Feldzug durchführen

M 2 *Überreste der Varusschlacht, Foto, 9 n. Chr.
Die Eisenmaske und die Lanzenspitzen wurden in Kalkriese (Niedersachsen), dem wahrscheinlichen Schauplatz der Varusschlacht, gefunden.*

Spitze der Personenverbände standen Adlige mit ihren kriegerischen Gefolgschaften. Die Versammlung der freien Männer, das Thing, sprach Recht und wählte für Kriegszüge einen Herzog als Führer.

Die Varusschlacht

Nach den ersten siegreichen Feldzügen gegen die Germanen unter Drusus 12–9 v. Chr. und der Niederschlagung von Aufständen unter Tiberius 4 und 5 n. Chr. schien Germanien so weit unter römischer Kontrolle, dass der von Augustus eingesetzte Statthalter Quitinius Varus hier eine Provinzorganisation aufbauen, römisches Recht und Glauben einführen sowie die Erhebung von Steuern und Tributzahlungen durchsetzen sollte. Dagegen erhoben sich die unter dem Cheruskerfürsten Arminius zusammengeschlossenen germanischen Gruppen und lockten 9. n. Chr. die römischen Legionen in einen Hinterhalt. In einem über drei Tage dauernden Gemetzel wurde das aus etwa 18 000 Soldaten bestehende römische Heer vernichtend geschlagen. Varus und die anderen römischen Heerführer begingen Selbstmord, um nicht in die Hände der Germanen zu fallen. Obwohl immer noch nicht gesichert, weisen zahlreiche Funde (Ausrüstungsgegenstände, Waffen, Werkzeuge, Münzen) darauf hin, dass diese Schlacht auf dem Kalkrieser Berg bei Osnabrück stattfand. Nach dieser Niederlage führten die Römer unter Germanicus 14–16 n. Chr. zwar noch Rachefeldzüge durch. Und auch in den Jahrhunderten danach gab es immer wieder Streifzüge römischer Legionen durch das heutige Niedersachsen. Neue Funde und Ausgrabungen am Harzhorn bei Northeim belegen zum Beispiel, dass dort vermutlich 235 n. Chr. eine Schlacht stattgefunden hat. Dies ändert aber nichts an der Tatsache, dass die Römer nach der Varusschlacht ihre Versuche aufgaben, das Römische Reich bis zur Elbe auszudehnen.

1 Verfasse einen Bericht über die Lebensweise der Germanen, wie sie im Text beschrieben wird und aus M2 hervorgeht. Stelle diese Lebensweise der der Römer gegenüber.

2 Erläutere mithilfe von M1 und des Darstellungstextes zusammen, was die Römer unternahmen, um die römische Provinz Germania auf Norddeutschland auszuweiten. Verwende den **Wortschatz**.

3 Erläutere mithilfe des Darstellungstextes, warum sich die germanischen Stämme gegen Varus auflehnten.

4 Überlege, welchen Eindruck M3 auf die germanischen Krieger machen sollte.

5 Wähle eine Aufgabe aus:

a) Als einer der wenigen überlebenden Soldaten berichtest du nach Rom über die Niederlage in der Varusschlacht*.

b) Recherchiere, welche Funde von römischem Leben es in Niedersachsen gibt. Berichte darüber deiner Klasse.

c) Gestalte ein Poster zu römischen Spuren in Niedersachsen.

cornelsen.de/webcodes
Code: cotusu
Die Varusschlacht

Eine Exkursion zu einem außerschulischen Lernort durchführen

cornelsen.de/webcodes
Code: cehosu
Kopiervorlage
Methodentabelle

Wie ihr gesehen habt, war das Gebiet des heutigen Niedersachsens nie ein Teil des Römischen Reichs und dennoch gab es zahlreiche und keineswegs immer friedliche Kontakte zwischen Römern und den hier lebenden germanischen Stämmen. Davon zeugen Spuren, die Archäologen in vielversprechenden Ausgrabungen zu Tage befördert haben. Vielleicht habt ihr als Klasse die Gelegenheit, eine solche Ausgrabungsstätte kennenzulernen.

- ***Auf dieser Doppelseite erhaltet ihr Ideen für zwei mögliche Ziele eines Klassenausflugs auf den Spuren der Römer im heutigen Niedersachsen sowie Anregungen dazu, wie ihr euren Ausflug planen könnt.***

Die Varusschlacht bei Kalkriese

Die sogenannte Varusschlacht im Jahre 9 n. Chr. endete mit einer bitteren Niederlage für die Römer. Mit der Schlacht verbinden sich schon seit Jahrhunderten zahlreiche Legenden. Lange wurde z. B. über den genauen Ort der Varusschlacht spekuliert, bis in Kalkriese in der Nähe von Osnabrück interessante Funde gemacht wurden, sodass die Forschung mittlerweile glaubt, hier den Ort der legendären Varusschlacht gefunden zu haben. Die Ausgrabungen in Kalkriese gehen weiter. Immer wieder werden dort interessante Funde gemacht. Ein Ausstellungszentrum informiert über die bisherigen Ergebnisse der Ausgrabungen. Natürlich könnt ihr auch das Gelände erkunden.

Das Harzhorn bei Northeim

Deutlich jünger ist unsere Kenntnis von einer weiteren Schlacht, die sich auf dem Boden des heutigen Niedersachsens zugetragen haben muss. Ausgrabungen am sogenannten Harzhorn bei Northeim zeugen von einem Zusammenstoß und Kämpfen zwischen römischen Truppen und germanischen Gruppen fast 200 Jahre nach dem Sieg des Arminius über Varus. Ergebnisse der Archäologen konnten seit 2008 beweisen, dass am Harzhorn eine mehrere tausend Mann starke Streitmacht in Kämpfe mit germanischen Verbänden verwickelt war. Ein sensationeller Fund, der zeigt, dass noch um 200 n. Chr. römische Verbände tief in das nicht besetzte Germanien vorstießen. Auch dieser Ort lässt sich im Rahmen einer Exkursion erkunden.

M 1

Gesichtsmaske eines römischen Reiterhelms (vergrößerte Nachbildung), Varusschlacht im Osnabrücker Land, Museum und Park Kalkriese

M 2

Schutzwall der Germanen (Nachbau), Varusschlacht im Osnabrücker Land, Museum und Park Kalkriese

Arbeitsschritte „Eine Exkursion zu einem außerschulischen Lernort durchführen“

Informationen beschaffen	Tipps
1. Besorgt euch Informationsmaterial im Internet oder bei der Verwaltung der Sehenswürdigkeit.	• *offizielle Internetseite des Museums oder des Lernortes oder andere vertrauenswürdige Seiten*
Exkursionen organisieren	
2. Klärt, welcher Termin infrage kommt. Beachtet Termine in der Schule und die Öffnungszeiten der Sehenswürdigkeit. Ermittelt Fahrpreis, Fahrzeiten sowie Preise für Eintritt und Führungen.	• *Die Internetseiten der Sehenswürdigkeiten liefern dazu Informationen. Viele Museen haben zum Beispiel montags geschlossen.*
Inhalte der Exkursion in der Schule vorbereiten	
3. Sichtet das Material und entscheidet euch für einige Schwerpunkte eurer Exkursion.	• *Überlegt euch, was euch besonders interessiert und wozu ihr mehr erfahren wollt.*
4. Einigt euch auf den Ablauf der Exkursion.	• *Ablauf: z. B. Führung oder eigenständige Erkundung, Schülerreferate, Rallye ...*
5. Überlegt euch, wie ihr eure Ergebnisse dokumentieren wollt.	• *Dokumentation: Gestaltung eines Posters mit euren Arbeitsergebnissen, Erkenntnissen oder gesammeltem Material, Artikel für die Homepage der Schule ...*
6. Teilt die Klasse in Gruppen ein, die dann Einzelfragen zu ihrem Thema formulieren.	• *Notiert die Fragen und versucht im Rahmen der Exkursion Antworten auf diese zu finden.*
Exkursion zum außerschulischen Lernort durchführen	
7. Verschafft euch gemeinsam einen ersten Überblick, zum Beispiel durch eine Führung. Dies ist natürlich abhängig davon, wie ihr den Ablauf geplant habt.	• *Im Rahmen der Führung könnt ihr bestimmt schon viele der vorher formulierten Fragen beantworten. Nutzt die Gelegenheit und fragt nach!*
8. Arbeitet jetzt in den vorher festgelegten Gruppen. Fertigt Notizen, Skizzen und Fotos oder Videos an. Befragt das Personal der Sehenswürdigkeit.	• *Achtet auf Bild- und Personenrechte. Achtet auch darauf, dass ihr nicht zu viel aufschreibt. Versucht euch auf die wichtigsten Informationen zu beschränken.*
Befunde auswerten und dokumentieren	
9. Wertet eure Ergebnisse in der Schule in den Arbeitsgruppen aus und tragt sie der Klasse vor.	• *Vergleicht eure Ergebnisse, einigt euch darauf, was ihr vortragen wollt und ergänzt gegebenenfalls auch Bilder, um euren Vortrag zu unterstützen.*
10. Dokumentiert eure Ergebnisse wie geplant.	• *Auch dazu könnt ihr in Gruppen unterschiedliche Methoden wählen, um eure Ergebnisse zu dokumentieren – abhängig davon, was euch besonders interessiert und liegt (z. B. Kurzvortrag, Plakat).*

1 **Partnerarbeit:** Fertigt gemeinsam eine Mind-Map an, welche zeigt, warum es wichtig ist, dass über die Vergangenheit in Museen, in Gedenkstätten oder an Ausgrabungsorten informiert wird.

2 Diskutiert, ob es nicht sinnvoller wäre, das Geld, das für Museen, Gedenkstätten oder Ausgrabungsorte notwendig ist, für den Bau neuer Wohnungen auszugeben.

Der Limes – Grenze oder Handelsplatz?

Nach der Niederlage gegen ein germanisches Heer in der Varusschlacht errichteten die Römer eine Grenzbefestigung aus Mauern, Holzwänden und Erdwällen: den Limes. Der Limes war aber nicht nur eine Grenzbefestigung, sondern er war auch ein Ort des Warenhandels zwischen Römern und Germanen.

- ***Untersuche, welche Produkte gehandelt wurden und welche Auswirkungen die römische Herrschaft auf die germanischen Grenzgebiete hatte.***

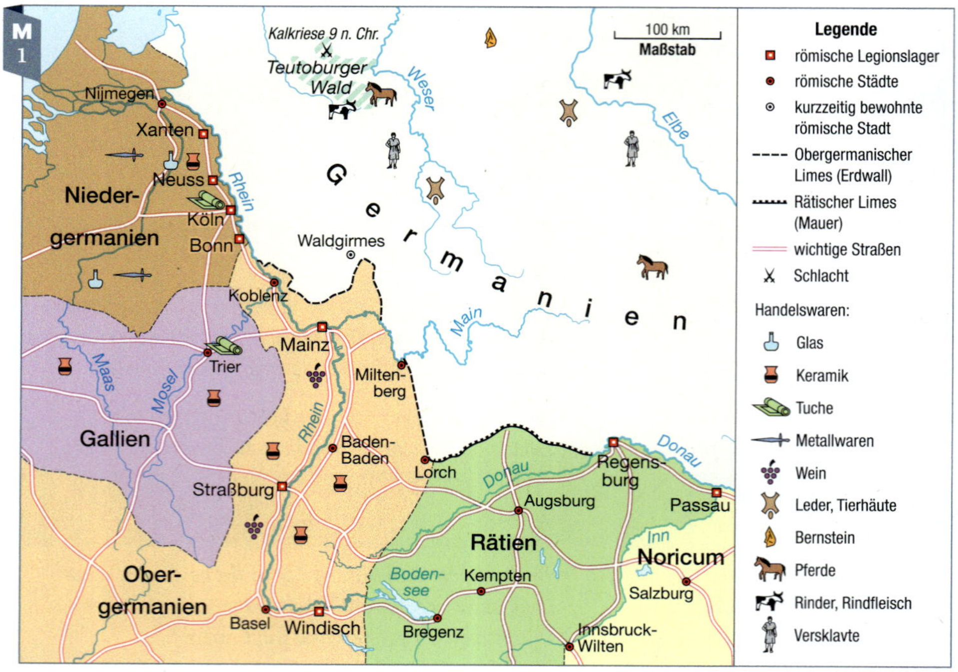

Der Limes im 2. Jahrhundert n. Chr.

Handel am Limes

Nach der Errichtung des Limes waren die Soldaten Roms bei ihrer Versorgung auf Produkte der Germanen angewiesen. Es kam zum Tausch von Waren aller Art. Das bei Römern beliebteste germanische Nahrungsmittel war Honig. Auf römischem Boden haben Fachleute zwar keine Überreste germanischer Produkte finden können. Aus schriftlichen Quellen wissen wir aber, dass die Germanen Gänsefedern für römische Kissen und Felle geliefert haben. Auch Frauenhaar zur Herstellung von Perücken war begehrt. Eine germanische Erfindung war die von Römern gern benutzte Seife.

Die Germanen waren besonders interessiert an römischen Alltagsgegenständen vor allem aus Eisen, da es in Germanien kaum Rohstoffe zur Metallherstellung gab. Eine der beliebtesten Handelswaren der Germanen waren rote römische Tongefäße (lat. terra sigillata), die auf einer Töpferscheibe hergestellt und dann gebrannt wurden. Die Terra sigillata war im Gegensatz zu den germanischen Gefäßen wasserdicht und schöner anzusehen.

Die Legionäre fördern die Romanisierung

Von den Römern unterworfene Gruppen übernahmen Bestandteile der römische Lebensweise, so auch in den Gebieten links des Rheins. Die Germanen lernten auch neue Techniken wie den Hausbau aus Stein und den Weinanbau. Mit den Römern kamen auch Gurken, Sellerie, Kirschen und Pfirsiche erstmals in germanische Gegenden. Diese Übernahme der römischen Kultur nennen wir Romanisierung.

Am Limes waren bis zu 30 000 Soldaten in rund 120 Stützpunkten (Kastellen) stationiert. Sie legten

Wortschatz: mit jemandem Handel treiben • in einem Grenzgebiet leben • ein Legionslager errichten • sich an etwas anpassen • die Gewohnheiten/Lebensweisen übernehmen • sich auf etwas auswirken

Festungsanlagen, Kasernen*, Straßen und Kanäle an und mussten auch Äcker in der Nähe des Lagers bewirtschaften. Einige hatten Spezialwissen und wurden als Architekt, Arzt oder als Schmied eingesetzt. Die Soldaten, die nach 20 Jahren Wehrdienst als Lohn ein Stück Land in der Provinz erhielten, ließen sich als „Veteranen*“ dort oder in Siedlungen in der Nähe der Legionslager nieder. So trugen die römischen Legionäre dazu bei, dass sich die römische Lebensweise in den Grenzgebieten verbreitete.

(die) Romanisierung
Romanisierung bedeutet wörtlich „römisch machen“. Allgemein ist damit die Übertragung römischer Lebensformen auf die besiegten Völker gemeint, zum Beispiel Bauweise, Lebensgewohnheiten, Straßenbau, römisches Recht, lateinische Sprache, römische Götter. Die Römer prägen bis heute insbesondere mit ihrer Sprache und Schrift sowie ihren Rechtsvorstellungen das Leben in großen Teilen Europas. So ist dieses Schulbuch in lateinischen Buchstaben gedruckt, und einige von euch lernen Latein oder eine aus dieser Sprache abgeleitete „romanische“ Sprache wie Französisch, Spanisch oder Italienisch.

(der) Limes
Der Limes reichte vom heutigen Bayern bis kurz vor die Landesgrenze von Nordrhein-Westfalen. Seine Gesamtlänge betrug 550 Kilometer. Entlang dieser Verteidigungsanlage gab es ungefähr 900 Wachtürme. Der Abstand ermöglichte den Soldaten bei normalem Wetter Sichtkontakt und sie konnten bei Gefahr mit Rauchzeichen Signale an die Soldaten in den Lagern in der Nähe schicken. Die Wachtürme des Limes waren bis zu 16 Meter hoch. Der Limes bestand zunächst aus nebeneinander gereihten Holzpfählen, später aus einer Steinmauer. Diese war etwa ein Meter breit und drei Meter hoch.

M2

Warenhandel zwischen Germanen und Römern am Limes, Rekonstruktionszeichnung, 2016

1 **Wähle eine Aufgabe aus:**
a) Fasse mithilfe von M1 die Lage, Ausdehnung und den Zweck des Limes zusammen.
b) Nenne mithilfe von M1 und M2 Gründe, weshalb der Limes ein Mittel zur Sicherung der römischen Herrschaft in den germanischen Provinzen war.

2 Beschreibe anhand des Darstellungstextes, M1 und M2 den Handel zwischen Römern und Germanen am Limes. Nutze den **Wortschatz**.
Tipp → S. 191.

3 Finde mithilfe von M1 heraus, für welchen Teil des Limes die Zeichnung M2 angefertigt wurde.

Zusatzaufgabe → S. 188.

cornelsen.de/webcodes
Code: vizoge
Der Limes

Rom – das Zentrum der damaligen Welt? Ein Blick nach China

cornelsen.de/webcodes
Code: kabuce
Die Seidenstraße

Etwa zur gleichen Zeit wie das Römische Reich entstand das Chinesische Reich. Die chinesischen Zeichen für „China" findest du heute auf zahlreichen Produktverpackungen: 中国 (zhong sprich: tchung = Mitte, guo = Reich). Rom und China wussten voneinander. Ähnlich dem Limes gab es auch in China eine lange Grenzmauer.

- ***Vergleiche das chinesische und römische Reich.***
- ***Untersuche die Bedeutung der „Großen Mauer" und vergleiche sie mit dem Limes.***

M 1

Die „Große Mauer" oder „10 000 Li lange Mauer" (ein Li = etwa 500 Meter) war die Grenzbefestigung des Chinesischen Reichs nach Norden. Die ältesten Mauerreste bestanden aus Lehm und Ziegeln (kleines Bild). Die Mauer diente zugleich als Windschutz und Straße für die Soldaten. Die heute noch sichtbare Mauer mit 25 000 Signaltürmen stammt aus dem 15. und 16. Jahrhundert. Einzelne Abschnitte der insgesamt fast 7000 km langen Mauern wurden als Touristenattraktion restauriert. Die Mauer ist das längste Bauwerk, das Menschen je gebaut haben.

Der erste Kaiser von China

Ein Fürst aus der Herrscherfamilie der Qin (Aussprache: tchin) vereinigte mehrere kleine Reiche und führte den Titel Qin Shi Huang-di (shi = der Erste, huang-di = Gottkaiser). Er lebte von 259 bis 210 v. Chr. und teilte sein Reich in Bezirke und Kreise ein, deren Grenzen teilweise noch heute gelten. Verwaltet wurde das Reich von Beamten. Der Kaiser ließ Gesetze, Maße, Gewichte und die Spurbreiten der Wagen vereinheitlichen. Landstraßen mit Poststationen und Brücken über Flüsse und Kanäle verbanden die Provinzen. Alle 5 Bu (1 bu = 1,38 m) säumten Bäume die neuen Straßen. Die Produktion von Seide wurde gefördert, denn Seide gab es damals nur in China und sie war überall begehrt. Der erste Kaiser hinterließ eine riesige Grabanlage mit über 8000 lebensgroßen Kriegern (siehe S. 144) aus Ton, die 1974 zufällig entdeckt wurde.
Die nachfolgenden Kaiser aus der Herrscherfamilie (Dynastie) der Han dehnten das Reich bis an die Grenzen des heutigen Koreas und Vietnam aus. In Zentralasien endete die chinesische Herrschaft an den riesigen Wüstengebieten der Taklamakan und den Hochgebirgen Tibets. Das chinesische Kaiserreich bestand – wenn auch mit Kaisern aus unterschiedlichen Dynastien – bis 1911. Luxuswaren gelangten über die Handelswege der „Seidenstraße" (siehe M3) von Ost nach West und umgekehrt. Somit gab es seit der Antike Kontakte, Austausch und Handel zwischen Europa und Ostasien.

„Lange Mauern" gegen Nomadeneinfälle

Bereits im 7. Jahrhundert v. Chr. hatten chinesische Fürsten begonnen, die Grenzen im Norden und Osten des Landes mit Verteidigungswällen aus Lehm und Stein zu sichern. Immer wieder drangen Nomadenvölker wie die Xiong-nu auf Plünderungszügen von Norden in die reichen Ackergebiete Chinas ein.

M 2

Handel auf der Seidenstraße:
Aus China nach Rom: Seide, Pelze, hochwertiges Eisen, Zimt
Aus Rom nach China: Korallen, Purpurschnecken, Bernstein, hochwertiges Glas, Silber, Gold

Wortschatz: einen Verteidigungswall errichten • die Dynastie • der Fortschritt • fortschrittlich waren ... • das Chinesische Reich • die Seide • die chinesische Mauer • der Entwicklungsstand des ... Reichs

M3

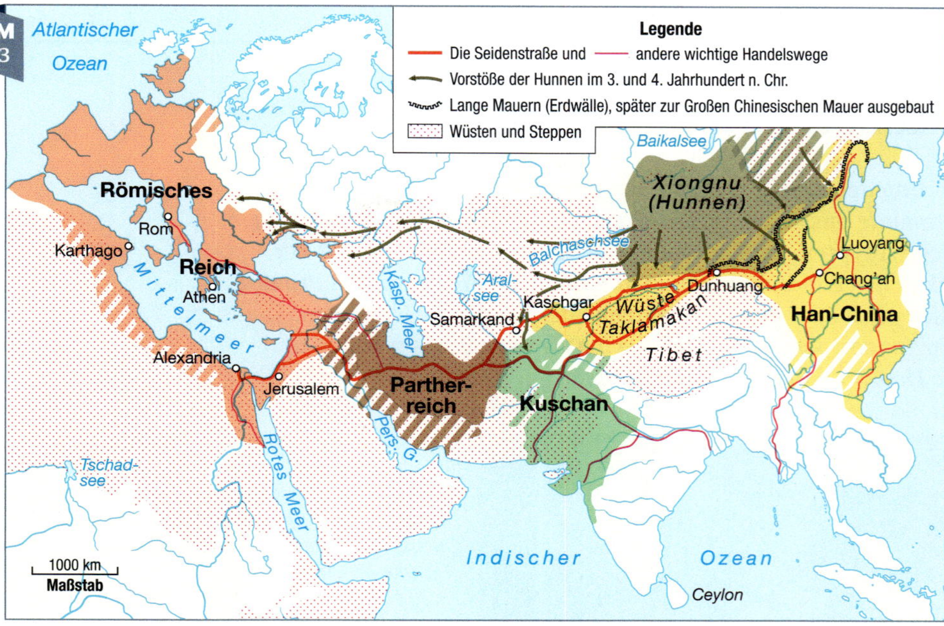

Europäische und asiatische Großreiche (2.–5. Jahrhundert)

Die Mauer aus gestampften Lehmziegeln war bis zu drei Meter hoch und zwei Meter dick. Für eine bessere Stabilität wurden zwischen den einzelnen Lehmlagen Stroh, Schilf, Holz oder Kies verbaut. In späteren Zeiten wurden Steinplatten und Ziegel verwendet, die dem „steinernen Drachen" sein heutiges Aussehen gaben. Die Mauer verlief steil über Gebirgszüge und Schluchten, durch Wüsten und Steppen bis ans Meer. Durch Signalfeuer konnten Botschaften über 1000 Kilometer innerhalb von 24 Stunden übermittelt werden. Der Bau der Mauern mit einfachen Werkzeugen war ungeheuer schwierig. Zwei Millionen Menschen wurden auf den Großbaustellen zur Arbeit am Bau der „Langen Mauern" gezwungen, die Mehrzahl waren Bauern. Zehntausende Menschen kamen ums Leben. Die große Mauer wuchs unter den Han im 3. Jahrhundert auf eine Länge von über 4500 Kilometer an. Die Mauer war teuer: Einige Kaiser gaben bis zu zwei Dritteln der Staatseinnahmen für den Bau und Unterhalt aus.

Die Kaiser verließen sich nicht allein auf die Mauer. Mit Verträgen und ganzen Karawanenladungen voller Geschenke sicherten sich die Chinesen Ruhe vor Überfällen aus der Steppe. An den Wachtürmen wurde Handel getrieben: Die Chinesen waren an Pferden und Wollwaren interessiert und lieferten Seide und Keramik.

Rom und China – ein Vergleich der Reiche

- Beide Reiche waren etwa gleich groß.
- Beide Reiche hatten nach Volkszählungen im 1. Jahrhundert etwa 57–60 Millionen Einwohner.
- Das chinesische Straßennetz war fast doppelt so groß wie das römische.
- Im Römischen Reich gab es mehr Großstädte.
- In beiden Reichen übte der Kaiser die Macht aus, der wie ein Gott verehrt wurde.
- Während die Schriften der antiken Philosophen* nach dem Ende des Weströmischen Reichs zum Teil in Vergessenheit gerieten, prägte die Tradition des Konfuzianismus China bis in die Neuzeit.
- Rom und China litten im späten dritten Jahrhundert beide unter Angriffen und dem Eindringen fremder Völker.
- Während das Weströmische Reich im dritten Jahrhundert nach Christus unterging, bestand das chinesische Kaiserreich weiter – auch wenn sich Gestalt und Herrscherhäuser in den folgenden Jahrhunderten immer wieder änderten.
- Fast zeitgleich verbreiteten sich neue Religionen, die in der Folgezeit große Bedeutung erlangten: in Rom das Christentum und in China der Buddhismus.

1 Beschreibe den Verlauf der „Seidenstraße" (M3).
2 Chinesische Quellen sprechen nicht von der „Seidenstraße", sondern von der „Glasstraße". Stelle eine Verbindung zu M2 her und begründe diesen Namen.
3 Chinesische Mauer und römischer Limes: Erstelle eine Liste mit Gemeinsamkeiten und Unterschieden (Darstellungstext).
4 Stelle dar, über welche Kenntnisse und Fähigkeiten Chinesen und Römer verfügen mussten, um die Mauern zu bauen. Nimm den **Wortschatz** zu Hilfe.
5 Beurteile die in der Kapitelüberschrift formulierte Frage. ▸ Hilfe

Zusatzaufgabe → S. 188.

Jüdisches Leben im Römischen Reich

Nach der Überlieferung der Bibel war Abraham der Urvater der Juden, Christen und Muslime. Er stammte aus dem heutigen Irak. Seine Nachfahren sollen wegen einer Dürre ins reiche Ägypten gezogen sein. Die Juden siedelten zur Zeit der römischen Republik in der Landschaft Judäa, die seit 63 v. Chr. römische Provinz war. Hier befand sich auch ihr religiöses Zentrum: der Tempel in Jerusalem.

- ***Im 1. und 2. Jahrhundert kam es zu mehreren Kriegen zwischen Juden und Römern. Welche Ursachen und welche Folgen hatten sie?***

M 1

Die „Klagemauer" in Jerusalem ist ein heiliger Ort für Juden aus aller Welt. Sie ist eine Grundmauer des von den Römern zerstörten jüdischen Tempels. Darüber, auf dem Tempelberg, steht die Moschee Qubbat as-Sachra aus dem 7. Jahrhundert (genannt „Felsendom"), in der Muslime die Himmelfahrt des Propheten Mohammed verehren. Ebenfalls in der Altstadt von Jerusalem liegt die Grabeskirche am angeblichen Ort der Kreuzigung und des Grabes Jesu. Judentum, Islam und das Christentum haben somit wichtige Heiligtümer in Jerusalem. Foto, 2008

Den Römern gehorchen?

Julius Caesar hatte während seiner Feldzüge im Osten des Reichs den Juden und ihrer Religion großen Respekt entgegengebracht. Unter römischer Herrschaft waren die Juden vom Militärdienst befreit. Während Juden an nur einen Gott glaubten, verehrten die Römer viele Götter. Auch ihre vergöttlichten Kaiser verehrten die Römer durch Opfer, während Juden darauf bestanden, nur den von ihnen verehrten Gott durch Opfergaben im Tempel von Jerusalem zu ehren.

Unter König Herodes, dem römischen Statthalter in der Provinz Judäa, entstanden zwar viele neue Städte, doch Ruhe und Frieden kehrten nicht ein, da Teile der jüdischen Bevölkerung den römischen Herren jeden Gehorsam verweigerten. Nach jüdischem Glauben schuldete man nur Gott Gehorsam. Kaiser Augustus unterstellte deshalb Judäa der direkten römischen Herrschaft und führte eine Volkszählung zur Festsetzung der Steuerzahlungen an Rom durch, wogegen sich heftiger Widerstand erhob. Die jüdische Oberschicht hatte kein Interesse an einem Konflikt mit den Römern, doch viele radikale Gruppen riefen zum Kampf gegen die Besatzungsmacht auf. Zugleich zogen viele jüdische Wanderprediger durch das Land und warben für eine neue Gesellschaft: Unter ihnen war auch Jesus von Nazaret.

Kriege zwischen Juden und Römern

Andersgläubigen war das Betreten des jüdischen Tempels, in dem ein siebenarmiger Leuchter (Menora) und ein Altar aufgestellt waren, streng verboten. Als im Mai 66 n. Chr. römische Soldaten mit Spott und Beleidigungen in den Tempel von Jerusalem eindrangen, kam es zu gewaltsamen Aufständen. Der darauffolgende Krieg forderte insbesondere aufseiten der Juden sehr viele Opfer. Im August 70 fiel die Stadt Jerusalem. Der jüdische Tempel, das Zentrum der jüdischen Religion, wurde von Römern zerstört. Juden mussten von nun an eine besondere Steuer für den Jupitertempel in Rom bezahlen. Zahlreiche Juden verließen Judäa und lebten fortan in Gemeinden rund ums Mittelmeer oder im Perserreich.

Unter Kaiser Trajan brachen 116 n. Chr. erneut Revolten der Juden in Zypern, Kyrene und Alexandria gegen

Wortschatz: Statthalter • jemandem den Gehorsam verweigern • der Herrschaft unterstellen • für eine neue Gesellschaft werben • Revolten brechen aus • gegen Besteuerung protestieren • die Unabhängigkeit wiederherstellen • Ausgrenzung und Verfolgung erleiden • sich in der Tradition von etwas sehen

die Besteuerung Roms aus. Die Aufstände endeten mit der Unterwerfung der dortigen jüdischen Gemeinden durch die Römer.
Als Kaiser Hadrian aus Jerusalem eine Stadt mit zahlreichen Tempeln für viele Götter machen wollte, kam es 132–135 n. Chr. zu einem letzten jüdisch-römischen Krieg. Unter ihrem Anführer Bar Kochba („Sohn eines Sterns") gelang den Juden für kurze Zeit die Wiederherstellung der Unabhängigkeit. Wieder gab es viele Tausende Opfer. Kaiser Hadrian setzte seine Pläne schließlich durch: Juden durften Jerusalem bei Androhung der Todesstrafe nicht mehr betreten. Judäa wurde umbenannt in Syria Palaestina. Für die Überlebenden begann die Zeit des Exils*. Sie siedelten sich in den Städten rund ums Mittelmeer, im Perserreich, auf der Arabischen Halbinsel und später in Westeuropa an. Immer wieder mussten sie Ausgrenzung und Verfolgung erleiden. Der moderne Staat Israel entstand erst im 20. Jahrhundert und sieht sich in der Tradition der jüdischen Besiedlung Palästinas, des Ursprungs der jüdischen Religion und Kultur.

M 2

Römische Soldaten tragen die Menora aus dem Tempel von Jerusalem. Relief auf dem Triumphbogen, der 81 n. Chr. zu Ehren des Kaisers Titus in Rom errichtet wurde. Foto, 1981

M 3

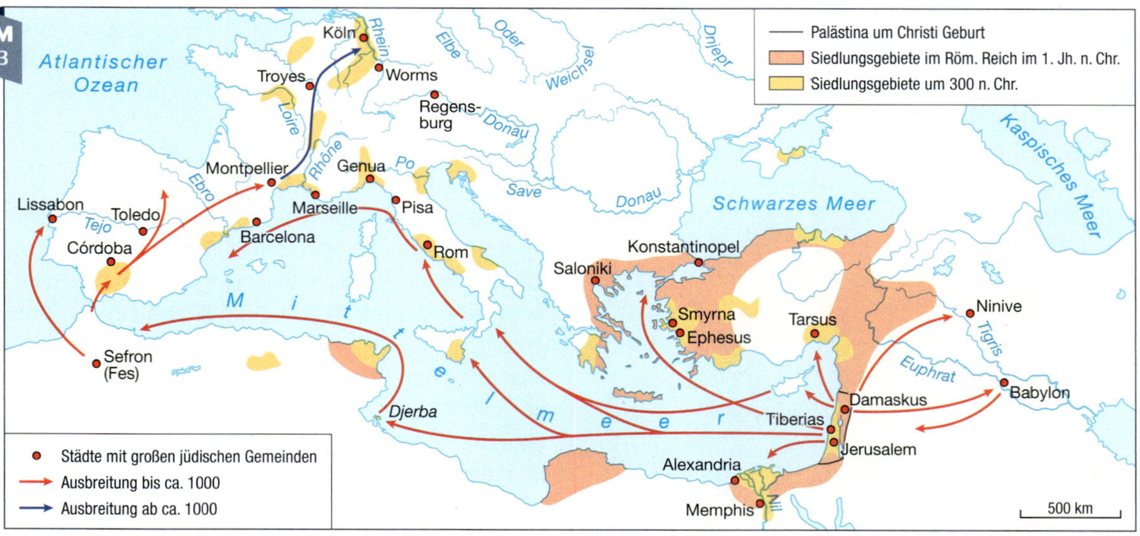

Jüdische Siedlungen um 750 n. Chr.

1 Werte den Darstellungstext aus und liste die Kriege zwischen Römern und Juden in einer Tabelle auf. Unterscheide zwischen Zeitraum, Anlass und Folgen. Präsentiere deine Ergebnisse mündlich und nutze dabei die folgenden Wörter, um Zusammenhänge zwischen Anlass und Folgen auszudrücken: weil / deshalb / daraus folgte / dies bewirkte / nachdem / dann / als / …
Nutze den **Wortschatz**.

2 **Wähle eine Aufgabe aus:**
a) Beschreibe M2 und erkläre, welche Bedeutung der erbeutete Gegenstand für die Juden hatte.
Tipp: Nimm den Darstellungstext und das Lexikon im Anhang zu Hilfe.
b) Finde in der Karte M3 die Regionen, in denen sich Juden nach der Vertreibung aus Judäa ansiedelten.

Zusatzaufgabe → S. 188.

Wie wurde das Christentum zur Staatsreligion im Römischen Reich?

Die Römer unterwarfen viele Völker, die andere Gottheiten als sie selbst verehrten. In Judäa trafen sie nicht nur auf das Judentum, sondern auch auf die ersten Christen. Wie die Juden glaubten auch die Christen an nur einen Gott.

- ***Warum verbreitete sich die christliche Religion, und warum nahm sie bald eine bevorzugte Stellung im Römischen Reich ein?***

Die Entstehung der christlichen Religion

In der römischen Provinz Judäa lebte zur Zeit der Kaiser Augustus (30 v. Chr.–14 n. Chr.) und Tiberius (14 n. Chr. bis 37 n. Chr.) der Jude Jesus von Nazaret. Als Wanderprediger forderte er die Menschen zur Nächstenliebe auf und weckte in ihnen die Hoffnung auf das kommende Reich Gottes. Für seine Anhänger war er der von den Juden erwartete Messias (hebräisch: Gesalbter Gottes). Der griechische Ausdruck für Messias heißt Christos. Daher bezeichneten die Römer die Anhänger dieser jüdischen Sekte nach Jesu Tod als „Christen". Jesus geriet mit seiner Botschaft in Konflikt mit den jüdischen Schriftgelehrten und den Priestern in Jerusalem. Sie sahen in ihm einen Aufrührer und eine Gefahr für den sozialen Frieden. Deshalb klagten sie ihn um ca. 30 n. Chr. beim römischen Provinzstatthalter Pontius Pilatus an. Dieser verurteilte Jesus zum Tod am Kreuz. Wahrscheinlich sah Pilatus in Jesus auch einen der vielen Widersacher gegen die römische Herrschaft in Judäa.

M 1

Christus als guter Hirte, römische Wandmalerei aus einer unterirdischen Begräbnisstätte (Katakombe), 3. Jh. n. Chr.

Apostel verbreiten die christlichen Ideen

Trotz der anfänglich wenigen Anhänger verbreitete sich die „frohe Botschaft" Jesu (griechisch: Evangelium) dank der Apostel (Sendboten) im östlichen Mittelmeerraum und bis in die Hauptstadt Rom. Die bekanntesten Apostel sind Petrus und Paulus. Sie waren gebildete Juden, sprachen neben dem im Alltag gebräuchlichen Aramäischen auch Griechisch und Latein. Paulus war römischer Bürger und gewann auf seinen Reisen viele Menschen für die neue Lehre. Anfangs verstanden sie sich noch als Juden. Erst allmählich empfanden sie die Unterschiede zum herkömmlich jüdischen Glauben als zu groß.

Von der Minderheit im Römischen Reich …

Die neuen christlichen Gemeinden bestanden vor allem aus Angehörigen der städtischen Unterschichten, römischen Soldaten, Frauen und einigen wohlhabenden Römern. Auch viele Versklavte bekannten sich zum Christentum.

Solange sie die öffentliche Ordnung nicht störten, waren die Gemeinden im Römerreich geduldet. Da die Christen das Kaiseropfer ablehnten, gerieten sie aber immer wieder unter Verdacht. Was taten sie, wenn sie sich zu Gebet und Gottesdienst in Privathäusern trafen? Als 64 n. Chr. in Rom ein verheerender Brand wütete, unterstellte Kaiser Nero den Christen Brandstiftung und ließ viele von ihnen hinrichten. Dabei sollen auch die Apostel Petrus und Paulus als Märtyrer* gestorben sein. Am vermuteten Grab des Apostels Paulus wurde eine Kirche errichtet, die mehrfach zerstört und umgebaut heute als „Petersdom" zum Zentrum der katholischen Christenheit geworden ist. Auch im 2. und 3. Jahrhundert kam es vereinzelt zu Christenverfolgungen.

Wortschatz: Wanderprediger • Messias • mit jemandem in Konflikt geraten • sozialer Frieden • Apostel • jemanden für etwas gewinnen • die öffentliche Ordnung stören • jemanden hinrichten • in eine Schlacht ziehen • die freie Religionsausübung zusichern

M 2

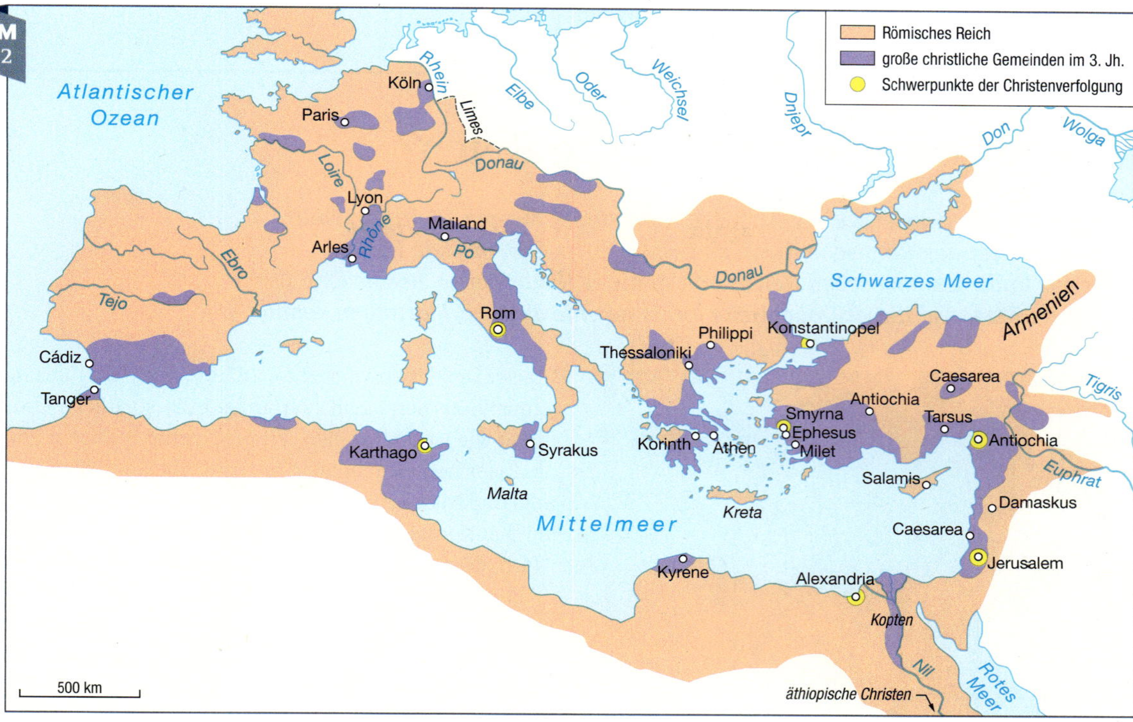

Die Ausbreitung des Christentums im 3. Jahrhundert

... zur Staatsreligion

Die entscheidende Wende für die Christen kam mit Kaiser Konstantin. Er erkannte 313 das Christentum als gleichberechtigte Religion an. Eine christliche Legende erzählt, dass Konstantin vor einer Schlacht gegen seinen Rivalen Maxentius im Traum ermahnt worden sei, mit dem Christuszeichen auf Fahnen und Schilden in die Schlacht zu ziehen. Nach seinem Sieg sicherte Konstantin allen Christen die freie Religionsausübung zu. Er bestimmte den Sonntag zum Ruhetag, unterstützte finanziell den Bau von Kirchen, verbot die Kreuzigung und gab Christen hohe Ämter in seiner Verwaltung. Erst auf dem Sterbebett ließ er sich taufen. Mit der konstantinischen Wende* wurde die Verbindung von römischem Staat und Christentum immer enger. Kaiser Theodosius I. (379–395) machte das Christentum zur alleinigen Religion (Staatsreligion*). Unter der nun einsetzenden Verfolgung von Nichtchristen litten besonders die Juden, von denen die meisten ins Reich der Perser und in die Handelsstädte der Arabischen Halbinsel auswanderten.

Eine einheitliche christliche Kirche hat es nie gegeben. Der Gottesdienst wurde im Westen in lateinischer und im Osten in griechischer oder aramäischer Sprache gehalten.

M 3

Münze des Kaisers Konstantin, 315 n. Chr. Auf dem Schild ist die römische Wölfin abgebildet; im Helm zeigt eine runde Scheibe das sogenannte Christogramm. Die griechischen Buchstaben X (CH) und P (R) sind die Anfangsbuchstaben von Christus.

1 **Partnerarbeit:** Arbeitet aus dem Darstellungstext heraus, was für die Entwicklung und Ausbreitung des Christentums entscheidend war. Haltet eure Ergebnisse in einer Mind-Map (→ S. 198) fest. ▸ Hilfe

2 **Partnerarbeit:** Stellt fest, was die Christen aus Sicht der Römer „verdächtig“ machte. Findet ein Beispiel dafür, dass es solche Verdächtigungen auch heute noch gibt.

3 Erläutere den Begriff „konstantinische Wende“ (Darstellungstext, Lexikon). Nutze den **Wortschatz**.

4 **Wähle eine Aufgabe aus:**

a) Zeige an M2, in welchen heutigen Ländern sich das Christentum im 3. Jh. n. Chr. verbreitet hatte. Nenne Gegenden, in denen das Christentum besonders stark verbreitet war.

b) Analysiere M3, indem du die Münze beschreibst (1) und die Aussage deutest (2). Erkläre abschließend, mit welchem Zweck/Ziel die Münze vermutlich geprägt wurde.

Zusatzaufgabe → S. 189.

Warum zerfiel das Römische Reich?

Obwohl die Römer unter Kaiser Augustus von einer „ewigen Weltherrschaft" sprachen, geriet das Römische Reich ab dem 3. Jh. n. Chr. in viele Krisen.

- ***Für das Ende des Römischen Reichs gibt es unter Historikern verschiedene Erklärungsansätze. Auf dieser Doppelseite lernst du eine dieser Erklärungen kennen.***

M 1

Skulptur der vier Tetrarchen Diokletian, Maximian, Galerius und Constantius Chlorus aus der Zeit der Vierkaiserherrschaft, Anfang 4. Jh. n. Chr.

Bedrohung der römischen Herrschaft

Im 3. Jahrhundert drangen germanische Stammesverbände von Norden ins Römerreich ein. Der Limes musste aufgegeben werden. Im Osten erlitten die Römer schwere Niederlagen gegen die Parther (siehe S. 140). Die Verstärkung der Grenzbefestigungen und der Unterhalt des Heeres verschlangen so gewaltige Summen, dass die Steuern für Handel, Gewerbe, Bauern und Wohlhabende drastisch erhöht wurden. Dadurch erlahmte das Wirtschaftsleben. Keiner der Kaiser fand eine Lösung, es fehlten neue Ideen für die Verbesserung der Verwaltung. Die Befehlshaber der römischen Armeen an den Grenzen erlangten zunehmende Macht und wurden von ihren eigenen Soldaten zu Kaisern ausgerufen. Zwischen 234 und 284 regierten 22 solcher „Soldatenkaiser".

Kaiser Diokletian versuchte, 285 durch die Einführung einer Viererherrschaft (Tetrarchie) die staatliche Ordnung wiederherzustellen. Vier Herrscher regierten von den vier neuen Hauptstädten Trier, Mailand, Thessaloniki und Nikomedia (heute Izmit/Türkei) aus, um näher an den Konfliktherden zu sein.
Nach dem Ende der Tetrarchie gründete Konstantin (Alleinherrscher von 324–337 n. Chr.) auf den Mauern der griechischen Stadt Byzanz an der Meerenge zwischen Europa und Asien eine neue Hauptstadt und nannte sie Konstantinopel. Sie sollte zum „zweiten Rom" werden und die alte Hauptstadt an Pracht und Reichtum übertreffen. Im Jahre 395 kam es unter Kaiser Theodosius zur Teilung in das lateinische Weströmische Reich und das griechische Oströmische Reich.

Die Hunnen

Um 375 tauchte im Osten Europas das Nomadenvolk der Hunnen auf, das zuvor in den Gebieten nördlich des Chinesischen Reichs umhergezogen war. Als Reiter und Bogenschützen waren sie gefürchtete Krieger und nahmen von Besiegten Tribute*. Die Hunnen lösten eine Reihe von Wanderbewegungen germanischer Stämme aus, ehe sie sich in den Ebenen des heutigen Ungarn niederließen. Lange Zeit waren die Historiker der Ansicht, dass ganze Völker mit Pferd und Wagen auf der Suche nach einer neuen Heimat unterwegs waren („Völkerwanderung"). Die moderne Forschung betrachtet viele dieser Wanderungen nur noch als mythische Erzählungen späterer Zeiten. Unbestritten ist jedoch, dass es größere Wanderungsbewegungen germanischer Gruppen gab. Die Gründe dafür waren – neben dem Vordringen der Hunnen – vermutlich die Verdrängung durch andere Stämme, Ernährungsprobleme durch Klimaveränderungen und die Nachrichten über günstigere Lebensbedingungen im Römischen Reich.

Wortschatz: etwas aufgeben • eine schwere Niederlage erleiden • Macht erlangen • zum Kaiser ausrufen • Soldatenkaiser • die staatliche Ordnung wiederherstellen • eine neue Hauptstadt gründen • etwas an Pracht und Reichtum übertreffen • Wanderbewegungen auslösen • mythische Erzählungen • eine andere Kultur annehmen • Kontinuitätslinien • Kontinuität und Wandel

Römer und Germanen

410 eroberten die Westgoten Rom und zogen weiter. Das Ende des Weströmischen Reichs war 476 gekommen, als ein Germanenfürst den letzten römischen Kaiser Romulus Augustulus absetzte. Die Römer mussten sich nun einer kleinen Führungsschicht von Germanen unterordnen. Die an Dorf- und Stammesgemeinschaften gewohnten Germanen übernahmen die funktionierende römische Verwaltung und brauchten dazu römische Experten. Römer und Germanen lebten nach eigenem Recht mit eigenen Richtern. Ehen zwischen Römern und Germanen waren verboten.

Im Laufe der Zeit nahmen die Germanen Elemente der römischen Kultur und – zum Beispiel – das römische Rechtswesen an. Dies sind zwei wichtige Beispiele dafür, dass es auch nach dem Untergang des weströmischen Reiches Kontinuitätslinien gab, in denen Aspekte der römischen Kultur, Gesellschaft und Politik fortbestanden. Kontinuität und Wandel existierten somit gleichzeitig.

M 2

Traditionelle Darstellung der germanischen Heerzüge und Reiche auf römischem Gebiet im 5. Jahrhundert n. Chr.

1 Wähle eine Aufgabe aus:

a) Erläutere, was M1 über die Herrschaftsverhältnisse im Römischen Reich aussagt.

b) Erläutere, welche Vor- und Nachteile sich aus der Viererherrschaft ergaben.

c) Eine Stadt im heutigen Deutschland war einmal eine von vier Hauptstädten im Römischen Reich. Recherchiere zur römischen Geschichte von Trier und erstelle ein Plakat oder eine Kurzpräsentation.

2 a) Suche aus der Karte M2 die Zahlenverhältnisse von Römern und Germanen (West- und Ostgoten, Wandalen) heraus.

b) Überprüfe, ob die Informationen im Darstellungstext dazu passen.

3 Beurteile, inwiefern der Begriff „Völkerwanderung“ angemessen ist. ▸ Hilfe

Zusatzaufgabe → S. 189.

Ein Erklärvideo analysieren

Um sich über Geschichte oder auch andere Themen zu informieren, nutzen viele Jugendliche und Erwachsene Erklärvideos im Internet. In den Videos werden die jeweiligen Themen aufbereitet und dargestellt. Sowohl kommerzielle als auch öffentlich-rechtliche Anbieter stellen neben privaten Produzenten Videos in unterschiedlicher Qualität im Internet bereit.

- ***Wie lässt sich die Qualität eines Geschichtsvideos überprüfen?***

Erklärvideos über Geschichte

Ein bekannter Kanal im Bereich Politik und Geschichte ist der YouTube-Kanal „MrWissen2Go" des Journalisten Mirko Drotschmann, der mit einem historisch geschulten Redaktionsteam zusammenarbeitet. Seit 2017 erscheinen jeden Donnerstag Videos zu historischen Themen, die über den Kanal „MrWissen2Go Geschichte" mit ca. 853 000 Abonnenten (Stand: Januar 2022) gesendet werden.

M 1

Screenshot des Erklärvideos „Teilung des Römischen Reichs", YouTube-Kanal „MrWissen2Go Geschichte".

M 2

In einem Interview äußerte sich Mirko Drotschmann 2020 selbst über Chancen und Probleme von Geschichtsvideos im Internet:

Große Probleme sehe ich tatsächlich in der Qualitätssicherung. Der große Vorteil bei YouTube ist, dass jeder dort Inhalte veröffentlichen kann. Aber das ist gleichzeitig auch ein großer Nachteil. Denn, wer es nur einigermaßen geschickt anstellt, eine gute Rhetorik hat und einigermaßen ein Schnittprogramm beherrscht, der kann leicht große Massen täuschen, indem er bewusst manipulierende Inhalte bei YouTube veröffentlicht. Es fehlt das Korrektiv [= Personen, die etwas korrigieren], das man in traditionellen Redaktionen hat. Es fehlen prüfende Blicke, bevor etwas veröffentlicht wird, und vor allem fehlt eine kritische Einordnung. Die kann man als Zuschauer selbst vornehmen und dann auch kommentieren, aber viele machen das eben nicht. So lassen sich Menschen auch immer wieder täuschen, und das finde ich problematisch ...

Tatsächlich ist es vor allem die Kürze, die Herausforderungen mit sich bringt. Es wäre kein Problem, 30 bis 60 Minuten lange Videos zu veröffentlichen, da könnte man sich wunderbar ausbreiten. Aber das würden sich die wenigsten anschauen. Komplexe Sachverhalte in kürzester Zeit darzustellen, das ist eine große Herausforderung ... Meine Skripte sind, ehe ich sie aufnehme, meistens doppelt so lang, wie sie sein sollten, und dann geht es ans Kürzen. Da muss man dann immer aufpassen, dass es dadurch nicht falsch wird ... [es gibt] jede Menge Kommentare, die in eine höchst problematische Richtung gehen ... Das, was gegen unsere Gesetze verstößt, das muss natürlich gelöscht werden, das ist klar. Das, was nicht gegen die Gesetze verstößt, das aber trotzdem problematisch ist, bedarf einer Einordnung im Sinne einer Gegenrede, einer Richtigstellung. Es gibt tatsächlich auch immer wieder Kräfte, die versuchen, vor allem junge Menschen bewusst zu manipulieren durch das, was sie in den Kommentaren schreiben. Meine Hauptreaktion ist dann eben die Gegenrede: Ich versuche, Dinge klarzustellen und vor allen Dingen versuche ich auch immer wieder, etwas aufzugreifen und dann ein Video darüber zu machen ...

*https://www.haus-des-erinnerns-mainz.de/index.php/projekte-ausstellungen/projekte/das-hde-im-gespraech-mit/im-gespraech-mit-mirko-drotschmann/ (Stand: 29.10.2021).***

Arbeitsschritte „Ein Erklärvideo analysieren“

Beschreibung	Sprachliche Formulierungshilfen
1. Wie lautet der Titel des YouTube-Videos?	• …
2. Wer produzierte das Video/gab es in Auftrag?	• *Das Video wurde von … produziert.*
3. Auf welchem Kanal wurde es wann veröffentlicht?	• *Es wurde auf dem YouTube-Kanal …*
4. An welche Zielgruppe richtet es sich? Welche (politische) Intention hat es?	• *Es richtet sich an Jugendliche und junge Erwachsene, aber auch an andere an Geschichte Interessierte …*
Analyse der Form	
5. Wie ist das Video gestaltet (Abfolge und Einsatz von Vortrag, Filmen, Interviews, Bildern, Grafiken, Animationen, Musik- und Toneffekten …)?	• …
6. Wie sind Einführung und Schluss gestaltet?	• *Am Anfang führt der Moderator … Zum Schluss …*
7. Gibt es einen Presenter? Wie tritt dieser auf?	• *Mirko Drotschmann erklärt das Thema nüchtern-sachlich. Er spricht das Publikum direkt an …*
8. Welches Sprachniveau wird gewählt (Umgangssprache, Fachbegriffe …)? Werden sprachliche Erklärungen vorgenommen?	• *Der Moderator nutzt Standardsprache mit teils umgangssprachlichen Elementen, um … Gleichzeitig werden Fachbegriffe genutzt … Metaphern wie … sollen …*
Analyse des Inhaltes	
9. Wird das Thema ausgewogen beleuchtet? Folgt die Darstellung der Chronologie?	• *Daten, Fakten und Namen werden …*
10. Werden Vorkenntnisse vorausgesetzt? Werden Zusammenhänge genau erklärt?	• *Es wird …*
11. Werden unterschiedliche Perspektiven und Handlungsoptionen sowie vielfältige Entstehungsfaktoren differenziert aufgezeigt?	• …
Beurteilung	
12. Werden die Inhalte sachgerecht und seriös dargestellt? Sind sie gehaltvoll und relevant?	• …
13. Wird sichtbar, dass es sich nur um eine mögliche Erzählung von Geschichte handelt?	• …

1 **a)** Arbeite die Schwierigkeiten heraus, die Mirko Drotschmann bezüglich der Produktion und Veröffentlichung von Geschichtsvideos benennt (M2).
b) Ergänze weitere Aspekte, die deiner Meinung nach problematisch sein könnten.

2 Analysiere das Video „Teilung des Römischen Reichs“ von „MrWissen2Go“ (M1) mithilfe der Arbeitsschritte und des Webcodes.

3 Diskutiere Vor- und Nachteile von Erklärvideos im Unterschied zu Geschichtsunterricht in der Schule.

cornelsen.de/webcodes
Code: xinopo
Kopiervorlage Methodentabelle

1000 v. Chr. | 900 v. Chr. | 800 v. Chr. | 700 v. Chr. | 600 v. Chr. | 500 v. Chr. | 400 v. Chr. | 300 v. Chr.

ROM

1000 v. Chr. Sabiner und Latiner siedeln auf dem späteren Gebiet der Stadt Rom

753 v. Chr. Gründung der Stadt Rom der Sage nach

510–27 v. Chr. Zeitalter der römischen Republik

um 494–287 v. Chr. Ständekämpfe zwischen Plebejern und Patriziern

551 v. Chr. bis 479 v. Chr. Lebenszeit des Konfuzius, auf den die Philosophie des Konfuzianismus zurückgeht, die China noch heute prägt

CHINA

1600 v. Chr. Entstehung von Fürstentümern und kleineren Königreichen, die chinesische Schrift entsteht

400 v. Chr. Baubeginn der Chinesischen Mauer

Das Römische Reich

Die Frühzeit Roms

Die Sage zur Entstehung Roms legt die Gründung der Stadt auf das Jahr 753 v. Chr. fest. Archäologen haben herausgefunden, dass es auf dem Gebiet der späteren Stadt Rom bereits um 1000 v. Chr. erste Siedlungen gab. Später wanderten die Etrusker an den Fluss Tiber, errichteten dort eine Königsherrschaft und bauten das Dorf zur Stadt aus.

Mit der Vertreibung des letzten etruskischen Königs wurde Rom um 510 v. Chr. eine Republik, die von adligen Patrizierfamilien regiert wurde. Fast alle Römer der Frühzeit waren Bauern, die sparsam lebten und jeden Luxus ablehnten. Die Plebejer konnten in den Ständekämpfen (ca. 494–287 v. Chr.) politische Mitspracherechte erringen. Da die Patrizier zahlreiche Kriege führten, waren sie auf die Plebejer als Soldaten angewiesen.

Ausbreitung im Mittelmeerraum

Rom gewann durch zahlreiche Kriege die Vorherrschaft in Italien bis zum Fluss Po im Norden. Die Kriege gegen die Nachbarn und die Ständekämpfe veränderten die altrömische Gesellschaft. Es entstand eine neue Oberschicht aus patrizischen und reichen plebejischen Familien. Diese Familien bestimmten über den Senat, die Entscheidungen der Magistrate und der Volksversammlungen.

Durch die drei Kriege gegen Karthago erlangten die Römer im 3. und 2. Jahrhundert v. Chr. die Herrschaft über das westliche Mittelmeer. Die Insel Sizilien wurde zur ersten Provinz des Römischen Reichs. Während des 1. Jahrhunderts v. Chr. dehnte Rom seine Herrschaft auch über den östlichen Mittelmeerraum aus (Expansion) und brachte reiche Gebiete wie Ägypten unter seine Kontrolle.

Krise und Ende der römischen Republik

Der Aufstieg Roms zur Weltmacht hatte tiefgreifende Folgen für die römische Gesellschaft. Die langen Kriege machten die römischen Kleinbauern zu landlosen Bettlern und Tagelöhnern. Die Oberschicht wurde durch Beute und Abgaben aus den eroberten Gebieten immer reicher. Durch die Eroberungen strömten Hunderttausende Kriegsgefangene als Versklavte nach Italien. Dort wurden sie von Großgrundbesitzern als billige Arbeitskräfte auf ihren Landgütern eingesetzt. Versklavte verdrängten die Tagelöhner, die nun in die Städte abwanderten und dort die neue Unterschicht (plebs) bildeten. Weil die Zahl der Kleinbauern abnahm, fehlten Soldaten. Die militärische Stärke Roms sank.

Mehrere Politiker versuchten, die Krise zu lösen: der Reformer Tiberius Gracchus, der Heerführer Marius und der Diktator Caesar. Die politische Führungsschicht Roms spaltete sich in die zwei Lager der Popularen aufseiten der Volksversammlung und der Volkstribunen sowie in die Partei der Optimaten, die den Senat stützten und alle Reformen ablehnten. Bürgerkriege und Misswirtschaft erschütterten das Land.

200 v. Chr.	100 v. Chr.	Christi Geburt	100 n. Chr.	200 n. Chr.	300 n. Chr.	400 n. Chr.	500 n. Chr.

264–146 v. Chr. Kriege gegen Kathargo und Expansion des Römischen Reichs im Mittelmeerraum

133–27 v. Chr. Krise der römischen Republik, beginnt mit den Reformen der Gracchen

44 v. Chr. Caesar wird ermordet

27 v. Chr.–14 n. Chr. Prinzipat unter Augustus und Beginn der römischen Kaiserzeit

1. u. 2. Jh. n. Chr. Kriege zwischen Römern und Juden

3. Jh. n. Chr. Krise des Römischen Reichs

221 v. Chr. Gründung des chinesischen Kaiserreichs durch Kaiser Qin Shi Huang-di

206 v. Chr.–220 n. Chr. Herrschaft der Han-Dynastie

138 v. Chr. Verabschiedung einer Expeditions-Karawane in Richtung Rom

391 Christentum wird Staatsreligion

476 Ende des Weströmischen Reichs

Unter dem Vorwurf, Caesar strebe eine Monarchie an, wurde er 44. v. Chr. von Senatoren ermordet. Die Nachfolge trat sein Adoptivsohn Octavian an, der spätere Kaiser Augustus.

Die römische Kaiserzeit

Unter Augustus nahm die Zeit der römischen Kaiser ihren Anfang. Mit ihm begann auch eine Friedenszeit von fast 200 Jahren, die „Pax Romana". In dieser Zeit entstand ein zusammenhängendes Reich mit 40 Provinzen. Die Kaiser regierten das Reich mit seinen zahlreichen Völkern und Sprachen von der Millionenstadt Rom aus. Ziel war es, den Frieden nach innen und nach außen zu sichern. Nichtrömische Bürger und Versklavte konnten ihren Status im Laufe der Zeit verbessern, z. B. durch Dienst in der Armee oder Freilassung aus der Versklavung. Die Sicherung der Reichsgrenzen lag in den Händen eines großen Berufsheeres. Durch Grenzlegionen und den Bau zahlreicher Provinzstädte fanden römische Rechtsauffassungen, die lateinische Sprache, römische Lebensart und Technik im gesamten Reich Verbreitung. Dieser Prozess der Romanisierung gilt vor allem für den westlichen Teil des Reichs; im östlichen Mittelmeerraum blieben die griechische Sprache und Lebensart erhalten.

Im Fernen Osten existierte gleichzeitig mit dem Römischen Reich eine zweite antike Weltmacht: das chinesische Kaiserreich.

Ab dem 3. Jahrhundert geriet das Römische Reich durch Bedrohungen von außen in eine Krise. Zur Finanzierung des Heeres wurden die Steuern und Abgaben immer weiter erhöht. Das Wirtschaftsleben erlahmte. Im Jahr 395 zerbrach das Römische Reich in eine westliche Hälfte, in der Lateinisch gesprochen wurde, und in eine griechisch bestimmte östliche Hälfte.

Rom und China – ein Vergleich beider Großreiche

Der Vergleich beider Reiche zeigt eine Reihe von Ähnlichkeiten bei der Fläche und der Einwohnerzahl. Das chinesische Straßennetz war fast doppelt so groß wie das römische. Im Römerreich gab es mehr Großstädte als in China. Die Hauptstädte Rom und Chang'an bildeten den wirtschaftlichen Mittelpunkt des Reichs. Gegen die Angriffe fremder Völker schützten sich beide Reiche durch befestigte Grenzen – die „Großen Mauern" in China und mehrere Limes-Bauten im Römischen Reich. In China waren die landwirtschaftlichen Techniken und die Verarbeitung von Metallen fortschrittlicher als in Rom. Beide Reiche wurden von Gottkaisern regiert. Ab dem 3. Jahrhundert litten beide Reiche unter den Angriffen und dem Eindringen fremder Völker. Fast zeitgleich verbreiteten sich im Römischen und im Chinesischen Reich neue Religionen: in Rom das Christentum und in China der Buddhismus.

1 Gestalte Begriffskarten zu zentralen Begriffen des Kapitels. Nutze dazu S. 125 und den Webcode.

cornelsen.de/webcodes
Code: devaco
Vorlage Begriffskarte

Im Kapitel konntest du folgendes Fachwissen und folgende Kompetenzen erwerben:

- die Entstehung Roms im Gründungsmythos wiedergeben und die Expansion vom Dorf zum Großreich beschreiben
- den Aufbau der römischen Republik erläutern
- den Wandel der politischen Herrschaft von der Republik zum Kaiserreich analysieren
- die Lebensverhältnisse von Versklavten im Römischen Reich beurteilen
- die Folgen der Romanisierung der eroberten Gebiete erklären und ihre Nachwirkungen beurteilen
- die Entwicklung von Judentum und Christentum im Römischen Reich beschreiben
- die Hauptgründe für den Zerfall des Römischen Reichs erläutern
- **Medien und Methoden:** Schaubilder verstehen
- **Medien und Methoden:** Schriftliche Quellen vergleichen
- **Medien und Methoden:** Eine Exkursion zu einem außerschulischen Lernort durchführen
- **Medien und Methoden:** Ein Erklärvideo analysieren

M 1

Das Leben auf einem römischen Landgut. Modell, Limesmuseum Aalen, undatiert.

M 2

Terrakotta-Armee aus der Grabanlage des ersten Kaisers Qin Shi Huang-di, 3. Jh. v. Chr. Die Anlage mit über 7000 lebensgroßen Tonfiguren wurde erst teilweise ausgegraben. Im Grab sollen sich neben Edelsteinen auch Modelle von Palästen und Nachbildungen der großen Flüsse Chinas aus Quecksilber befinden.

M 3

Sprachenmix:

Auf einer strata nähert sich ein germanischer Händler auf seinem carrus dem römischen Gutshof. Seine Waren hat er sorgfältig verpackt in cista, saccus und corbis. Umgeben war der Gutshof von einer murus. Durch die geöffnete porta gelangte er in den Innenhof. Jetzt stand er vor der villa, die mit roten tegulae gedeckt war. In der villa gab es eine camera und ein geheiztes Zimmer. An der Wand hing ein speculum. Jedes Zimmer hatte ein großes fenestra. Im cellarium befand sich die riesige pressa, mit deren Hilfe vinum und mustum hergestellt wurden. Für seine Waren, Felle und Bernstein, erhielt der germanische Händler Obst und Gemüse wie prunum, persicum und radix; außerdem oleum, vinum und den guten caseus. Einige Waren ließ er sich auch in römischer moneta bezahlen.

Verfassertext

M 4

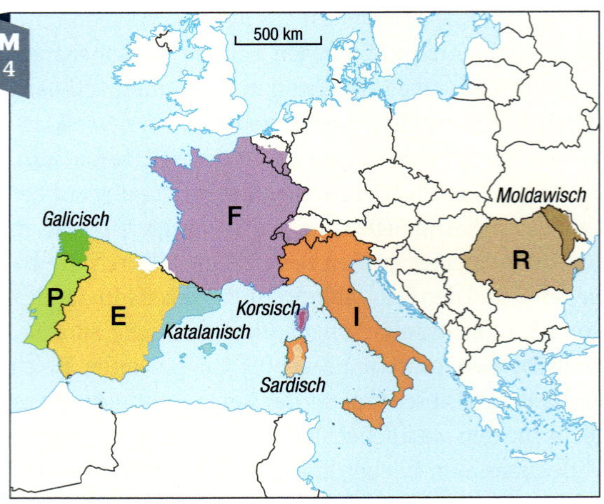

Wer spricht heute noch eine lateinische (= romanische) Sprache?

M 5 *„Asterix als Legionär" –*
Diente die Berufsarmee der Römer zur Romanisierung der „Fremden"?

M 6

Der Grieche Strabo (63 v. Chr.–20 n. Chr.) berichtet über das Leben in Rom:

Während die Griechen es bei der Gründung von Städten besonders auf Schönheit, Festigkeit, Häfen und fruchtbares Land abgesehen hatten, ... achteten die Römer vor allem auf das, worum sich jene wenig kümmerten: Pflasterung der Straßen, Zuführung von Wasser, unterirdische Kanäle, die dazu geeignet sind, den Unrat der Stadt in den Tiber zu spülen ... Rom besitzt zahlreiche herrliche Bauwerke. Viele davon stehen auf dem Marsfeld[1]. Allein die Größe des Feldes fordert Bewunderung heraus. Dieser Platz ist so groß, dass Wagenrennen und Pferdesport betrieben werden können, während sich gleichzeitig eine gewaltige Menge an Menschen im Ball- und Reifenspiel und im Ringen üben kann. Ferner gibt es viele Theater, breite Straßen, prächtige Tempel, herrliche Wohngebäude und Paläste. Kommt man auf den alten Markt und sieht die prächtigen Bauten, die Tempel, Säulengänge und Wohngebäude, dann kann man leicht alles vergessen, was es sonst so gibt. So schön ist Rom ...

*Strabon, 5, 3, S. 8 ff. Zit. nach Walter Arend, Geschichte in Quellen, Bd. 1, 2. Aufl., München (bsv) 1975, S. 594 f. Übers. v. Albert Forbiger.***

[1] *Lag ursprünglich vor den Toren der Stadt und grenzte an das Kapitol. Es wurde seit dem 1. Jh. v. Chr. von den Römern bebaut.*

Sachkompetenz

1 a) Lies M3 und liste die deutschen Entsprechungen für die lateinischen Begriffe auf.
b) Erkläre, was das Beispiel über die Entwicklung der deutschen Sprache aussagt.

2 Beschreibe M4 und erkläre, was das Material über Verknüpfungen von Vergangenheit und Gegenwart aussagt.

3 Erkläre den Begriff „Romanisierung" anhand von M4.

4 Erstellt in Kleingruppen ein Quiz zur römischen Geschichte. Jede Gruppe konzentriert sich dabei auf ein (oder zwei) Kapitel und entwickelt dazu Fragen (Vorderseite) sowie Antworten (Rückseite) auf Karteikarten. Sammelt im Anschluss die Karten aller Gruppen und spielt das Quiz.

Methodenkompetenz

5 Entscheide, ob es sich bei M1 bis M6 um Quellen oder Darstellungen handelt. Begründe deine Entscheidung.

6 Stelle M6 vor und fasse den Inhalt in eigenen Worten zusammen.

Urteilskompetenz

7 Beurteile, inwiefern Strabo (M6) das Leben in der Stadt Rom realistisch/korrekt darstellt.

8 Beurteile die Korrektheit der Darstellung der Legionäre in M5.

9 Beurteile die Expansion des Römischen Reichs aus verschiedenen Perspektiven. Überlege, inwiefern die genannten Personengruppen von der Expansion profitiert haben oder eher unter ihr gelitten haben: römischer Legionär, Senator, römischer Bauer, versklavter Mensch ...

cornelsen.de/webcodes
Code: razawe
Selbsteinschätzungsbogen

Kapitel 1:

→ S. 16/17

1 Erforsche die Biografie eines Familienangehörigen, zum Beispiel deiner Großmutter.
a) Sammle möglichst viele Quellen zu der Person. Ordne nach Quellenarten und untersuche mithilfe der Fragen auf S. 16.
b) Lege einen Zeitstrahl mit den wichtigsten biografischen Daten und historischen Ereignissen der jeweiligen Zeit an.
c) Gestalte ein Plakat mit deinen Materialien und Ergebnissen und präsentiere es in der Klasse.

Kapitel 5:

→ S. 98/99

1 Erkläre, warum es im antiken Griechenland nicht zur Gründung eines gemeinsamen Staates für alle kam. Nutze dazu die Informationen aus dem Darstellungstext und die Karte M1 auf S. 96.

→ S. 100/101

1 Beurteile mithilfe des Begriffskastens und M2 auf S. 100/101, welche Bedeutung ein Orakelspruch für die Menschen des antiken Griechenland hatte.

→ S. 104/105

1 Erkläre, was Xenophanes am Glauben der Griechen kritisiert (M1).

2 Informiere dich über einen Mythos genauer und stelle ihn deiner Klasse vor.

M1

Der griechische Dichter Xenophanes (570–475 v. Chr.) über den Götterglauben der Griechen:
Aber die Menschen meinen, Götter würden geboren, und hätten Kleidung, Stimme und Körper wie sie selbst. Doch wenn Ochsen oder Löwen Hände hätten, so dass sie mit den Händen malen und Bildwerke herstellen könnten wie eben Menschen, dann würden Pferde pferdeähnlich und Ochsen ochsenähnlich die Gestalten der Götter malen und solche Körper bilden, wie sie jeweils gerade selbst die Gestalt hätten.

Xenophanes, Fragmente und Werk. Zit. nach M. Laura Gemelli Marciano (Hg.), Die Vorsokratiker I, Regensburg (Artemis & Winkler) 2007 (= Sammlung Tusculum), S. 249.

→ S. 107

1 Beurteile, ob die Olympischen Spiele damals wie heute zum friedlichen Zusammenleben der Menschen beitrugen und beitragen.

→ S. 108/109

1 **Partnerarbeit:** Schreibt einen Dialog zwischen einem Bauern und einem Adligen, die sich über die Reformen Solons und Kleisthenes' unterhalten. Macht dabei beide Standpunkte deutlich.

→ S. 110/111

1 Informiere dich über die wesentlichen Elemente unserer heutigen Demokratie und vergleiche sie mit der athenischen. Wo liegen Gemeinsamkeiten und Unterschiede?

→ S. 114/115

1 Einige Zeitgenossen waren der Meinung, wichtige Entscheidungen sollten nicht vom ganzen Volk, sondern nur von hochstehenden Männern getroffen werden.
a) Stelle Vermutungen an, welche Gründe damals dafür genannt worden sein könnten.
b) Übertragen wir diese Meinung einmal auf eine heutige Situation: Eure Schülersprecherin oder euer Schülersprecher schlägt vor, dass nur Schülerinnen und Schüler mit besonders guten Zeugnissen Klassensprecherin oder Klassensprecher werden und in der Schülervertretung mitentscheiden dürfen. Nimm Stellung zu diesem Vorschlag.

2 Der griechische Geschichtsschreiber Herodot urteilte nach seiner Reise durch Ägypten, wo er Frauen Handel treiben und Männer zu Hause weben gesehen hatte, die Welt stehe auf dem Kopf. Erkläre, was er damit möglicherweise meinte.

→ S. 118/119

1 Erkläre, wie die Erziehung die Spartaner auf ihr Leben als Bürger Spartas vorbereitete.

2 Finde heraus, was das Wort „spartanisch“ heute bedeutet.

3 Vergleiche das Leben in Sparta mit dem in Athen. Wo liegen Gemeinsamkeiten und Unterschiede?

→ S. 120/121

1 Vergleiche das griechische Theater mit dem heutigen Theater. Was ist gleich geblieben, was hat sich verändert? Lege eine Tabelle an:

Griechisches Theater	*Heutiges Theater*

2 Nimm Stellung zu den Aussagen in M1.

M1

Von der Religion zur Politik
Waren die Theateraufführungen zu Beginn noch Ehrungen des Gottes Dionysos, so entwickelten sie sich im Laufe der Zeit immer mehr auch zu Vermittlern politischer und moralischer Botschaften. Die junge Demokratie wurde zum Inhalt mehrerer Stücke und auch das gute und schlechte Handeln von Menschen in unterschiedlichen Lebenslagen wurde zum Thema gemacht. Damit sollten die Zuschauer nicht nur unterhalten, sondern auch gebildet werden. Zu diesem Zweck wurden die Schauspieler und Aufführungen auch aus der Staatskasse bezahlt.
Verfassertext

Kapitel 6:

→ S. 130/131

1 **Partnerarbeit:** In M2 bis M4 sind „Spuren“ des Römischen Reichs abgebildet:
a) Entscheidet, ob es sich bei den „Spuren“ um Quellen oder Darstellungen handelt.
b) Beschreibt die Bilder.
c) Sammelt, was euch die Bilder über das Römische Reich und die Zeit der Römer verraten.
d) Erzählt euch gegenseitig, ob und wenn ja wo ihr schon selbst einmal auf Spuren Roms gestoßen seid.

→ S. 134/135

1 **Wähle eine Aufgabe aus:**
a) Stell dir vor, du bist ein Plebejer in Rom. Gerade erfährst du davon, dass Gesetze die die Rechte der Plebejer benennen, schriftlich auf zwölf Tafeln festgehalten wurden. Eine wichtige Neuerung für dich – und für alle Plebejer! Da es dich persönlich betrifft, hast du so viel wie möglich über den Inhalt der Gesetze herausgefunden und berichtest nun einem Freund von den Neuerungen. Gehe auf den Inhalt und auf die Bedeutung der Gesetze ein. Schreibe den Dialog in dein Heft. Nutze auch den **Wortschatz**.
b) Verfasse einen Artikel für ein Schülerlexikon, indem du über die Folgen des Zwölftafelgesetzes berichtest (Darstellungstext, M4). **Tipp** → S. 191.

→ S. 136/137

1 Überprüfe anhand des Schaubildes M2 und des Darstellungstextes folgende Aussagen. Schreibe sie richtig auf und erläutere sie:
a) Der Senat ist den Magistraten unterstellt.
b) Ein Diktator wird von den Magistraten ernannt und übt sein Amt höchstens ein Jahr lang aus.
c) In der Volksversammlung haben alle das gleiche Stimmrecht.

2 **Wähle eine Aufgabe aus:**
Auf den vorangehenden Seiten hast du den Aufbau und die Verfassung der römischen Republik kennengelernt. Nun kannst du die Frage, ob die Republik tatsächlich eine Angelegenheit für alle war, beantworten.
a) Formuliere einen Text, indem du die Frage beantwortest.
b) **Partnerarbeit:** Formuliere mit einem Partner ein Streitgespräch zwischen einem Patrizier und einem Plebejer, in dem es um die Verteilung der politischen Rechte in Rom geht. Schreibt euren Dialog auf und führt ihn dann in der Klasse auf.

→ S. 140/141

1 **Wähle eine Aufgabe aus:**
a) Verfasse aus der Sicht eines Galliers einen Tagebucheintrag, in dem du beschreibst, wie die Römer mit den Bewohnern der besiegten Gebiete umgingen.
Nutze den **Wortschatz**.
b) Entwickle gemeinsam mit einem Partner ein Streitgespräch zwischen zwei Römern, von denen einer gegen die Vergabe des Bürgerrechts an besiegte Feinde ist, während der andere dafür ist. Arbeite mit einem Partner und führt dann euer Streitgespräch in der Klasse auf.
Nutze den **Wortschatz**.

→ S. 142/143

1 Erkläre, welche Folgen es für die Republik haben konnte, wenn Feldherren zu mächtig und einflussreich wurden (Darstellungstext).

2 Beurteile, welche Gesellschafts- und Berufsgruppen von der Ausdehnung des Reichs am meisten profitierten und wer Nachteile davon hatte.

→ S. 144/145

1 Nun hast du einiges über Caesar erfahren, so dass du die Ausgangsfrage dieses Kapitels beantworten kannst: Beurteile, inwiefern Caesar Retter der Republik oder neuer König war.

→ S. 150/151

1 **Wähle eine Aufgabe aus:**
a) Gestalte den Dialog der beiden Jugendlichen in M3 über Vor- und Nachteile der römischen „familia". Gehe in deinem Dialog auch auf die Frage ein, inwiefern die römiche „familia" der heutigen „Familie" entspricht.
b) Beurteile, inwiefern die römische „familia" gleichzusetzen ist mit der heutigen „Familie".

→ S. 152/153

1 Lies die Grabrede eines Römers (M1) auf seine verstorbene Ehefrau und nenne die positiven Eigenschaften der Verstorbenen, die der Redner beschreibt. Beurteile, inwiefern die Rede für einen Historiker interessant sein könnte.

M1

Aus der Grabrede eines unbekannten Mannes für seine Ehefrau (1. Jh. v. Chr.):
Ehen von so langer Dauer, die durch den Tod beendet, nicht durch Scheidung getrennt werden, sind selten. Ward es uns doch beschieden, dass unsere Ehe ohne jede Trübung bis zum 41. Jahr fortdauerte ... Was soll ich deine häuslichen Tugenden preisen, deine Keuschheit, deine Folgsamkeit, dein freundliches und umgängliches Wesen, deine Beständigkeit in häuslichen Arbeiten, deine Frömmigkeit, frei von allem Aberglauben, deine Bescheidenheit im Schmuck, die Einfachheit im Auftreten? Wozu soll ich reden von der Zuneigung zu den Deinen, deiner liebevollen Gesinnung gegenüber der ganzen Familie? ... Wir haben uns so die Pflichten geteilt, dass ich die Betreuung deines Vermögens übernahm und du über dem meinen wachtest ... Als ich vor politischer Verfolgung fliehen musste, warst du es, die mir mit Hilfe deines Schmuckes die meisten Mittel dazu verschaffte.

Laudatio Turiae, CIL VII 1527. Zit. nach Marcel Durry (Hg.), Éloge funèbre d'une matrone Romaine, Paris (Les Belles Lettres) 1950. Übers. v. Walter Walter Arend. Aus Geschichte in Quellen: Altertum, München: bsv 1989, S. 593.

→ S. 160/161

1 **Wähle eine Aufgabe aus:**
a) Nenne mithilfe von M1 die wichtigsten Handelswaren und liste ihre Herkunftsländer auf.
b) Stell dir vor, du bist ein römischer Händler, der eine Ware deiner Wahl (siehe M1) von einem Ort deiner Wahl nach Köln transportieren will. Beschreibe, wie und auf welchen Wegen die Ware bis nach Köln gelangt sein könnte.

→ S. 162/163

1 Verbinde die folgenden Sätze zu einem Satz. Teilweise musst du den Satzbau leicht verändern, nicht jedoch die Aussage der Sätze. Wähle jeweils eines von den hier angegebenen Wörtern aus, um die beiden Sätze miteinander zu verknüpfen: *obwohl – dennoch – während – nachdem*. Schreibe die verbundenen Sätze in dein Heft.
a) Römische Geschichtsschreiber stellten die Germanen als einheitliche Gruppe dar. / Die neuere Forschung belegt, dass die Vorstellung von Germanen als Volk veraltet ist.
b) Römische Truppen überquerten in der Zeit des Augustus mehrmals den Rhein. / Es gelang den Römern nicht, das Gebiet rechts des Rheins zu einer römischen Provinz zu machen.
c) Germanische Gruppen lebten in der Regel in einfachen Häusern aus Holz und Lehm. / In Rom lebten viele Menschen in großen Häusern aus Stein.
d) Die Expeditionen römischer Truppen ins unbesetzte Germanien führten nicht zur dauerhaften Unterwerfung des Gebietes und der dort lebenden Menschen. / Zur Grenzsicherung bauten die Römer den Limes.

→ S. 168/169

1 Auch in anderen Teilen des Römischen Reiches mussten die Römer Grenzbefestigungen errichten, um Feinde abzuwehren – so zum Beispiel in der Provinz Britannien, wo die Römer den sogenannten Hadrianswall bauten. Recherchiere im Internet nach Informationen zum Hadrianswall und fertige dazu ein Plakat an.

2 Erläutere das Phänomen der Romanisierung anhand unterschiedlicher Beispiele:
a) Sprache
b) Lebensmittel
c) Architektur

3 Weise nach, dass es auch heute noch Beispiele dafür gibt, dass verschiedene Kulturen einander beeinflussen, indem z. B. eine Kultur Aspekte einer anderen Kultur übernimmt.

→ S. 170/171

1 Finde in M1 Hinweise, wie die Chinesen sich das Römische Reich vorstellten. Stelle Vermutungen an, warum es nicht zu direkten diplomatischen Kontakten zwischen Rom und China kam.

M 1

Rom aus chinesischer Sicht – der Bericht einer chinesischen Chronik (5. Jh. n. Chr.):
Das Reich Dà Qin[1] hat über 400 Städte, die von Mauern aus Stein umgeben sind. An den gepflasterten Straßen finden sich Poststationen. Pinien und Zypressen sind die vorherrschenden Bäume. Die Römer widmen sich hauptsächlich der Landwirtschaft. Sie rasieren ihre Köpfe kahl und tragen gewebte Kleider. Ihr König fährt auf einem kleinen Wagen mit weißem Stoffschirm und besitzt fünf Paläste in der Hauptstadt. Die Säulen in den Räumen des Palastes sind aus Kristallglas, genau wie das Geschirr zum Essen. Jeden Tag hält der König in einem seiner Paläste Gericht ... In jedem Palast arbeiten viele Beamte und führen ein geschriebenes Archiv ...
Die Menschen des Landes sind alle sehr groß und normal gebildet. Sie ähneln den Chinesen, darum nennen wir sie Dà Qin (TaCh'in = große Chinesen). Dà Qin treibt über See Handel mit Parthien und Indien, die Gewinne sind sehr hoch. Die Menschen aus Dà Qin sind ehrlich und offen ... Getreide und Nahrungsmittel sind immer billig ... Sie prägen Münzen aus Gold und Silber, wobei zehn Silbermünzen den Wert einer Goldmünze haben... Der König dieses Landes wollte immer mit den HanKaisern diplomatische Beziehungen aufbauen. Aber die Parther hinderten die Römer daran, weil sie den Seidenhandel allein kontrollieren wollten ... Schließlich schickte der Kaiser AnTun[2] eine Gesandtschaft, die im neunten Jahr der Regierung von Kaiser Huan [166 n. Chr.] die Grenze bei Vietnam erreichte. Die Römer brachten als Geschenke Stoßzähne von Ele fanten, Hörner des Rhinozeros und Schildplatt mit ... Dà Qin ist dicht bevölkert. Alle zehn Li[3] gibt es eine Raststätte an den Straßen und alle 30 Li eine Wechselstation für Pferde.

Hou Han Shou 88. Zit. nach Donald D. Leslie/Kenneth H. J. Gardiner (Hg.), The Roman Empire in Chinese Sources, Studi Orientali XV, Rom (Bardi) 1996, S. 47–52. Übers. v. Verf.

[1] Großes Reich = Rom
[2] Kaiser Marcus Aurelius Antonius
[3] 5 km

→ S. 172/173

1 Der britische Historiker R. L. Fox sieht in den jüdisch-römischen Kriegen die „extremste Form der Romanisierung".
a) Wiederhole von S. 169 die Bedeutung des Begriffs Romanisierung.
b) Beurteile die Korrektheit der Aussage des Historikers: Finde mindestens ein Argument dafür und eines dagegen. dagegen. Formuliere zum Abschluss ein abschließendes Urteil.

→ S. 174/175

1 Recherchiere im Internet zu einer der christlichen Kirchen in Armenien, Äthiopien oder Ägypten („Kopten“). Stelle deine Ergebnisse in der Klasse vor.

→ S. 176/177

1 Schreibe mithilfe der folgenden Sätze einen eigenen zusammenfassenden Text zur Entwicklung, die im darstellenden Text geschildert wird:
- Auf die Bedrohungen von außen reagierten die römischen Kaiser, indem …
- Als diese Maßnahmen nicht mehr ausreichten, …
- Die … germanischer Gruppen bedrohten weiter die Grenzen des Römischen Reiches.
- Germanische Stämme drangen in das Römische Reich ein, weil …
- Eine Folge des Eindringens der Westgoten war …
- Das Ende des Weströmischen Reichs …

Nutze den **Wortschatz**.

Kapitel 1:

→ **S. 17, Aufgabe 1:** Es sind bei einigen Quellen auch Zuordnungen zu zwei Quellenarten möglich.

→ **S. 23, Aufgabe 2c):** Du kannst solche aus dem Zeitstrahl M1 übernehmen, aber natürlich auch andere hinzufügen. Bei der Auswahl können dir deine Eltern und Großeltern helfen.

Kapitel 2:

→ **S. 37, Aufgabe 3:** Lege dazu eine Tabelle an.

Vor-mensch	*Früh-mensch*	*Ur-mensch*	*Nean-dertaler*	*Jetztzeit-mensch*

→ **S. 44, Aufgabe 1:** Erstelle dazu eine Tabelle:

Gerät	*Funktion*
...	...

→ **S. 47, Aufgabe 3b):** In welchen Ländern Europas trieben die Kelten Handel?

Kapitel 3:

→ **S. 62, Aufgabe 2:** Zeichne den Menschen im seitlichen Profil, so wie es die alten Ägypter getan haben (Blick und Nase zur Seite, Auge vorne).

→ **S. 62, Aufgabe 5:** Achte auf die Arbeitsbedingungen, den Lohn und die Forderung des Arbeiters.

→ **S. 71, Aufgabe 5a):** Folgende Formulierungshilfen kannst du für deine Stellenausschreibung verwenden: *„Gesucht wird ein Beamter, der ...“ „Beamter zu sein, bedeutet ...“ „... sind Aufgaben, die ein Beamter erledigen muss.“ „Voraussetzung für die Einstellung als Schreiber ist ...“ „Wichtig ist, dass ...“ „Folgende Eigenschaften sollte ein Beamter mitbringen: ...“ „Als Privilegien (Vorteile) eines Beamten erwarten Sie ...“*

→ **S. 73, Aufgabe 2b):** Lege eine Tabelle an, in der du deine Ergebnisse zu a) und b) notierst.

Bild M1	*Herodot M2*
...	...

Kapitel 5:

→ **S. 100/101, Aufgabe 2a):**

Ort	*Ereignisse/Lebensumstände*
Delphi	*Orakel: Ansiedlung in Libyen*
Thera	*Hungersnot ...*

→ **S. 103, Aufgabe 2:** Bei antiken Seefahrten wurde meist die Nähe zur Küste gesucht.

→ **S. 103, Aufgabe 3:** Beachte, an welchem Meer Olbia liegt.

→ **S. 105, Aufgabe 1:**

Gottheit (Nr.)	*Kennzeichen / Merkmal*	*Aufgabe und Rolle in der Familie*
1	...	...
...	...	...

→ **S. 105, Aufgabe 4:** Wenn du die Geschichten nicht kennst, recherchiere im Internet oder lass dir von jemandem in der Klasse helfen.

→ **S. 109, Aufgabe 6:** Hatten die Bürger Athens mehr Mitspracherecht erhalten?

→ **S. 111, Aufgabe 1:** Verwende dabei die Wörter Gesetz, Chancen, Herkunft, (un)abhängig, Gleichheit, Tagegeld, Fähigkeiten, Anerkennung.

→ **S. 111, Aufgabe 2:** An den gekennzeichneten Stellen (...) musst du die Ämter und deren Aufgaben eintragen. In die blauen Kasten musst du deren Beziehungen untereinander eintragen. Verwende dazu folgende Begriffe: lost, kontrolliert.

→ **S. 114, Aufgabe 1 (Phase 2):** Übertragt die Tabelle in euer Heft und füllt sie gemeinsam aus.

	Rechtliche Stellung	*Tätigkeiten (Beispiele)*
Freie Athenerinnen	...	...
Metöken	...	...
Versklavte	...	...

→ **S. 114, Aufgabe 1 (Phase 3):** Ihr könnt das Quiz auch digital erstellen.

Kapitel 6:

→ **S. 133, Aufgabe 4:** Stelle Gemeinsamkeiten und Unterschiede gegenüber.

→ **S. 135, Zusatzaufgabe 1b):** Welche Folgen hatte das Zwölftafelgesetz für einen einfachen Plebejer (M4)?

→ **S. 139, Aufgabe 3b):**

ca. 500 v. Chr.	*Stadtstaat: Rom*
270 v. Chr.	*Landmacht: ...*
150 v. Chr.	*Seemacht: ...*
150 n. Chr.	...

→ **S. 139, Aufgabe 4:** Die Europakarte im Umschlag hilft dir dabei, die Namen der Länder richtig zuzuordnen.

→ **S. 147, Aufgabe 2a):** Statuen dieser Art waren im gesamten Römischen Reich zu finden. Was sollte die Statue darstellen?

→ **S. 155, Aufgabe 5:** Überlegt, wie sich die Berufstätigkeit von Männern und Frauen verändert hat, welche Berufe Frauen und Männer heute ergreifen und welches Ansehen die genannten Berufe heute haben.

→ **S. 169, Aufgabe 2:** Welche Waren wurden gehandelt? Welche Seite profitierte vom Handel?

Kapitel 1

→ S. 30/31

1 **a)** Sachquelle: M2, M3; Bildquelle: M1, M6; schriftliche Quelle: M4
b) M1: „Blick in eine mittelalterliche Küche"; M2: „Römische Glaswaren"; M3: „Atomuhr"
c) Antike: M2; Mittelalter: M1; Neuzeit: M3, M4, M6
2 **falsch:** a (richtig: erster Schritt Fragen stellen und Informationen sammeln), c (richtig: Vergangenheit ist alles, was nicht Gegenwart und nicht Zukunft ist; Geschichte: sammelt, ordnet und bewertet vergangene Ereignisse; etwas durch uns Menschen „Hergestelltes"), d (richtig: Zeitmessung war für die Menschen schon immer von großer Bedeutung, z. B. für die Aussaat; früheste Versuche der Zeitmessung durch Naturbeobachtungen), e (richtig: Informationen von Eltern und Großeltern oder aus Geschichtsbüchern werden bei der Erforschung von Familiengeschichte benötigt);
richtig: b, f
3 individuelle Lösung
4 Fragen an die Geschichte: Wie lebten Kinder zu Beginn des 20. Jh.? In welchen Bereichen mussten Kinder arbeiten? Mit wie viel Jahren mussten Kinder arbeiten?; Quellen sammeln: z. B. Internet, Lexikon, Geschichtsbuch; Quellen auswerten und Erkenntnis formulieren: Kinder arbeiteten neben der Schule sowohl im Haushalt als auch in der Landwirtschaft und in Fabriken.
5 individuelle Lösung
6 **a)** Die Zeitlinie ist eine einfache, gerade Darstellung der Zeit. Sie eignet sich gut, um zeitliche Abfolgen von Ereignissen zu zeigen. Der Zeitstrahl betont einen speziellen Anfangspunkt und eignet sich, um die Entwicklung von einem bestimmten Ereignis oder einer Idee zu veranschaulichen. Der Kreis stellt die Zeit als geschlossene Schleife dar, er betont die Wiederholung von Mustern oder Ereignissen.
b) individuelle Lösung

Kapitel 2

→ S. 54/55

1 Anpassung des Menschen an die Umwelt z. B. Ende der Eiszeit und klimatische Bedingungen (Menschen nutzen Felle als Kleidung). Altsteinzeit: Menschen entwickelten neue Arten der Ernährung, dadurch verbesserte sich der Körperbau und ihre Fähigkeiten (Nutzung des Feuers, Werkzeuge) / Jungsteinzeit: Sesshaftwerdung, Ackerbau und Viehzucht
2 Altsteinzeit – Nomaden; Feuer – Homo erectus; Arbeitsteilung – Metall; Sesshaftigkeit – Jungsteinzeit
3 individuelle Lösung
4 **a)** Sachquellen: M1, M2; Material M1: Stein, M2: Gold und Eisen; Steinaxt ca. 2000 Jahre älter als die Grabbeigaben.
b) M1: Jungsteinzeit (Zeitangabe, Durchbohren von Steinen = Erfindung der Jungsteinzeit); M2: Metallzeit (Merkmale der Metallzeit: Abbau und Verarbeitung von Metallen; bei den Kelten gab es „Fürsten", die wertvolle Grabbeigaben erhielten)
5 Kerninhalte: Mehr Zeitaufwand von Ackerbau und Viehzucht im Vergleich zum Sammeln aufgrund von neuen Tätigkeiten (z. B. Vorratshaltung); Arbeitsteilung zwischen Frauen und Männern, aber auch schwere körperliche Arbeit für die Frauen
6 **a)** falsch (erste Menschen in Afrika)
b) falsch (Höhlenmalerei, technische Erfindungen: Werkzeuge, Spinnen, Weben, Vorratshaltung, Abbau und Verarbeitung von Metallen)
c) richtig

7	*Altsteinzeit*	*Jungsteinzeit*	*Metallzeit*
Arbeit	*Einfache Werkzeuge, Jäger, Sammler, Fischer*	*Steinwerkzeuge, Ackerbauern, Viehzüchter, Tauschhandel*	*[u. a.] Werkzeuge aus Metall, Schmiede, Töpfer, Bergmänner, Steinmetze, Händler*
Ernährung	*Pflanzen (Wildfrüchte, Wurzeln, Nüsse ...) und Tiere (Waldelefanten, Nashörner ...)*	*Pflanzen (Feldfrüchte u. a.) und Nutztiere*	*Pflanzen (Feldfrüchte u. a.) und Nutztiere*
Zusammen-leben	*Nomaden*	*Dorf*	*Dorf, Bauernhof, stadtähnliche Siedlung; Fürsten/ Häuptlinge*

8 individuelle Lösung

Kapitel 3

→ **S. 82/83**

1 a) Beschreibe genau, was du siehst. Achte darauf, dass jemand der das Bild nicht kennt, sich das Bild anhand deiner Beschreibung vorstellen kann.
b) M1 – Totengericht und Jenseitsvorstellung, Bedeutung der Maat fürs Leben der Ägypter;
M2 – Pharao als Vertreter Gottes auf Erden, Herrschaftsverständnis und Hierarchie erklären;
M3 – Bau und Funktion der Pyramiden;
M4 – Rechte und Pflichten einzelner Gesellschaftsgruppen, hier: Bauern geben Getreide an die Beamten ab;
M5 – Handelsbedeutung Ägyptens unter der Herrschaft der Pharaonin Hatschepsut;
M6 – Bewässerungssystem des Nils und Bedeutung des Nils für die Ägypter;
M7 – Tätigkeiten in der Landwirtschaft im Niljahr
c) M1 – Gemeinsame Religion;
M2 – Zentrale Regierung und Verwaltung;
M3 – Weitentwickelte wissenschaftliche und technische Kenntnisse (Architektur);
M4 – Gesellschaft in verschiedenen Gruppen mit unterschiedlichen Befehlsstrukturen;
M5 – Wirtschaft/Verwaltung, Verwendung einer Schrift;
M6 – weit entwickelte wissenschaftliche und technische Kenntnisse;
M7 – Arbeitsteilung innerhalb der Gesellschaft

2 a) Nimm auf S. 65 die Textfenster zur Hilfe.
b) Beachte Aufgabe 2a. Zur Herzenswägung: Klärt die Frage, wie die Menschen im Totenreich weiterleben konnten. Welche Rolle spielt die Maat dabei?

3 Erkläre die Bedeutung der Herrschaftszeichen des Pharaos (Kobra- und Geierkopf, Kopftuch ...). Warum hat der Pharao sich mit diesen Zeichen darstellen lassen?

4 Mögliche Begriffe: Künstliches Bewässerungssystem, Niljahr, Totengericht, Ammit, Hierarchie, Bauern, Schreiber, Beamte, Hatschepsut, Pyramide

5 a) Vorteile: Nilschlamm als Grundlage für Ackerbau, Handelswege, Bewässerung und Ernährung
Nachteile: Überschwemmungen, Abhängigkeit von der Regenzeit, Naturkatastrophe
b) Wichtige Bedeutung für den Pharao und die Verwaltung, (Feldervermessung, Vorratshaltung, Steuereinnahmen, Bewässerungsgräben ziehen, Bau von Dämmen als Hochwasserschutz, Weitergabe von Befehlen)
c) Menschen leben nach der Maat (ägyptische Wertesystem, wie Gerechtigkeit, Pflichtbewusstsein, Gehorsam gegenüber dem Pharao), sichert die Herrschaft und Aufgabenteilung in der Gesellschaft, Götterglaube

Kapitel 5

→ **S. 126/127**

1 Akropolis: Tempel, Zentrum der Verehrung der Götter durch die Bürger Athens; weitere Merkmale einer Polis: Agora (Marktplatz), Mauer, bäuerliches Umland

2 **a)** 1c; 2f; 3h; 4g; 5b; 6d; 7a; 8i; 9e
b) individuelle Lösung

3 Im 5. Jahrhundert hatten ca. 40 000 Bürger politische Rechte. Politisch rechtlos waren ca. 130 000 Frauen und Kinder, 30 000 Metöken und 100 000 Versklavte. Bürger bilden zahlenmäßig eine Minderheit in der Gesamtbevölkerung.

4 individuelle Lösung; mögliche Themen: Athen als Geburtsstätte des Theaters, Dionysostheater mit jährlichen Festspielen; Philosophie: Athen als Wirkungsstätte berühmter Philosophen, die Schulen begründeten: Sokrates, Platon, Aristoteles; Kunst: z. B. Reliefbild der Göttin Athene

5
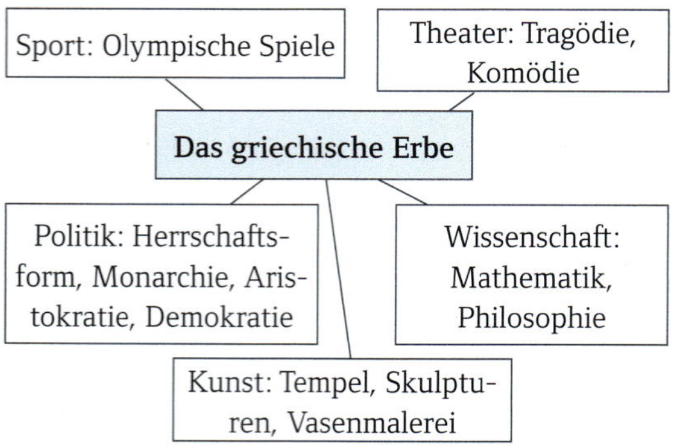

6 **a)** In der athenischen Demokratie hatten 40 000 Bürger politische Mitspracherechte. Das waren immerhin ca. 10 % der Gesamtbevölkerung der Polis Athen. Im Vergleich zur Monarchie Ägyptens oder den anderen, meist von einer Aristokratie beherrschten Poleis Griechenlands, waren damit wesentlich mehr Menschen an politischen Entscheidungen beteiligt.
b) Im Vergleich zur Gegenwart erscheint einiges an der athenischen Demokratie fremd: z. B. die Auslosung der Beamten oder die Verbannung fähiger Politiker durch das Scherbengericht. Auch der jährliche Wechsel in den Ämtern überrascht. Der Ausschluss von Frauen, Versklavte und Fremden erscheint uns heute als ungerecht. Die athenischen Bürger nahmen viele Unbequemlichkeiten auf sich, um in der Volksversammlung abzustimmen. Allein durch die Größe der Bundesrepublik ist eine solche direkte Form der Demokratie nicht umsetzbar. Bürger der Bundesrepublik wählen Volksvertreter, sogenannte Abgeordnete, die politische Entscheidungen für das Volk treffen.

7 individuelle Lösung

Kapitel 6

→ **S. 182/183**

1 **a)** strata = Straße, carrus = Lastwagen, cista = Kiste bzw. Kasten, saccus = Sack, corbis = Korb, murus = Mauer, porta = Tor, villa = Landhaus, tegula = Dachziegel, camera = Vorratskammer, speculum = Spiegel, fenestra = Fenster, cellarium = (Wein-)Keller bzw. Vorratsraum, pressa = Presse, vinum = Wein, mustum = Most, prunum = Pflaume, persicum = Pfirsich, radix = Wurzel, Rettich oder Radieschen, oleum = Öl, vinum = Wein, caseus = Käse, moneta = Geld
b) Das Beispiel zeigt, dass sich Wörter, die wir heute in der deutschen Sprache verwenden, ihren Ursprung in der lateinischen Sprache haben. Latein hat die deutsche Sprache beeinflusst.

2 Das Material zeigt, dass es noch heute zahlreiche Sprachen gibt, deren Ursprünge auf das Lateinische zurückgehen. Das Latein des antiken Roms lebt also in den romanischen Sprachen der Gegenwart gewissermaßen weiter.

3 Romanisierung meint die Ausbreitung der römischen Kultur und Sprache auf Teile des Römischen Reiches oder auf Gebiete, die von den Römern beeinflusst wurden. Die Karte ist ein Beispiel dafür, dass eine Romanisierung auf dem Gebiet der Sprache in den farbig hervorgehobenen Regionen stattgefunden hat und bis in die Gegenwart nachwirkt: Die Landessprachen gehen auf die lateinische Sprache zurück. Parallelen lassen sich heute noch vor allem im Wortschatz finden. Auf diese Weise leben Elemente der römischen Kultur bis heute weiter.

4 individuelle Lösung

5 M1: Darstellung; M2: Quelle; M3: Darstellung; M4: Darstellung; M5: Darstellung; M6: Quelle

6 Das Material ist eine Quelle, in der der Grieche Strabo, der von 63 v. Chr. bis 20 n. Chr. gelebt hat, über das Leben in Rom berichtet.
Strabo vergleicht die Stadtgründungen der Griechen, die sich an Schönheit und günstiger Lage orientiert hätten, mit Rom, das über eine moderne Infrastruktur verfüge. Rom besitze darüber hinaus beeindruckende Bauwerke, insbesondere auf dem riesigen Marsfeld. Strabo berichtet von einer großen Zahl schöner Gebäude und von prächtiger Architektur, die die Stadt zu etwas ganz besonderen mache.

7 Strabo stellt in seinem Bericht über das Leben in Rom die Stadt und das Leben in dieser nicht realistisch oder neutral dar, indem er allein positive Aspekte betont. In der Tat gab es großartige und beeindruckende Bauwerke und moderne Infrastruktur, andererseits aber auch schlechte Wohnverhältnisse, die dem Bild, das Strabo zeichnet, widersprechen. Auch von der Armut in der Stadt berichtet Strabo nicht. Abschließend kann somit beurteilt werden, dass es sich um eine einseitige, übertrieben positive und somit die Wirklichkeit nicht ganz treffend wiedergebende Darstellung handelt.

8 Einige Bestandteile der Ausrüstung eines römischen Legionärs (siehe S. 143) lassen sich in der Abbildung aus dem Comic „Asterix als Legionär" der Reihe wiederfinden. Dennoch geht es den Zeichnern des Comics natürlich nicht in erster Linie um eine auch im Detail korrekte Darstellung eines römischen Legionärs, sondern um Unterhaltung.

9 Die Beurteilung berücksichtigt verschiedene Perspektiven und kann dabei auch zeigen, dass es für einzelne Personengruppen Vor- und Nachteile geben konnte. Ein differenziertes Urteil, das Vor- und Nachteile berücksichtigt, ist also zumindest bei einigen Personengruppen möglich. Eine Argumentation kann z. B. auf Basis der hier aufgeführten Argumente erfolgen:
römischer Legionär: Einerseits bedeuteten die vielen Kriege, dass ein Legionär immer wieder sein Leben im Kampf gefährden oder sogar verlieren konnte, andererseits konnte ein römischer Legionär nach den Reformen des Marius aber auch darauf hoffen, dass er nach dem Militärdienst irgendwo in den Provinzen eine Hofstelle erhalten würde, um dort dann ein neues Leben zu beginnen.
Senator: Die Expansion des römischen Reiches hatte für einen Senator vor allem Vorteile, da sich der Einflussbereich eines Senators damit auch vergrößerte. Gleichzeitig profitierten Senatoren vom wachsenden Wohlstand der römischen Oberschicht, der mit der Expansion verbunden war.
römischer Bauer: Vor der Einführung eines Berufs- oder Milizheeres waren die Bauern gezwungen, im Zuge ihres Kriegsdienst ihre Höfe oft für längere Zeit zu verlassen. Dies trug zur Verarmung vieler Bauern bei: Viele Bauern verloren auch deshalb ihre Höfe und zogen in die Städte, wo sich mit dem Proletariat eine neue städtische Unterschicht bildete. Grundsätzlich war es aber auch denkbar, dass römische Bauern von der Zuteilung von Ackerland im Zuge der Expansion profitierten.
versklavter Mensch: Die Versklavten stammten in der Regel aus den Gebieten, gegen die Rom Krieg führte und die im Zuge dessen zu einem Teil des Römischen Reiches wurden. Somit hatte die römische Expansion schlimme Auswirkungen auf die Bevölkerung in den angegriffenen und eroberten Gebieten, da diese zur Versklavung von Menschen führen konnte. Bereits versklavte Menschen profitierten nicht von der Expansion Roms.

Die Kugellager-Methode

- Bei der Durchführung sitzt oder stellt ihr euch paarweise in einem Innen- und einem Außenkreis gegenüber.
- In einem vorher festgelegten Zeitrahmen tauscht ihr euch mit eurem Gegenüber über ein vorher festgelegtes Thema aus.
- Auf ein vereinbartes Zeichen der Lehrkraft dreht sich der Innenkreis im Uhrzeigersinn zwei Plätze weiter. Dort findet der Austausch mit dem neuen Partner statt.
- Für einen erneuten Partnerwechsel dreht sich auf das Signal der Lehrkraft der Außenkreis gegen den Uhrzeigersinn zwei Plätze weiter.
- Nach mehreren Runden könnt ihr eure Ergebnisse gemeinsam auswerten.

Tipp: Schafft genug Platz, sodass ihr einen gewissen Abstand zu den anderen Paaren habt. Dafür könnt ihr Tische und Stühle an den Rand schieben oder vielleicht auf den Schulhof gehen.

Einen Kurzvortrag halten

- Vorbereitung: Sammle und ordne alle Informationen zu deinem Thema in einer Mindmap.
- Entwickle eine Gliederung für deinen Vortrag: Lege zu jedem Hauptpunkt eine Karteikarte mit den wichtigsten Informationen an und nummeriere die Karteikarten in einer sinnvollen Reihenfolge.
- Überlege dir einen interessanten Einstieg und Schluss für deinen Vortrag.
- Versuche, möglichst frei vorzutragen. Sprich laut, deutlich und nicht zu schnell.
- Schau dein Publikum an. So siehst du auch, wenn es Zwischenfragen gibt.
- Unterstütze deinen Vortrag durch Anschauungsmaterial (Bilder, Grafiken, Gegenstände).

Ein gutes Lernplakat gestalten

- Verwende für das Plakat mindestens die Größe DIN A2, besser DIN A1 (= 8 DIN-A4-Blätter).
- Beschränke dich auf die wesentlichen Informationen.
- Die Informationen auf dem Plakat müssen sachlich stimmen (z. B. richtige Jahreszahlen).
- Das Thema des Plakats muss deutlich zu lesen sein.
- Schreibe in Stichpunkten oder in kurzen Sätzen.
- Unterstreiche Schlüsselbegriffe oder rahme sie ein.
- Verwende für die Schrift einen schwarzen oder dunkelblauen Stift. Andere Farben eignen sich für Pfeile, Linien oder Hervorhebungen.
- Achte auf die Lesbarkeit der Schrift (Größe und Ordnung). Du kannst Hilfslinien mit Bleistift zeichnen und später wegradieren.
- Gliedere deine Informationen durch unterschiedliche Schriftgrößen. Verwende Ordnungszahlen, wenn du eine bestimmte Reihenfolge darstellen möchtest.

Ein Rollenspiel durchführen

- **Ausgangslage festhalten:** Fertigt eine Situationskarte und mehrere Rollenkarten an.
  Situationskarte: kurze Beschreibung, welche Situation nachgespielt werden soll
  Welche Probleme sind zu lösen?
  Rollenkarte: Je eine für die dargestellten Personen und für die Beobachter. Auf den Karten sind Tätigkeit, Eigenschaften, Verhalten und die Ziele der Personen notiert.
- **Rollen verteilen:** Vorgaben der Rollenkarten beachten, eigene Vorstellungen dürfen aber auch eingebracht werden.
- **Spiel vorbereiten:** Die Spielerinnen und Spieler heften sich ein Schild mit ihrer Rollenkennzeichnung an. Sie besprechen die Situation (Situationskarte) und die Rollen (Rollenkarten) untereinander.
- **Spiel durchführen:** Spielbeobachter machen sich während des Spiels Notizen zu den einzelnen Rollen.
- Spiel auswerten: Die Beobachter bewerten das Spiel und begründen ihre Meinung. Wurden die Rollen glaubhaft gespielt? Welche Argumente wurden genannt? Passten sie in die Situation und die Zeit? Was war gut, was könnte verbessert werden?

Eine Mind-Map erstellen

Eine „Mind-Map" (Englisch für „Gedächtnislandkarte") dient dazu, Informationen zu einem Thema oder einer Fragestellung übersichtlich darzustellen. Dazu werden Begriffe und kurze Stichpunkte mithilfe von Ästen und Zweigen sinnvoll angeordnet. Durch unterschiedliche Schriften, Schriftgrößen, Farben, Symbole, Pfeile, Bilder etc. kann die Mind-Map zusätzlich gestaltet werden. Eine Mind-Map hilft, die wichtigsten Informationen zu einem Thema zu lernen oder zu wiederholen. Du kannst eine Mind-Map auch digital erstellen (→ S. 199).

Informationen zusammenstellen und ordnen

1. Sammle alle Begriffe und Informationen zum Thema, entweder, indem du dir Stichpunkte machst oder sie in einem Text markierst.
2. Überlege dir, welche Hauptbereiche („Äste") es geben soll. Ordne deine Notizen den Ästen zu („Zweige").

Mind-Map entwerfen

1. Schreibe das Thema/die Frage in die Mitte des Blattes. Benutze am besten ein unliniertes DIN-A4-Blatt im Querformat. Achte auf einen ausreichend großen Rand, um das Blatt abheften zu können.
2. Zeichne von der Mitte aus für jeden Hauptbereich einen Ast; notiere darauf den Namen des Bereichs (ein Wort, eine kurze Wortgruppe).
3. Vom Ende der Hauptäste gehen die Zweige ab. Notiere hier die Begriffe auf den Zweigen. Von diesen Zweigen können gegebenenfalls noch feinere Zweige abgehen.
4. Achte bei deiner Skizze darauf, den Raum auszunutzen: Die Äste sollten nicht zu weit von der Mitte entfernt sein, sonst bleibt zu wenig Platz für die Zweige.

Mind-Map gestalten

1. Erstelle mithilfe deiner Skizze die endgültige Mind-Map: Achte darauf, sauber und deutlich – am besten in Druckschrift – zu schreiben. Und am besten schreibst du deinen Text waagerecht; so lässt sich der Text leichter lesen, ohne das Blatt oder den Kopf drehen zu müssen.
2. Gestalte deine Mind-Map farbig (**Tipp:** Verwende immer eine Farbe für einen Ast mit seinen Zweigen!) und zeichne passende Bilder, Symbole, Pfeile etc.

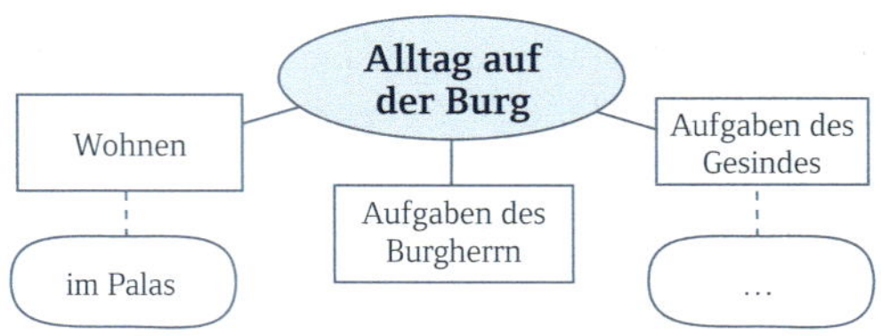

Ein Standbild entwickeln

In einem Standbild stellt ihr eine bestimmte Handlung oder eine Szene aus einem Bild oder Text nach. Dafür benötigt ihr:
einen oder mehrere Standbildbauer, einen oder mehrere Darsteller, Zuschauer.

- Der Standbildbauer formt durch Anweisungen und Vormachen das Standbild. Er/sie gibt dabei möglichst viele Einzelheiten vor, zum Beispiel Körperhaltung, Gesichtsmimik, Gestik der Hände. Die Darsteller verhalten sich hierbei wie „lebendige Puppen" und folgen, ohne zu sprechen, den Anweisungen.
- Es ist auch möglich, dass jede Rolle doppelt besetzt wird: Ein Darsteller nimmt die Position einer bestimmten Person ein, der andere steht dahinter und sagt laut, was diese Person in dieser Situation vielleicht denkt.
- Die Zuschauer beurteilen im Anschluss das Standbild und können Veränderungen vorschlagen.
- Zum Abschluss berichten die Darsteller über ihre Wahrnehmung.

Tipp: Entwickelt mehrere Standbilder zu dem gleichen Thema, dann wird es noch interessanter, und ihr könnt im Anschluss die verschiedenen Blickwinkel miteinander vergleichen.

Übersicht digitaler Anwendungen und Internetseiten zur Aufgabenbearbeitung

In der folgenden Übersicht findest du Vorschläge für Internetseiten und digitale Anwendungen (Apps), mit denen du deine Lösungen mit dem Smartphone, dem Tablet oder mithilfe eines Computers erstellen kannst. Wenn du die unten genannten Apps oder Internetseiten nutzen möchtest, musst du sie im Internet suchen. Die hier aufgelisteten Apps sind nur Beispiele. Es gibt im Internet noch andere Angebote. Achte bei der Verwendung von Apps und Internetseiten immer darauf, ausschließlich kostenlose Angebote zu nutzen. Damit stellst du sicher, dass keine Kosten entstehen. Bespreche die Nutzung mit deiner Lehrerin oder deinem Lehrer.

1. Informationen recherchieren

Um Informationen aus dem Internet zu recherchieren, eignet sich eine Suchmaschine wie **„Google"** oder eine Kindersuchmaschine wie **„Blinde Kuh"** oder **„Frag Finn"**. Entscheide dich für eine Suchmaschine und überlege, nach welchen Begriffen du suchen möchtest. Achte darauf, dass du nur glaubwürdige Informationen übernimmst. Nutze für Recherchen im Internet immer auch die Anleitung auf S. 93 und lege ein Rechercheprotokoll an.

2. Ideen sammeln

Im Unterricht werden bei der Erarbeitung eines Themas oft Ideen oder erste Gedanken zu einem Thema gesammelt. Anstelle mit der Tafel zu arbeiten, könnt ihr eure Ideen und Gedanken auch digital mithilfe eines Smartphones, eines Tablets oder eines Computers sammeln und gemeinsam auswerten. Dazu eignen sich zum Beispiel Apps wie **„Padlet"** oder **„Answer Garden"**, mit denen du verschiedene Themen schnell und übersichtlich darstellen kannst oder mit denen ihr gemeinsam in der Klasse Ideen zu einem Thema sammeln könnt.

3. Eine Mind-Map erstellen

Im Schulbuch wirst du in mehreren Aufgaben dazu aufgefordert, eine Mind-Map zu erstellen. Arbeitsergebnisse oder Überlegungen zu einer Leitfrage kannst du aber auch in einer digitalen Mind-Map zusammenfassen und grafisch darstellen. Dazu kannst du beispielweise die Apps **„MindMeister"** oder **„Popplet"** verwenden. Nutze dazu ein Smartphone, ein Tablet oder einen Computer.

4. Ein Quiz erstellen

Zum Abschluss eines Themas und zum Wiederholen der Inhalte kannst du ein digitales Quiz erstellen. Dazu eignet sich zum Beispiel die App **„Quizlet"**. Mit dieser App kannst du dir zu jedem Thema dein eigenes digitales Quiz mit eigenen Fragen erstellen. Deine Mitschülerinnen und Mitschüler können die Fragen dann am Smartphone, am Tablet oder am Computer beantworten.

5. Audio- und Videobearbeitung

Mithilfe deines Smartphones oder einer Kamera kannst du ganz einfach Audios oder Videos aufnehmen. Diese kannst du dann beispielsweise für Interviews oder einen eigenen Erklärfilm nutzen. Zur einfachen Bearbeitung von Audioaufnahmen eignet sich zum Beispiel die App **„Audacity"**. Wenn du selbstgedrehte Videos bearbeiten möchtest, könntest du die App **„SoundCloud"** oder eine andere geeignete App verwenden.

Im Lexikon findest du Fremdwörter, Personen, historische Begriffe und Ereignisse, die in den Texten dieses Buches vorkommen. Einige sind dort mit einem * versehen. Bei Fachbegriffen, die schon vorne im Buch erläutert werden, verweist das Lexikon auf die entsprechende Seite.

A

die **Agora,** Versammlungsort, Marktplatz einer → Polis. In Athen versammelten sich die Bürger seit der Zeit des Kleisthenes nicht mehr auf der Agora, sondern aus Platzgründen auf der Pnyx.

Aischylos (525–456 v. Chr.), siehe S. 121

der **Altar,** Opferstätte oder Opfertisch als Verehrungsstätte für Gottheiten. Auf Altären können Opfergaben dargebracht werden. Doch auch die Errichtung des Altars und seine unter Umständen reiche Verzierung sind bereits ein Akt der Verehrung.

die **Altsteinzeit** (Paläolithikum, griech. palaios = alt, lithos = Stein), ist die älteste und längste Epoche in der Geschichte der Menschen. Sie begann vor etwa 2 Millionen Jahren in Afrika und ging mit der letzten Eiszeit in Europa um 9000 v. Chr. zu Ende. Benannt wurde diese Epoche nach dem bevorzugten Werkstoff Stein.

die **Amme,** eine Frau, die ein fremdes Kind stillt und betreut.

die **Antike,** Zeitabschnitt nach der nichtschriftlichen Vor- und Frühgeschichte; beginnend mit den frühen Hochkulturen um 3000 v. Chr., endend mit dem Zerfall des Weströmischen Reichs, ca. 500 n. Chr. Die Zeit der klassischen Antike beginnt mit Griechenland um ca. 1000 v. Chr. und endet um 500 n. Chr.

die **Arbeitsteilung,** vor allem durch das Anlegen von Vorräten für die Versorgung der Bevölkerung war es im alten Ägypten möglich, dass nicht mehr alle Menschen in der Landwirtschaft und Viehzucht arbeiten mussten. Die Menschen konnten sich auf bestimmte Aufgaben bzw. Berufe spezialisieren.

die **Aristokratie,** nach den griechischen Wörtern aristoi (= die Besten) und kratein (= herrschen) Bezeichnung dafür, dass die Herrschaft in einem Staat von einer adligen Oberschicht ausgeübt wird.

B

die **Biografie,** Lebensbeschreibung einer Person. Die Biografie ist die mündliche oder schriftliche Präsentation des Lebenslaufes eines Menschen.

der **Buchhalter, die Buchhalterin,** Berufsbezeichnung für jemanden, der die Rechnungsbücher eines Unternehmens führt.

das **Bürgerrecht,** war in Griechenland erblich; es konnte aber auch an auswärtige Personen verliehen werden. Außer diesen Vollbürgern (in Sparta z. B. den → Spartiaten) gab es in den griechischen Staaten minderberechtigte Personen, z. B. Frauen oder Metöken, die keine Ämter bekleiden durften. Pflichten der Bürger waren der Schutz des Staates gegen äußere und innere Feinde und die Teilnahme an Kult und Religion. Römischer Bürger konnte man durch Geburt werden, d. h. wenn beide Eltern römische Bürger waren, durch Verleihung des Bürgerrechts oder Freilassung. Zunächst waren nur die Bewohner Roms römische Bürger, später wurde das Bürgerrecht auch anderen Bewohnern des Reichs verliehen. Römische Bürger trugen die Toga, waren zu Wehrdienst und Steuern verpflichtet, hatten Stimmrecht in der Volksversammlung, konnten gewählt werden und gegen Strafen Berufung einlegen. Nur römische Bürger konnten nach römischem Recht anerkannte Geschäftsverträge und gültige Ehen schließen.

D

die **Darstellung,** eine Darstellung (Sachtext oder Rekonstruktionszeichnung) wird von einem Historiker verfasst und stellt ein bestimmtes Ereignis aus der Vergangenheit dar. Grundlage einer Darstellung sind unterschiedliche Arten von historischen Quellen, die der Historiker ausgewertet hat. In einer Darstellung sind alle Standpunkte und Sichtweisen der Verfasser der Quellen beachtet und hinterfragt worden. So hat der Historiker die Gründe überprüft, wenn Quellen widersprüchliche Aussagen zu einem Ereignis treffen. Nach Auswertung der Quellen und anderer Darstellungen fällt der Historiker ein eigenes Urteil aus seiner Sicht.

die **Demokratie,** nach den griechischen Wörtern demos (= Volk) und kratein (= herrschen) Bezeichnung für eine Staatsform, in der das Volk über die Politik eines Staates entscheidet.

der **Diktator,** in der römischen Republik konnte für besondere Krisensituationen auf Vorschlag des Senats einer der beiden Konsuln einen Diktator als außerordentlichen Beamten ernennen. Dieser bekam große Vollmachten. Seine Amtszeit (die Diktatur) war auf höchstens sechs Monate beschränkt. Die übrigen Magistrate (Beamten) blieben während dieser Zeit im Amt, waren jedoch dem Diktator untergeordnet. Die Diktatoren der späten Republik, z. B. Sulla und Caesar, haben nichts mehr mit dem ursprünglichen Amt zu tun, denn Amtsdauer und Machtfülle waren nicht mehr beschränkt, sie waren Alleinherrscher.

E

die **Epoche,** die großen Zeiträume der Geschichte werden in bestimmte Abschnitte, die sogenannten Epochen (Frühgeschichte, Antike, Mittelalter, Neuzeit), eingeteilt. Geschichtsforscher sprechen von einer neuen Epoche, wenn sich die Lebensbedingungen der Menschen sehr stark verändert hatten. Die Veränderungen betreffen immer mehrere Bereiche wie Alltag, Politik, Wirtschaft oder Wissenschaft. Epochen sind also von Menschen festgelegte Zeiteinheiten, die uns helfen, die Vergangenheit zu ordnen. Dabei erlebt jeder Mensch seine Gegenwart als die neueste Zeit, deren Zukunft offen und unbekannt ist.

die **Evolution,** siehe S. 38

das **Exil,** ein langfristiger Aufenthalt außerhalb des Heimatlandes, das aufgrund von Verbannung, Ausbürgerung, Verfolgung durch den Staat oder unerträglichen politischen Verhältnissen verlassen wurde.

F

die **Flotte,** größere Anzahl von Schiffen. Bezeichnung für alle Kriegsschiffe eines Landes.

das **Forum Romanum,** großer Marktplatz und Mittelpunkt der Stadt Rom. Dort befanden sich die prunkvollsten Bauwerke und Tempel der Stadt. Auch der Senat tagte in der „Curia" am Rande des Forum Romanum.

das **Forum,** war in den Städten des Römischen Reichs ein Platz, der das politische, juristische, ökonomische und religiöse Zentrum des Orts bildete. Es entsprach dabei weitgehend der griechischen → Agora.

G

das **Gastmahl,** war in der Antike eine festliche Mahlzeit eines Adligen mit Gästen; eingeladen waren nur Männer, die auf Liegen viel Wein und Speisen zu sich nahmen und u. a. mit Spielen unterhalten wurden.

die **Gene,** Abschnitte der menschlichen DNA und Träger einer Erbanlage oder eines Erbfaktors, der die Ausbildung eines bestimmten Merkmals beeinflusst.

die **Generation,** ungefähr die Lebenszeit eines Menschen umfassender Zeitraum.

die **Gesellschaft,** eine Gruppe von Menschen, die in einer bestimmten Region leben und gemeinsame Merkmale wie Sprache, Kultur, Traditionen und Gesetze teilen.

der **Gründungsmythos,** eine Erzählung über einen bestimmten Ursprung, die teilweise erfunden wurde, aber als verbindlich wahrgenommen wird.

H

Hammurabi (um 1792–1750 v. Chr.), war einer der mächtigsten Könige Mesopotamiens. Durch Eroberungen gelang es ihm, das Gebiet zwischen Euphrat und Tigris unter seiner Herrschaft in einem Großreich zu vereinen. In den großen Städten setzte er Statthalter als seine Stellvertreter ein. Mithilfe schriftkundiger Beamter verwaltete und regierte er sein Reich von der prachtvoll ausgebauten Hauptstadt Babylon aus. Die einzigartige Architektur Mesopotamiens spiegelte sich vor allem in den Tempeln und Palästen wider. Hammurabi war der erste Herrscher, der das gültige Recht aufschreiben ließ, um so das Zusammenleben seines Volkes zu regeln („Codex Hammurabi").

die **Heloten,** die Versklavten in Sparta unterschieden sich von den Versklavten in anderen antiken Staaten dadurch, dass sie dem spartanischen Staat gehörten, in Familien weiterleben und auch ihren alten Bräuchen und ihrer Religion nachgehen konnten. Sie bearbeiteten das Land für die spartanische Oberschicht, die → Spartiaten.

die **Hierarchie** (griech. hieros = heilig und archein = herrschen), bedeutet wörtlich übersetzt „heilige Herrschaft" und beschreibt eine streng von oben nach unten geordnete Rangordnung innerhalb einer Gesellschaft. Die hierarchische Ordnung war ein Kennzeichen der altägyptischen Gesellschaft.

die **Hieroglyphen** (griech. = hieros, glyphein = einritzen), Schriftzeichen (Bilder und Symbole), die auf Papyrusblätter gezeichnet oder in andere Materialien, z. B. Leder, eingeritzt wurden. Erst 1822 gelang es dem Franzosen Jean-Francois Champollion, die Hieroglyphenschrift zu entziffern.

die **Historiker,** untersuchen und analysieren Quellen und gewinnen dadurch Erkenntnisse aus der Vergangenheit.

die **Hochkultur,** siehe S. 66

I

die **iberische Halbinsel,** der Teil Europas, in dem heute die Staaten Portugal und Spanien liegen

das **Imperium Romanum,** siehe S. 139

J

die **Jungsteinzeit** oder Neolithische Revolution, siehe S. 44

K

der **Kalender,** Zeitmessung nach Jahren, Monaten und Tagen. In Ägypten Berechnung nach den regelmäßigen Naturerscheinungen wie der Nilflut. In vielen Kulturen Zeitrechnung ab einem bestimmten Ereignis, z. B. Gründung Roms 753 v. Chr. oder nach Olympiaden (= vier Jahre).

die **Kaserne,** militärische Gebäudeanlage, in der Soldaten abrufbereit untergebracht (kaserniert) sind.

die **Keilschrift,** aus einer Bilderschrift zuerst von den Sumerern in Mesopotamien entwickelte, aus keilförmigen Zeichen bestehende Schrift, bei der das Schreibwerkzeug einen keilförmigen Eindruck in den weichen Tontafeln hinterließ.

die **Klientel, die Klienten,** nichtadlige Römer und ihre Angehörigen waren häufig Abhängige (= Klienten) eines adligen Patrons. Der Patron half in Notlagen (Überfällen, Feuer). Solche Hilfsleistungen übernimmt bei uns heute der Staat. Die Klienten unterstützten den Patron bei Versammlungen und Wahlen. Sie gehörten zur „familia". Die Beziehungen zwischen Patron und Klient wurden vererbt. Ihre Ursprünge sind unklar: Vielleicht waren es landlose Siedler.

die **Kolonisation,** in der Antike Gründung von Siedlungen außerhalb der Heimat durch Griechen und Römer. In der Neuzeit Errichtung von Handelsstützpunkten. Sie konnten auch größere Gebiete umfassen.

die **Komödie,** eine Handlungsform des griechischen Theaters. Die Komödie ist ein Drama mit erheiterndem Ablauf und endet meist glücklich.

die **konstantinische Wende,** die Entscheidung Kaiser Konstantins 313 n. Chr., die christliche Religion gleichberechtigt neben allen anderen Religionen im Römischen Reich zuzulassen.

die **Kultstätte,** ein besonderer Ort für religiöse Aktivitäten

der **Kupferstich,** ein Bild durch das Einritzen einer Kupferplatte erstellt wird, um es dann auf Papier zu drucken.

L

der **Limes,** siehe S. 169

der **Logos** (gr. = Sprache, Vernunft), Der altgriechische Begriff Logos bedeutet so viel wie Wort, Rede, Verstand oder Vernunft. Der Begriff kennzeichnet das moderne wissenschaftliche Denken, nach dem die Welt „logisch" aufgebaut und durch erforschbare Naturgesetze geordnet ist.

das **Los,** viele politische und andere Ämter wurden im antiken Griechenland nicht dem besten Kandidaten anvertraut, sondern die Amtsinhaber wurden durch ein Los bestimmt. Dadurch konnten alle Bewerber, unabhängig von ihrer Herkunft und/oder ihrem Reichtum, gleich behandelt werden.

M

die **Manipulationsgefahr,** Beeinflussung oder Kontrolle von Menschen durch falsche oder unvollständige Informationen.

der **Märtyrer,** Bezeichnung für eine Person, die aufgrund ihres Glaubens Verfolgungen, schweres körperliches Leid und sogar den Tod auf sich nimmt.

die **Massenmedien,** Wege, auf denen viele Menschen Informationen, Nachrichten und Unterhaltung erhalten.

die **Metallzeit,** siehe S. 46

die **Metöken** (= griech. Mitbewohner), lebten als zugezogene Freie in Athen, ohne attische Bürger zu sein. Sie durften kein Land in Attika besitzen und waren vor allem in Handwerk und Handel tätig. Ähnliche Gruppen gab es in vielen antiken Städten.

das **Mittelalter,** der Begriff bezeichnet den Zeitraum zwischen 500 n. Chr. und 1500 n. Chr., der Zeit zwischen Antike und Neuzeit in der Geschichte Europas. Die Völkerwanderungen, das Ende des Weströmischen Reichs 476 n. Chr., die Gründung des Frankenreichs um 500 n. Chr. werden als Beginn einer neuen Epoche gesehen. Sie endet um 1500 in einer Zeit wichtiger Erfindungen und Entdeckungen (1492 Amerika) und religiöser Umwälzungen (1517 Reformation).

die **Monarchie,** siehe S. 67

der **Monotheismus,** siehe S. 64

der **Mythos,** siehe S. 123

N

die **Neuzeit,** der Begriff bezeichnet in der Geschichte Europas den Zeitraum von etwa 1500 bis zur Gegenwart. Die Abgrenzung zum Mittelalter wird mit dem grundlegenden Wandel durch Humanismus, Renaissance und Reformation begründet. Als Frühe Neuzeit wird die Periode von 1500 bis zur Französischen Revolution (1789) verstanden.

die **Nomaden,** Menschen und Menschengruppen, die innerhalb eines begrenzten Gebietes ohne festen Wohnsitz umherziehen.

O

der **Oikos** (griech. Haus), umfasste in Griechenland nicht nur das Haus als Gebäude, sondern die ganze Hausgemeinschaft: die Familie, Gäste und Versklavten, das dazugehörige Land und das Vieh. Alles dies stand unter der Gewalt des Herrn des Oikos („Kyrios“). Von dem Wort Oikos ist auch der Begriff „Ökonomie“ = Hauswirtschaft abgeleitet. In Rom entsprach dem Oikos die familia, die ebenfalls alle Personen und Güter umfasste, die unter der Gewalt des pater familias standen.

die **Optimaten** (lat.), in der ausgehenden römischen Republik (1. Jh. v. Chr.) Bezeichnung für die Anhänger der Partei des Adels und der herrschenden Familien (Senatspartei), die im Gegensatz zu den Popularen stand.

das **Orakel von Delphi,** siehe S. 101

P

der **Pädagoge,** siehe S. 117

die **Patrizier,** einflussreiche, römische Adlige. Im Mittelalter die Angehörigen der städtischen Oberschicht.

Perikles, siehe S. 112

die **Phalanx,** siehe S. 118

der **Philosoph,** jemand, der darüber nachdenkt, warum wir Dinge tun, was richtig oder falsch ist und wie wir die Welt um uns herum verstehen können.

die **Philosophie** (griech. philosophia = Liebe zur Weisheit), griechische Philosophen begannen ab dem 6. Jh. v. Chr. Erklärungen für Naturerscheinungen und die Entstehung der Welt zu suchen. Sie gingen nicht mehr davon aus, dass dies alles allein durch den Willen der Götter entstanden sei, sondern versuchten Erklärungen mithilfe der Vernunft in der Natur selbst zu finden. Auch stellten sie sich Fragen zum Sinn des Lebens, zu Gut und Böse und zu vielen anderen Bereichen. Berühmte griechische Philosophen sind Sokrates, Platon und Aristoteles.

der **Plebejer, die Proletarier** (lat. plebs = niederes Volk), die gesamte Bevölkerung, die nicht zu den Patriziern gehörte. Als Proletarier galten Bürger der untersten Klasse, die keinen Besitz hatten und keine Steuern zahlten.

die **Pnyx,** Hügel in Athen, westlich der Akropolis gelegen und seit den Reformen des Kleisthenes um 508 v. Chr. bis 330 v. Chr. Ort der Volksversammlung. Der Name Pnyx bezeichnet daher auch den Versammlungsbau auf dem Pnyxhügel. Vorher wurden diese Versammlungen auf der → Agora, später im Dionysostheater abgehalten

die **Polis** (Mehrzahl Poleis), durch die vielen Gebirge zerfiel Griechenland in relativ kleine, selbstständige Stadtstaaten. Jede Polis besaß einen städtischen Kern, der von landwirtschaftlichen Flächen umgeben war. Die bedeutendste Polis in Griechenland war die von Athen.

der **Polytheismus,** siehe S. 64

die **Popularen,** als Popularen wurde, in Abgrenzung von den → Optimaten, die sogenannte Partei des Volkes in der römischen Republik bezeichnet.

das **Prinzipat,** Bezeichnung für die Herrschaftsform des Augustus. Er bezeichnete sich selbst als „princeps“ – den „Ersten im Staat“. In Wirklichkeit herrschte Augustus wie ein König. Er hatte den Oberbefehl über das Heer und die wichtigsten Provinzen, besaß lebenslang die Rechte eines Volkstribuns, leitete alle Senats- und Volksversammlungen und war oberster Priester. Auch konnte er selbst seine Nachfolger benennen.

die **Provinzen,** so nannten die Römer ihre Besitzungen außerhalb Italiens. Insgesamt gab es im Römischen Reich später insgesamt 18 Provinzen. Jede wurde von einem römischen Heerführer oder Politiker verwaltet. Die Bewohner der Provinzen mussten Abgaben leisten.

die **Punier, punischen Kriege,** Die Karthager wurden auch Punier genannt. Die Kriege zwischen Rom und Karthago heißen deshalb punische Kriege.

Q

die **Quelle,** historische Quellen sind Überlieferungen, aus denen wir Kenntnisse über das Vergangene gewinnen können. Es gibt unterschiedliche Arten von Quellen: gegenständliche Quellen (z. B. Gebäude, Denkmäler, Schmuck, Werkzeuge, Maschinen, Knochen, Münzen), schriftliche Quellen (z. B. Urkunden, Akten, Rechtssammlungen, private Briefe, Großmutters Kochbuch), mündliche Quellen (z. B. erzählte Lebenserinnerungen, Sagen), akustische Quellen (z. B. Tonaufnahmen, Volkslieder), Bildquellen (z. B. Gemälde, Zeichnungen, Drucke, Fotos, Filme), Traditionen (z. B. religiöse Feste, Volksfeste, Bräuche, Sprache).

R

die **Reform** (lat. re = zurück, formatio = Gestaltung), im politischen Bereich eine Umgestaltung der bestehenden politischen Ordnung.

die **Republik,** siehe S. 134

die **Restaurierung,** bei Kulturgütern die Wiederherstellung eines alten Zustandes, der im Laufe der Zeit verloren gegangen ist. Die beteiligten Fachgebiete richten sich nach den zu restaurierenden Objekten (z. B. Baudenkmale, Wandmalereien, archäologische Funde, Musikinstrumente), den verwendeten Materialien (Holz, Textilien, Malfarben, Stein, Keramik, Papier, Leder, Metall, Glas) und den angewendeten Techniken.

die **Rohstoffe,** Bezeichnung für verschiedene Stoffe, die aus der Natur stammen und die für die industrielle Be- und Verarbeitung geeignet sind. Dazu zählen beispielweise Holz, Erdöl und Metalle.

die **Romanisierung,** siehe S. 169

S

die **Sage,** eine alte Geschichte

das **Scherbengericht,** im alten Griechenland ritzten die Bürger den Namen eines Mannes auf eine Scherbe, den sie verdächtigten, dass er die Herrschaft alleine an sich reißen wollte. Es mussten über 6000 Stimmen abgegeben werden, sonst war das Scherbengericht ungültig. Derjenige, dessen Name am häufigsten auf eine Tonscherbe geschrieben wurde, musste für zehn Jahre die Polis verlassen. Sein Vermögen durfte er behalten.

die **Schuldknechtschaft,** wenn ein Schuldner seinen Kredit nicht zurückzahlen konnte, verlor er nicht nur seinen Besitz, sondern auch einen Teil seiner persönlichen Freiheit und musste seine Schulden bei dem Gläubiger abarbeiten, was praktisch nie gelang.

der **Senat** (lat. senex = Greis), Rat der Ältesten, eigentliches Regierungsorgan in der römischen Republik.

die **Sesshaftwerdung,** der Übergang von der Alt- in die Jungsteinzeit war dadurch gekennzeichnet, dass die Menschen nicht mehr als nomadisierende Jäger und Sammler umherzogen, sondern sich an festen Plätzen niederließen, Häuser bauten sowie Feldbau und Tierhaltung betrieben.

die **Sklaverei** → die Versklavung

die **Spartiaten,** Bezeichnung für die wenigen tausend Bürger Spartas, deren Leben nur dem Krieg und dem Staat gewidmet war. Für den Unterhalt der Familien der Spartiaten mussten die → Heloten sorgen.

der **Speicher,** Bezeichnung für ein Gebäude, in dem Nahrungsmittel oder andere Gegenstände aufbewahrt werden. Z. B. wird in einem Getreidespeicher das geerntete Getreide aufbewahrt.

die **Staatsreligion,** bezeichnet das innerhalb eines Staates als einziges anerkanntes oder dominierendes Glaubensbekenntnis.

der **Statthalter,** Bezeichnung für den Vertreter des Staatsoberhauptes oder der Regierung in einem Teil des Landes.

der **Stratege,** im alten Griechenland eine Bezeichnung für ein militärisches Amt. Die insgesamt zehn Strategen waren im alten Griechenland die Heerführer und hatten den Oberbefehl über das Heer und über die Flotte.

T

das **Theater,** siehe S. 121

die **Tragödie,** eine Handlungsform des griechischen Theaters, in der der Protagonist in eine ausweglose Lage gerät, aus der er sich trotz großer Anstrengung nicht befreien kann. Eine Tragödie beinhaltet immer eine Katastrophe.

die **Tribute,** als „tributum“ kann fast jede Abgabe bezeichnet werden, die an den römischen Staat geleistet werden musste. Bis 167 v. Chr. bezahlten römische Bürger Tribute (= Steuern), später nicht mehr. Dafür leisteten dann die Provinzen Tribute, die entweder aus festen Abgaben oder aus einem Anteil am Ernteertrag bestanden.

das **Triumvirat** (lat. Bündnis von drei Männern), Pompeius, Crassus und Caesar schlossen sich in einem Triumvirat zusammen, um gemeinsam die Herrschaft über den römischen Staat auszuüben.

der **Trojanische Krieg,** zentrales Ereignis der griechischen und der römischen Mythologie. Homers „Ilias“ schildert entscheidende Kriegsszenen während der Belagerung der Stadt Troja durch das Heer der Griechen. Dabei wird allerdings nur von 51 Tagen der insgesamt zehnjährigen Belagerung berichtet.

U

die **Ur- und Frühgeschichte,** Zeitraum vom Beginn der Menschheitsgeschichte bis ca. 3000 v. Chr. Für diesen Zeitraum gibt es keine schriftlichen Quellen.

V

die **Varusschlacht** (9 n. Chr.), in der Schlacht standen sich 15 000 römische Legionäre und germanische Truppen gegenüber. Die Zahl der germanischen Krieger ist nicht bekannt. Benannt ist die Schlacht nach dem römischen Feldherrn Publius Quinctilius Varus. Befehlshaber über die germanischen Kämpfer war Arminius, der zuvor im Dienste der Römer stand und das römische Bürgerrecht besaß. Arminius wollte ein Vordringen der Römer in Germanien verhindern. Er lockte mit seinen Truppen das Heer des Varus unter einem Vorwand (= ein als Ausrede benutzter Grund) in eine Falle. Die Schlacht soll vier Tage gedauert haben, ehe die Römer geschlagen wurden. Varus beging danach Selbstmord. Arminius soll danach versucht haben, sich zum König erheben zu lassen. Dies stieß auf Widerstand, auch er wurde ermordet.

die **Vergangenheit,** Bezeichnung für die der Gegenwart vorangegangene Zeit.

die **Versklavung,** in der Antike waren versklavte Menschen eine „Sache“, über die ihr Besitzer frei verfügen konnte. Sie wurden als Kriegsgefangene ins Land gebracht und konnten gekauft werden. Eine neue Form der Versklavung entstand im Zeitalter der Entdeckungen. In großer Zahl wurden Menschen in Afrika erworben und als Versklavte nach Amerika in die Kolonien gebracht. Dort setzte man sie als Arbeitskräfte in den landwirtschaftlichen Großbetrieben (Plantagen) ein.

der **Veteran,** eine Bezeichnung für einen altgedienten Soldaten. Im weiteren Sinne ist Veteran eine Bezeichnung für jemand, der sich beispielsweise in langer Dienstzeit bewährt hat.

W

der **Wesir,** der ranghöchste Beamte. Er unterstand direkt dem Pharao und erhielt von ihm die Befehle. Der Wesir überwachte und befehligte die ägyptischen Beamten.

Die mit einem * versehenen Begriffe werden im Lexikon näher erklärt.

Bildquellen

Cover: akg-images/François Guénet; Umschlagseiten Karten 1–4: Cornelsen/Carlos Borrell Eiköter; S. 3 ob. re.: akg-images, 3 mi. li.: Cornelsen/Thomas Binder; S. 4 ob. re.: akg-images/Erich Lessing, un. li.: Bridgeman Art Library Ltd.; S. 5 re.: bpk/Scala; S. 12/13: Cornelsen/Tobias Dahmen, Utrecht/www.tobidahmen.de; S. 14 M1: Cornelsen/Carlos Borrell Eiköter; S. 15 M2: mauritius images/Thomas Robbin, M3: dpa Picture-Alliance/Julian Stratenschulte, M4: Imago Stock & People GmbH/imagebroker, M5: bpk/Herbert Kraft, M6: mauritius images/Torsten Krüger, M7: interfoto e. k./Granger, M8: Imago Stock & People GmbH/Eventpress, M9: Imago Stock & People GmbH/Peter Widmann; S. 16 M2: akg-images/Erich Lessing, M3: akg-images; S. 17 M4: dpa Picture-Alliance/picturedesk.com/APA/Jakob Gruber, M5: Erfurth Kluger Infografik GbR: Grafik Auge: Shutterstock.com/rimom, M5 re.: Shutterstock.com/rimom; S. 18 M1: dpa Picture-Alliance/Courtesy Everett Collection, M2: Cornelsen/Andreas Holy Berlin, M3: Shutterstock.com/Marko Subotin; S. 20 M1 li.: stock.adobe.com/nixki, M1 re.: Cornelsen/Elisabeth Galas; S. 21 M3: akg-images, M4: akg-images/Rabatti – Domingie, M5: stock.adobe.com/animaflora; S. 22 M1 ob.: Cornelsen/Andreas Holy, M1 un.: Anna Brüggemann, un. li.: akg-images/Heritage Images/The Print Collector, un. 2. v. li.: bpk, un. 2. v. re.: bpk/Siegfried Lauterwasser, un. re.: akg-images; S. 23 M2 mi.: Cornelsen/Andreas Holy, un. li.: akg-images/Imagno, un. 2. v. li.: akg-images/AP, un.2.v.re.: Europäische Union, 1995–2016, un. re.: dpa Picture-Alliance/REUTERS/Khaled Al-Hariri; S. 24 M1: akg-images; S. 25 M2: akg-images, M4: stock.adobe.com/KREATIVSTUDIO DER STURM/mariosturm.de; S. 26 M1: akg-images, M2: dpa Picture-Alliance/Klein/Bildagentur-online, Hintergrund Straßenschilder: Shutterstock.com/Karen Kaspar; S. 27 M4: interfoto e. k./Mary Evans/Retrograph Collection, M5: Imago Sportfotodienst GmbH/Nordiek; S. 28 li.: akg-images/Philippe Maillard, 2. v. li.: dpa Picture-Alliance/Museum Ulm/Oleg Kuchar, 2.v.re.: Cornelsen/Michael Teßmer, re.: Bridgeman Images/© Boltin Picture Library; S. 29 ob. li.: akg-images/Pictures From History, ob. mi.: akg-images, Karteikarten: Cornelsen/Friederike Terpitz; S. 30 M1: bpk/Alinari Archives/Alinari, M2: Bridgeman Images, M3: dpa Picture-Alliance/Julian Stratenschulte; S. 31 M6: akg-images; S. 32/33: Cornelsen /Michael Teßmer; S. 34 M1: Cornelsen/Klaus Becker, M2: Cornelsen/Elisabeth Galas; S. 35 M3: stock.adobe.com/Алексей Закиров, M4: Bridgeman Images, M5: Imago Stock & People GmbH/Eckehard Schulz, M6: Imago Stock & People GmbH/Danita Delimont; S. 36 M1: Erfurth Kluger Infografik GbR: ob.+ mi.: akg-images/Hess. Landesmuseum, un.: Shutterstock.com/Rawpixel.com, M1 ob.(4): akg-images/Hess. Landesmuseum, M1 un.(1): Shutterstock.com/Rawpixel.com; S. 37 M2: dpa Picture-Alliance/Newscom/JEAN-JACQUES HUBLIN, M3: Cornelsen/Carlos Borrell Eiköter; S. 38 M1: Cornelsen/ Carlos Borrell Eiköter; S. 39 M2: bpk/Stiftung Neanderthal Museum/Holger Neumann; S. 40 M1: Cornelsen/Thomas Binder, M2: Cornelsen/Elisabeth Galas; S. 41 M4: Imago Stock & People GmbH/Artokoloro AM170720_012363, M5: Imago Stock & People GmbH/UIG; S. 42 M1: Deutsches Bergbau-Museum Bochum; S. 43 M3: akg-images/Imagno, M4: akg-images; S. 44 M1: Cornelsen/Thomas Binder; S. 45 M2: Cornelsen/Hans Wunderlich, M3: bpk/RMN – Grand Palais/Jean Schormans; S. 46 M1: Cornelsen/Thomas Binder; S. 47 M2: Cornelsen/Carlos Borrell Eiköter, M3: Bridgeman Images/Ashmolean Museum, University of Oxford, UK; S. 48 M1 li.: Südtiroler Archäologiemuseum, www.iceman.it, M1 re.: Cornelsen/Carlos Borrell Eiköter; S. 49 M2: Reconstruction by Kennis © South Tyrol Museum of Archaeology, Augustin Ochsenreiter/Südtiroler Archäologiemuseum, www.iceman.it, M3: Südtiroler Archäologiemuseum, www.iceman.it; S. 50 M1: Timo Berghoff; S. 51 M2: Timo Berghoff, M3: Miriam Schüer; S. 53 li.: dpa Picture-Alliance/dpa;MPK;WTAP, mi.: Imago Stock & People GmbH/UIG, re.: interfoto e. k./HERMANN HISTORICA GmbH; S. 54 li. + re.: Cornelsen/Michael Teßmer; S. 55 M1: bpk/RMN – Grand Palais/Jean Schormans, M2: akg-images/Erich Lessing; S. 56/57: mauritius images/Rainer Hackenberg; S. 58 M1: Cornelsen/Carlos Borrell Eiköter, M2: ddp images; S. 59 M3: bpk/Scala, M4: Bridgeman Images/ Valley of the Kings, Thebes, Egypt, M5: Imago Stock & People GmbH/J. D. Dalle; S. 60 M1: Cornelsen/Michael Teßmer; S. 61 M2: Cornelsen/Hans Wunderlich; S. 62 M1: bpk/Jürgen Liepe; S. 63 M2: De Agostini Picture Library/Bridgeman Images; S. 65 M1: akg-images/Erich Lessing; S. 67 M1: Bridgeman Images/© Boltin Picture Library; S. 68 M1: Metropolitan Museum of Art, New York, USA/Bridgeman Images, 2: Harvard University Boston – Museum of Fine Arts Expedition/Bridgeman Images; S. 69 M3: Museo Archeologico Nazionale, Florence, Italy/Bridgeman Images, M4: akg-images/Werner Forman, M5: Erfurth Kluger Infografik GbR; S. 70 M1: akg-images/Erich Lessing; S. 71 M2: akg-images/Erich Lessing; S.72/73: bpk/The Metropolitan Museum of Art; S. 74 M1: Cornelsen/Hans Wunderlich; S. 75 M3: Cornelsen/Hans Wunderlich; S. 76 M1: stock.adobe.com/Natalia; S. 77 M1: Bridgeman Images/De Agostini Picture Library; S. 78 M1: bpk/Jürgen Liepe, M2: Bridgeman Images/Werner Forman Archive; S. 79 M4: akg-images/Erich Lessing; S. 80 M1: akg-images /Erich Lessing, M2: akg-images/UIG/Universal History Archive; S. 81 li.: mauritius images/Rainer Hackenberg, 81 re.: Bridgeman Images/© Boltin Picture Library; S. 82 M1: akg-images/Erich Lessing, M2: Bridgeman Images/© Boltin Picture Library, M3: Cornelsen/Hans Wunderlich, M4: De Agostini Picture Library/Bridgeman Images, M5: Bridgeman Images/Werner Forman Archive; S. 83 M6: Cornelsen/Hans Wunderlich, M7: akg-images/Erich Lessing; S. 84/85: akg-images/UIG/GG Vintage Images; S. 86 li.: akg-images/Erich Lessing, mi.: bpk/Antikensammlung, SMB/Ingrid Geske; S. 87 M1: Cornelsen/Hans Wunderlich, M2 li.: Cornelsen/Hans Wunderlich, M3: Cornelsen/Hans Wunderlich, M4: akg-images/Erich Lessing, M5: akg-images/Philippe Maillard; S. 88 M1: akg-images; S. 89 M3: Cornelsen/Carlos Borrell Eiköter; S. 90 li.: mauritius images/alamy stock photo/Gino's Premium Images, mi.: akg-images; S. 91 li.: dpa Picture-Alliance/World History Archive/United Archiv, 2. v. li.: interfoto e. k./TV-Yesterday, re.: mauritius images/Cinema Legacy Collection; S. 92 Mi Hintergrund: Shutterstock.com/iiierlok_xolms, un. li.: akg-images/Fototeca Gilardi, un. re.: akg-images/LOOK AT SCIENCES/Patrick Dumas/SCIENCE PHOTO LIBRARY; S. 94 S. 94/95: akg-images/Peter Connolly; S. 96 M1: Cornelsen/Carlos Borrell Eiköter; S. 97 M2: bpk/Antikensammlung, SMB/Johannes Laurentius, M3: The Metropolitan Museum of Art/Rogers Fund, 1960/lizenziert nach CC0 1.0 Universal (CC0 1.0)/https://creativecommons.org/publicdomain/zero/1.0/, M4: Imago Stock & People GmbH/imagebroker/MoritzxWolf ibxmmw08948273.jpg; S. 98 M1: akg-images/Rainer Hackenberg; S. 99 M2: akg-images/Erich Lessing, M3: Cornelsen/Hans Wunderlich; S. 100 M1: mauritius images/alamy stock photo/Hercules Milas; S. 101 M2: Bridgeman Art Library Ltd.; S. 102 M1: Cornelsen/Carlos Borrell Eiköter, M2: akg-images/Pictures From History; S. 103 M3: bpk/The Trustees of the British Museum; S. 104 M1: Cornelsen/Matthias Pflügner; S. 105 M3: Bridgeman Images/Werner Forman Archive, M4: Rick Riordan, Percy Jackson – Diebe im Olymp © Carlsen Verlag GmbH, Hamburg 2010; S. 106 M1: akg-images/Bildarchiv Steffens, M2: akg-images/Erich Lessing; S. 107 M4: Cornelsen/Michael Teßmer; S. 108 M1: Bridgeman Images/Agora Museum, Athens, Greece/© Luisa Ricciarini/Leemage; S. 109 M2: Cornelsen/Hans Wunderlich; S. 111 M3: Cornelsen/Erfurth Kluger Infografik GbR; S. 112 un.: mauritius images/alamy stock photo/Goran Bogicevic; S. 114 M2: Bridgeman Images/Museum of Fine Arts, Boston, Massachusetts, USA/Henry Lillie Pierce Fund; S. 115 M3: bpk/DeA Picture Library/G. Nimatallah, M5: bpk/RMN – Grand Palais/Hervé Lewandowski; S. 116 M1: bpk/Antikensammlung, SMB/Johannes Laurentius; S. 117 M4: bpk/Antikensammlung, SMB/Christa Begall; S. 118 M1: Bridgeman Images/Museo Nazionale Etrusco, Villa Giulia, Rome, Lazio, Italy/De Agostini Picture Library; S. 119 M2: Cornelsen/Erfurth Kluger Infografik GbR; S. 120 M1: Bridgeman Images/National Archaeological Museum, Athens, Greece/Photo © Geoff Garvey, M2 S. 120/121: Bridgeman Images/De Agostini Picture Library; S. 121 re.: akg-images; S. 122 M1: bpk/Antikensammlung, SMB/Ingrid Geske-Heiden; S. 123 M2: bpk/Münzkabinett, SMB/Reinhard Saczewski; S. 125 li.: mauritius images/alamy stock photo/Goran Bogicevic, re.: bpk/Antikensammlung, SMB/Christa Begall; S. 126 M1: stock.adobe.com/moofushi, M2: Copyright/Elisabeth Galas bearbeitet durch Zweiband; S. 128 S. 128/129: LVR-Archäologischer Park Xanten/Axel Thünker DGPh; S. 130 M1: Cornelsen/Carlos Borrell Eiköter; S. 131 M2: Constanze Höpken, M3: mauritius images/United Archives, M4: akg-images/Bildarchiv Steffens; S. 132 M1: Cornelsen/Hans Wunderlich; S. 134 M1: Bridgeman Images/Photo © Luisa Ricciarini; S. 135 M2: Numismatische Bilddatenbank, Lehrstuhl für Alte Geschichte an der Katholischen Universität Eichstätt; S. 137 M2: Copyright/Elisabeth Galas bearbeitet durch Zweiband; S. 138 M1–4: Cornelsen/Carlos Borrell Eiköter; S. 139 M5: Cornelsen/Carlos Borrell Eiköter; S. 140 M1: Bridgeman Images/Photo © Hilary Morgan, M2: Bridgeman Images/Tarker; S. 141 M3: akg-images/Album/Prisma; S. 142 M1: Bridgeman Images/Tarker; S. 143 M2: Cornelsen/Hans Wunderlich; S. 144 M1: mauritius images/alamy stock photo/Entertainment Pictures; S. 145 M2: Staatliche Münzsammlung München, Nikolai Kästner, M3: akg-images/Bible Land Pictures; S. 146 M1: bpk/Scala; S. 147 M2: akg-images/Erich Lessing; S. 148 M3: bpk/Antikensammlung, SMB/Geske, Ingrid; S. 150 M1: Bridgeman Images/; S. 151 M2: Cornelsen/Tobias Dahmen, Utrecht www.tobidahmen.de, M3: Cornelsen/Tobias Dahmen, Utrecht www.tobidahmen.de; S. 152 M1: akg-images, M2: bpk/DeA Picture Library/G. Nimatallah; S. 153 M3: akg-images/Peter Connolly, M4: Bridgeman Images//Photo © Geoff Garvey; S. 154 M1: akg-images/Cameraphoto, M2: Bridgeman Images/Alinari Roman, (1st century BC); S. 155 M3: akg-images/De Agostini Picture Library, M4: Bridgeman Images/De Agostini Picture Library/A. Dagli Orti); S. 156 M1 S. 156/157: Cornelsen/Michael Teßmer; S. 158 M1: akg-images/Heritage-Images/CM Dixon; S. 159 M3: akg-images, M4: bpk/Scala – courtesy of the Ministero Beni e Att. Culturali, M5: Galleria Borghese, Rome, Lazio, Italy/Alinari/Bridgeman Images; S. 160 M1: Cornelsen/Carlos Borrell Eiköter; S. 161 M3: Bridgeman Images/© SGM; S. 161 M2: Cornelsen/Hans Wunderlich; S. 162 M1: Cornelsen/Hans Wunderlich; S. 163 M3: bpk/Hermann Buresch; S. 164 M1: Cornelsen/Carlos Borrell Eiköter; S. 165 M2: akg-images/Museum Kalkriese; S. 166 M1: Imago Stock & People GmbH/imagebroker, M2: Imago Stock & People GmbH/imagebroker; S. 168 M1: Cornelsen/Carlos Borrell Eiköter; S. 169 M2: Cornelsen/Hans Wunderlich; S. 170 ob. Chinesische Zeichen: Shutterstock.com/Butsaya, M1 li.: akg-images/Roland and Sabrina Michaud, M1 re.un.: akg-images/Roland and Sabrina Michaud; S. 171 M3: Cornelsen/Carlos Borrell Eiköter; S. 172 M1: Shutterstock.com/Magic Wand; S. 173 M2: akg-images/Bible Land Pictures/Z.Radovan, M3: Cornelsen/Carlos Borrell Eiköter; S. 174 M1: Bridgeman Images; S. 175 M2: Cornelsen/Carlos Borrell Eiköter, M3: akg-images; S. 176 M1: dpa Picture-Alliance/Artcolor; S. 177 M2: Cornelsen/Carlos Borrell Eiköter; S. 178 M1: FUNK, 2021; S. 180 ob.mi.: akg-images/Bildarchiv Steffens; S. 180 ob. re.: akg-images/Roland and Sabrina Michaud; S. 181 ob. li.: akg-images/British Library; S. 181 ob. re.: bpk/Scala; S. 182 M1: Cornelsen/Michael Teßmer, M2: Tomb of Qin shi Huang Di, Xianyang, China/Bridgeman Images, M4: Cornelsen/Carlos Borrell Eiköter; S. 183 M5: ASTERIX®-OBELIX®-IDEFIX®/© 2023 LES EDITIONS ALBERT RENE/GOSCINNY – UDERZO

Arbeitsauftrag = Operator	Das tust du	Tipps und Formulierungsvorschläge
einordnen/ zuordnen	Du arbeitest Informationen aus Materialien heraus und setzt diese miteinander oder mit anderen Sachverhalten in Beziehung.	
erklären	Du stellst einen historischen Sachverhalt oder einen Fachbegriff in einen schlüssigen Zusammenhang.	*Besonders diese beiden Ereignisse führten zu ...* *Deshalb spricht man von ...*
erläutern	Du verdeutlichst einen historischen Sachverhalt mithilfe von Beispielen oder Belegen aus einem Material.	*An dieser Stelle des Briefes wird deutlich ...* *Wie der letzte Satz der Rede zeigt, ...*
herausarbeiten	Du entnimmst einem Material (Text, Abbildung) alle Informationen, die zu einer vorgegebenen Fragestellung passen. Manchmal musst du etwas nachschlagen oder berechnen.	*Zu den wichtigsten Ergebnissen gehörte ...* *Die Hauptaussage des Verfassers lässt sich so wiedergeben: ...*
nachweisen/ begründen/ belegen	Du führst Argumente und Quellenzitate an, die deine Aussage untermauern. Wenn du eine Aussage oder das Handeln einer anderen Person begründen sollst, führst du Motive und passende Quellenzitate der Person an.	*Die Aussage in Zeile xy zeigt, dass ...* *Seine politische Einstellung änderte sich, weil ...*
vergleichen	Du stellst Gemeinsamkeiten und Unterschiede gegenüber und formulierst ein Ergebnis. Wichtig: Nenne die Gesichtspunkte, unter denen du vergleichst.	*Im Vergleich mit ...* *Die Entwicklung verlief ähnlich wie/anders als in ...*

Anforderungsbereich III

Du diskutierst auf der Grundlage von historischen Quellen oder Deutungen (= Darstellungen) anderer historische Sachverhalte, Probleme oder Fragestellungen. Dabei formulierst du ein eigenes Urteil.

Arbeitsauftrag = Operator	Das tust du	Tipps und Formulierungsvorschläge
beurteilen	Du schätzt die Aussagen, Maßnahmen oder Vorschläge einer Person/Personengruppe in ihrem historischen Zusammenhang ein. Berücksichtige dafür die unterschiedlichen Sichtweisen und den Kenntnisstand der Personen. Auf dieser Grundlage formulierst du ein begründetes „**Sachurteil**“.	*Die eigentliche Absicht des Redners war es, ...* *Diese Sichtweise führte dazu, dass, ... Diese Entscheidung hatte negative Folgen: ...*

Spuren:
Niedersachsen im Eiszeitalter

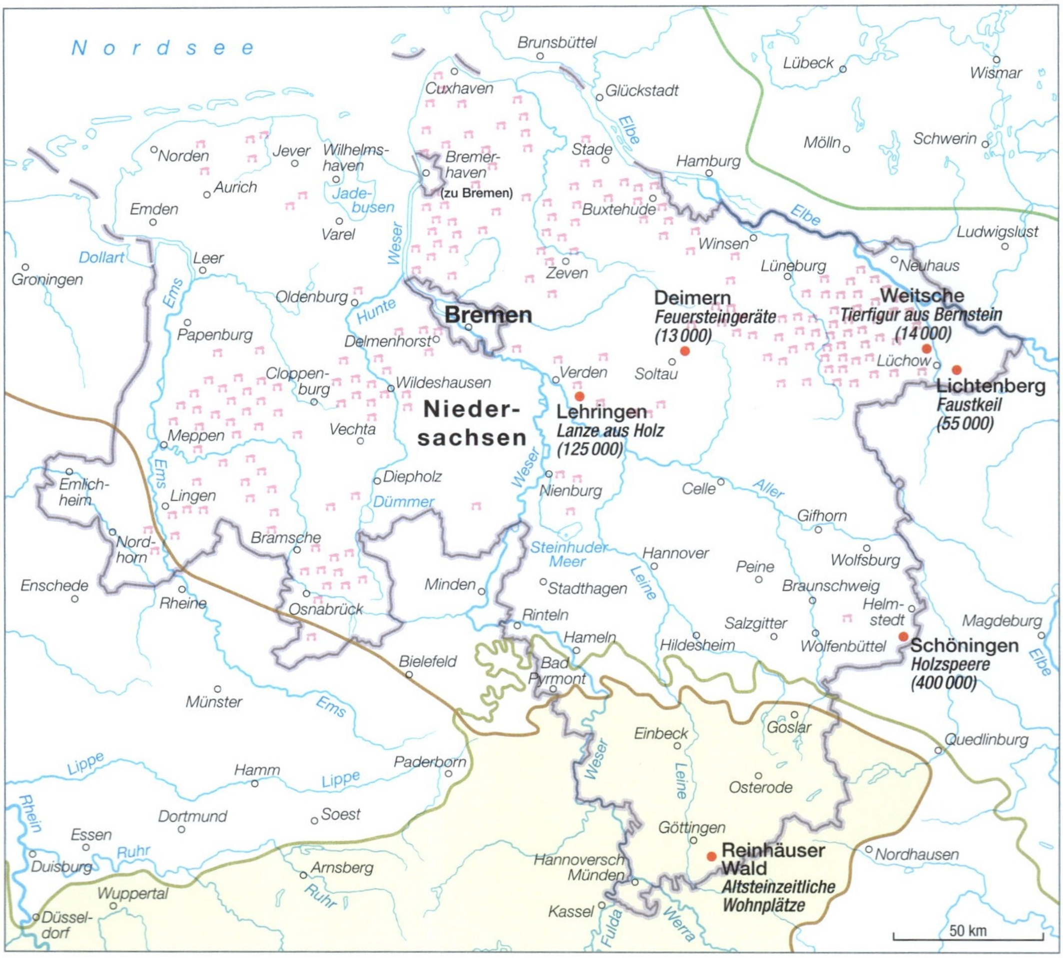

Karte 4

Exkursionsziele:
Ur- und Frühgeschichte in Niedersachsen

Karte 3

Arbeitsauftrag = Operator	Das tust du	Tipps und Formulierungsvorschläge
entwickeln	Du formulierst mithilfe deiner Analyseergebnisse zu einem historischen Sachverhalt selbstständig einen Lösungsvorschlag, den du mit Argumenten begründest.	
erörtern/ diskutieren	Du formulierst zu einer vorgegebenen These oder Problemstellung eine eigene Stellungnahme, nachdem du Pro- und Kontra-Argumente miteinander verglichen hast.	*Dafür/dagegen spricht ...* *Insgesamt gesehen ...* *Gegen diese Argumentation spricht ...* *Am meisten/wenigsten überzeugt mich ...*
Stellung nehmen/ bewerten	Nachdem du ein begründetes „**Sachurteil**" (siehe beurteile) gefällt hast, entwickelst du zu einem historischen Sachverhalt oder Ereignis eine eigene Meinung und formulierst aus dem Blickwinkel heutiger Maßstäbe und Werte ein begründetes „**Werturteil**".	*Ich finde, dass ... richtig/falsch gehandelt hat.* *Mich überzeugt (nicht), ...* *Meiner Meinung nach ...* *Nach heutigen Maßstäben (z.B. demokratisch, christlich, muslimisch) ...* *Andere sind möglicherweise der Ansicht, dass ...*
überprüfen	Du stellst anhand eines Materials fest, ob eine Aussage oder eine Behauptung zu einem bestimmten historischen Sachverhalt passt oder nicht.	*Diese Behauptung widerspricht/passt zu der Aussage im Darstellungstext.*

Anforderungsbereich I–III

Folgende Operatoren verlangen Leistungen aus allen drei Anforderungsbereichen.

Arbeitsauftrag = Operator	Das tust du	Tipps und Formulierungsvorschläge
interpretieren	Du analysierst mithilfe von Quellen einen historischen Sachverhalt und bewertest ihn auf der Grundlage deiner Ergebnisse.	
darstellen	Du beschreibst, erklärst und beurteilst einen historischen Sachverhalt oder ein historisches Ereignis mithilfe von Quellen und Deutungen (Darstellungen) anderer.	*Es ging um die Frage ...* *Daraus entwickelte sich ...* *Die Folgen waren ...*